내 성격 사용설명서

출판은 '사람과나무사이에서' 이루어지는 가치 있는 일입니다.
도서출판 사람과나무사이는 의미 있고 울림 있는 책으로 독자의 삶을
좀 더 풍요롭게 만들기 위해 최선을 다하겠습니다.

생년월일로 알아보는 똑똑한 관계매뉴얼

내 성격 사용설명서

미야자키 미와 지음
홍성민 옮김

사람과
나무사이

내 인생에 성공과 행복을 가져다줄 다른 한 조각, '더해서 14'를 만드는 상대를 찾아라

여러분은 자신과 타인의 재능을 꽃피우는 '14 법칙'을 알고 있습니까? 내가 연구하는 인간학에서는 사람의 자질을 1~13까지 13가지 타입으로 나눕니다. 그리고 '1 – 13' '2 – 12'처럼 더해서 14가 되는 상대와 팀을 이루면 자신은 물론 상대의 재능도 활짝 꽃피워 인생을 성공으로 이끄는 절호의 기회가 몇 배 더 빠르게 찾아온다고 믿습니다. 한마디로 말해, '더해서 14가 되는 관계'가 서로에게 이상적인 상대라고 할 수 있습니다. 예를 들어, 자신이 아래 그림 가운데 1번 '스타터'라면 베스트 파트너는 13번 '올마이티'가 됩니다. 이 두 사람이 짝을 이루어 일하면 상승효과가 일어나 지금까지 정체해 있던 상황에 활력이 생기고 좋은 방향으로 움직이기 시작합니다.

①스타터

②결단하는 사람

③중매인

④아이디어

⑤스타

⑥평등

⑦신비

⑧교류

⑨바람을 일으키는 사람

⑩프로듀스

⑪오리지널

⑫공명하는 사람

⑬올마이티

인간학의 묘미는 '1~13까지 모든 타입이 갖춰지면 최강의 팀이 될 수 있다'는 것입니다. 나는 많은 기업의 인사(人事)와 채용 과정을 지켜보았는데, 13명의 적은 인원인 때라도 모든 타입이 갖춰져 있어 원활히 진행한 프로젝트는 반드시 큰 성공을 거둘 수 있다는 걸 깨달았습니다. 한 사람 한 사람이 자신의 선천적인 자질을 살려 '1+1'을 '2' 이상으로 끌어올려 조직을 강하게 만들기 때문입니다.

왜 사람의 성격은 13가지 타입으로 나뉠까

인간학은 마야문명에서 사용했던 '촐킨력(曆)'(마야문명에서 사용한 달력. 일상생활과 종교의식에서 빼놓을 수 없는 달력이다. 사람은 태어난 날에 따라 성격과 장래가 정해진다는 사고방식과 밀접하게 연결되어 있었다)을 토대로 한 '13도(導)'에서 비롯됩니다. 그에 따르면, 사람에게는 저마다 '타고난 자질=타입'이란 것이 있고, 13가지 타입으로 나뉜다고 합니다.

촐킨력은 '260일을 한 주기'로 생각하는데, 이것은 천상의 숫자 '13'에 '20'을 곱한 숫자입니다(이 책에서도 기본이 되는 '13가지 타입'에 제3장에서 소개하는 '잠재능력이 들어 있는 20가지 주머니'를 곱하면 260가지로 세분화할 수 있다).

'13'이라고 하면 '4'처럼 불길한 수라고 생각하는 사람이 있는데, '13'은 강력한 힘을 감추고 있는 '신의 수'입니다. 달이 지구 주위를 1년에 13번 돈다는 설이 있습니다. 달의 차고 기움은 바닷물의 밀물과 썰물과 관계하여 생명 에너지에 영향을 주는데, 1년에 13번의 움직임을 보이는 '13주기'입니다. 또한, 고대 잉카에서는 '13달 달력'을 사용했으며, 불교에도 '13불(佛)'이 있듯이 '13'은 길한 숫자입니다.

사람의 성격은 13가지 타입으로 나누어집니다. 여기에 깊은 의미가 담겨 있습니다. 왜냐하면 인간의 성격이 모두 13가지인데, 14를 이루어야만 최강의 팀이 만들어질 수 있기 때문입니다. 그 어떤 타입도 혼자서는 '14'를 만드는 것이 불가능한 것입니다. 다시 강조해서 말하지만, 그 어떤 타입도 다른 누군가의 도움을 받지 않으면 완벽한 숫자인 '14'를 만들 수 없습니다.

예로부터 우리는 '상부상조'의 정신을 갖고 있었습니다. 자신은 물론 타인의 재능을 살리면 제한된 상황에서도 최대의 효과를 올릴 수 있습니다.

자신의 '역할'을 알면 인생의 주인공이 될 수 있다

먼저 자신이 몇 번 타입인지 알아야 하는데, 각각의 숫자에는 의미가 담겨 있습니다. 바로 '역할'입니다. 당신이 세상과 행복을 공유하는 소중한 아이템이자 하늘에서 부여받은 귀한 '재능'입니다.

사람은 누구도 혼자서는 살아갈 수 없습니다. 서로 관계를 주고받아야 합니다. 어려움에 부닥쳤을 때 자신과 보완관계를 이루는 '최고의 파트너'를 찾아 좋은 관계를 맺으면 어떤 어려움도 극복할 수 있습니다.

–미야자키 미와

차례

제1장

'더해서 14 법칙'으로 알아보는 나의 역할과 베스트 파트너

자신을 제대로 이해하는 일. 모든 것은 거기서 시작되고, 또 그것에 이르는 과정이다. 아직 자신의 역할과 재능을 깨닫지 못한 사람도 있을 것이다. 먼저 자신의 타입을 알아보자.

더해서 14 법칙

and make a 14 by adding

스토리로 알아보는 13가지 성격과 역할

만일 13명이 파티를 열면

파티가 끝난 사무실은 엉망진창이었다. 책상과 바닥에는 작은 오색 종이들이 흩어져 있고, 액자, 전기스탠드, 화분에는 종이테이프가 마구 뒤엉켜 있었다. 음식을 담았던 접시들도 여기저기 아무렇게나 나뒹굴고 있었다.

사무실에는 사장인 1번만 남아 있었다. 신발을 벗어 거꾸로 들자 안에서 오색종이가 떨어진다. 어젯밤의 파티는 그 정도로 흥겨웠다.

1번은 소파에 앉아 최근 며칠간의 일을 떠올렸다. 일주일전, 우연히 구입한 복권이 당첨되어 10만 엔이 생겼다. 처음에는 몰래 혼자 써버리려 했는데, 바로 마음을 고쳐먹었다. 고생하는 12명의 직원에게 뭔가 해주고 싶었던 것이다.

1번은 아침조회 때 책상에 1만 엔짜리 수표 10장을 꺼내놓으며 이렇게 말했다.

"자, 우리 함께 이 돈을 뭔가 즐거운 일에 사용합시다."

그러자 13번이 이렇게 대꾸했다.

"사장님께서 우리 직원들에게 이렇게 특별한 호의를 베푸셨으니, 이 돈을 어떻게 사용하는 게 좋을지 머리를 맞대고 같이 생각해보기로 해요."

10만 엔으로 무얼 하면 좋을까, 하고 수다를 떨며 직원들은 잠시 행복한 고민에 빠졌다. 회식을 2차까지 하면 예산이 초과될 게 불을 보듯 뻔하다. 여차하면 자신의 주머니를 더 털어야 할지 모른다고 1번은 생각했다.

"우리 사무실에서 파티를 열면 어떨까요? 평소 신세졌던 분들을 초대하는 거예요."

평소 아이디어가 뛰어나고 독창적인 의견을 잘 내는 11번이 이렇게 제안했다.

"좋은 생각이에요. 거래처에 감사하는 마음을 표현할 수 있는 좋은 기회가 될 거예요. 제가 초대자 명단을 만들게요."

3번이 맞장구쳤다.

그러자 이번에는 4번이 말했다.

"사무실을 직접 꾸미는 건 어때요? 초등학교 때 했던 학예회처럼."

나쁜 아이디어는 아니지만, 업무를 하면서 파티 준비까지 하다 보면 자칫 불만을 품은 사람이 생길지 모른다는 생각에 1번은 걱정이 되었다.

“일에 영향이 생기지 않게 담당을 정합시다.”

10번이 말했다.

“그럼, 사장님께서 후원해주신 10만 엔을 사무실 파티 비용으로 쓰기로 정하겠습니다.”

2번의 빠른 결단에 반대 의견이 나올 거라 생각했는데, 12번이 크게 고개를 끄덕여 보였다.

이번에는 7번이 말했다.

“이번 주 금요일 밤에 하죠. 마침 회사 근처에서 축제가 열릴 예정이니 분위기를 살리기도 좋을 거예요.”

7번은 정보통이다. 어디서 그런 이야기를 들었나 싶은 신기한 정보도 줄줄이 꿰고 있다. 8번이 말했다.

“그럼 이웃도 불러요. 우리 회사가 어떤 곳인지 알릴 좋은 기회잖아요.”

이웃까지 초대하면 규모가 너무 커진다. 이번에야말로 불만이 나올 거라 생각했는데, 상황은 오히려 그 반대였다. 사장은 제쳐놓고 직원들끼리 활발히 의논하기 시작했다.

13번이 판서를 맡자, 순식간에 화이트보드가 아이디어로 채워졌다.

파티 전날, 3번이 초대자 명단을 갖고 왔다.

"모두 기꺼이 와줄 거예요. 틀림없이 최고의 파티가 될 겁니다."

명단에는 직원들의 가족도 들어 있었다.

"이렇게 많이 불러도 될까?"

"걱정 마세요. 음식도 전부 배달 예약해놨어요."

일을 마치고 모두 남아서 사무실을 장식했다. 회색빛의 단조로운 사무실이 순식간에 알록달록 화려하게 꾸며졌다.

파티 당일, 직원 전원이 손님을 맞이했다. 사무실에 한꺼번에 이렇게 많은 사람이 찾아온 것은 처음이다.

"아, 이런 회사였구나!"

"이 앞을 지날 때마다 궁금했어요."

"다들 회사 생활이 무척 즐거워 보여요."

이웃들의 인사말에 1번은 기분이 좋아졌다. 모두 분담해 준비한 덕에 1번은 딱히 할 일이 없었다. 먹을 음식과 마실 음료도 충분했고, 상점가의 명물 요리에 직원의 가족이 만들어온 음식까지 한 상 가득 차려졌다. 모르는 사람과도 쉽게 가까워졌고, 웃음소리가 끊이지 않았다.

잠시 후 8번이 거래처에 이웃을 소개하고, 가족에게 다른 직원들을 소개했다. 초대받은 사람들은 간단한 프로필이 적힌 이름표를 달았다. 6번이 만든 것이었다. 8번이 사람들 사이를 오가며 인사를 시키고, 6번의 이름표 덕분에 누구 하나 소외되지 않고 즐겁게 이야기를 나누었다.

파티 분위기가 한창 무르익었을 때 9번이 말했다.

"지금부터 여러분에게 멋진 노래를 들려드리겠습니다. 주인공은, 우리 회사 최고의 가수 5번입니다."

5번은 평상시 소극적이고 얌전한 여직원이다. 그런 그녀가 사람들 앞에서 당당히 노래를 부를 거라고는 상상도 하지 못했다. 1번이 그렇게 생각하고 있는데, 회의실 문이 열리면서 드레스 차림의 5번이 등장했다. 그녀는 전 세계적으로 엄청난 인기를 얻은 애니메이션 주제가를 불렀다. 맑고 아름다운 고음에 모두 넋을 잃고 귀를 기울였다.

"5번이 저렇게 노래를 잘했나?"

1번이 9번에게 물었다.

"요전에 노래방에 갔을 때 노래 부르는 걸 봤는데, 꽤 잘 부르더라고요. 그래서 미리 부탁해뒀죠."

노래를 마친 5번과 9번이 하이파이브를 했다.

손님들은 맛있는 음식을 먹고 마시고 즐겁게 웃었다. 다들 크게 만족하며 돌아갔다. 모두 직원들 덕분이다. 1번은 속으로 그렇게 생각하며 진심으로 고마워했다.

"오늘 정말 수고 많았어요. 뒷정리는 내게 맡겨줘요."

직원들은 그럴 수 없다고 했지만, 1번도 양보하지 않았다. 그 정도는 자신이 직접 해주고 싶었기 때문이다.

1번은 사무실에서 파티의 여운에 젖어 있었다. 처음 말을 꺼낸 것은 자신이었지만 13번의 지원과 11번, 4번의 제안이 없었으면 파티를 열 생각조차 해보지 못했을 것이다.

2번의 결단에 12번이 적극적으로 동의하고, 7번이 구체적으로 날짜를 정하지 않았으면 엄두를 내지 못했을 것이다.

3번의 철저한 준비가 없었으면 맛있는 요리도 맛보지 못했을 것이고, 6번이 만든 이름표와 8번의 싹싹함이 뒷받침되지 않았으면 그토록 화기애애한 분위기를 만들지 못했을 것이다. 결국, 13명 직원들의 개성이 릴레이의 바통(bâton)처럼 연결되어 성공리에 파티를 끝낼 수 있었다.

공감하는 사람이 있기에 용기를 내서 결단할 수 있다. 재능을 끌어내는 사람이 있기에 아이디어가 빛을 발할 수 있다. 평등하게 대하는 사람이 있기에 사람과 사람이 하나로 이어진다. 눈앞의 사람을 즐겁게 해주자는 마음만 있으면 모두의 개성이 재능으로 바뀌어 선순환을 일으킨다.

1번은 이 일을 계기로 자신이 무엇과도 바꿀 수 없는 소중한 보물을 지니고 있음을 깨달았다. 그것은 바로 저마다 넘치는 개성과 뛰어난 재능을 가지고 있으면서도 그것을 하나로 모아내어 멋진 결과를 만들어낼 줄 아는 직원들이었다. 1번은 보석과도 같은 그 직원들의 웃는 얼굴을 하나하나 떠올리며 기분 좋게 샴페인 잔을 비웠다. 거품이 빠지고 미적지근했지만 그 어느 때보다 맛있었다.

포인트 1

'13도'의 기본

13가지 타입이 모두 갖춰지면 최강의 인간관계를 만들 수 있다

하나같이 제 잘난 줄만 알았지 배려심도 협동심도 부족하다. 조직을 이끌 제대로 된 리더가 없다. 혁신적인 아이디어를 내고 실행에 옮길 수 있는 인재가 없다. 서로를 연결해주는 고리와 같은 직원도 없다. 그런 사람들이 있다면 회사 분위기가 획기적으로 달라지고 성장의 토대를 만들 수 있을 텐데…….

어느 회사 어느 조직이건 이런 식의 고민을 안고 있다. 이런 고민은 결국 '사람'의 문제로 집약된다. 타격왕인 4번 타자만 모아놓으면 최강의 팀이 탄생할 것 같지만, 절대 그렇지 않다. 오히려 서로 자기만 잘났다고 설쳐대며 다른 사람을 인정하지도 도와주지도 않다가 팀워크가 해체되고 위기에 빠져 최악의 결과를 낳을 가능성이 크다.

이런 고민을 단번에 해결해주는 것이 '더해서 14 법칙'이다. 만일 13가지 타입을 전부 모아 팀을 만들고 효과적으로 운용한다면 최강의 팀을 만들 수 있다. 기업에서도 '더해서 14 법칙'을 바탕으로 13가지 타입의 특성을 잘 이해하고 활용한다면 멋진 결과를 기

13가지 타입이 갖춰지면 전원이 14점 만점이 될 수 있다

'더해서 14 법칙'의 균형

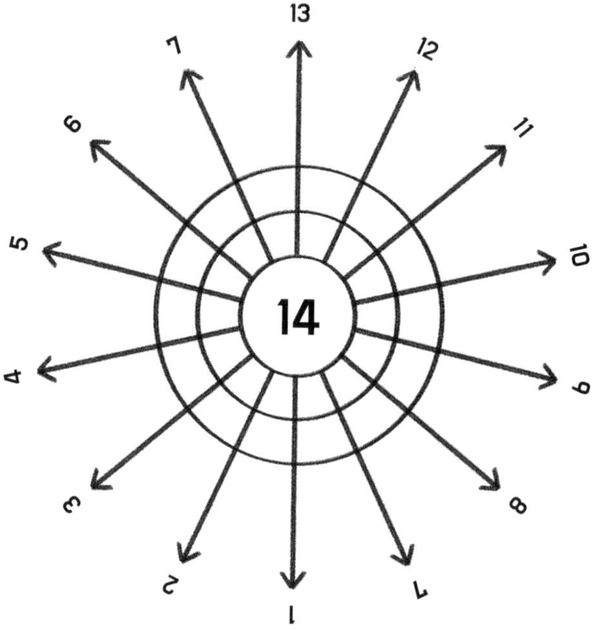

완벽한 원을 이루는 조직은 반드시 성공한다

1의 최적의 상대는 13, 2의 상대는 12……, 하는 식으로 13가지 타입을 연결하면 완벽한 원이 만들어진다. 서로 돕고, 도움 받는 상승효과에 의해 능력을 한껏 발휘할 수 있다. 7번의 반대는 7번이므로 같은 타입의 상대가 필요하다.

대할 수 있다. 같은 목표를 향해 각자의 재능과 역할을 살려서 멋진 직소 퍼즐을 완성할 수 있다. 그렇게 되면 직장은 즐겁고 신나는 곳으로 바뀌고, 그에 따라 당연히 실적도 오를 수밖에 없다.

포인트 2 나에게 베스트 파트너는 상대에게도 베스트 파트너

그렇지만 팀 단위로 이상적인 13명을 갖추기는 어렵다. 또한, 모든 사람이 사장이나 경영자는 아니므로 우선은 자신의 타입을 정확히 알고 자신을 보완해줄 상대가 누구인지 아는 것이 중요하다.

“어진 아내를 둔 사람은 평생 행복하다”라는 말이 있는데, 그 반대 역시 진리다. 평생 행복한 남편을 둔 아내 역시 행복하다. 이것은 비단 부부 사이에만 적용되는 원리는 아니다. 자신을 제대로 프로듀스해주는 사람을 만난 연예인은 반짝반짝 빛이 나서 대중의 사랑을 한몸에 받는 스타가 된다. 프로듀스해준 사람도 그에 못지않게 큰 명성과 대가를 얻는다. 만일 자신이 투수라면 자신을 잘 이끌어주는 포수를 만남으로써 값진 승점을 올릴 수 있다. 포수 역시 그런 투수를 지혜롭게 이끎으로서 자신의 자리를 더욱 확고히 할 수 있다. 즉, 최고의 궁합인 상대와 팀을 이루면 서로 빛이 난다. 그것은 '더해서 14가 되는 상대'다.

①스타터에게는 전체를 파악하는 ⑬올마이티가 필요하고, ④아이디어에게는 틀을 만들고 윤곽을 잡아주는 ⑩프로듀스가 필요하고, ⑤스타에게는 재능을 발굴해주는 ⑨바람을 일으키는 사람이 필요하다. 이것은 '주종관계'가 아니라 서로가 자신의 장점으로 상대의 부족한 곳을 보완하고 보완 받는 관계다. 그것으로 최강의 파트너십이 생겨 상승효과를 만든다.

당신에게는 '베스트 파트너'가 될 수 있는 사람이 많다. 상대도 당신을 기다리고 있다. 지금부터 베스트 파트너를 찾아보자.

상부상조하는 최강의 팀

'더해서 14 법칙'으로 알아보는 베스트 파트너

모두가 빛나기 위해 서로를 필요로 한다. 자신의 장점과 단점, 그리고 모든 것이 상대에 의해 빛나기 시작한다. 세상 사람은 어떤 13가지 타입으로 나뉠까? 그리고 누구와 누구를 연결하면 베스트 파트너가 될 수 있을까?

①이 스타터가 되고 ⑬이 전체를 훑어본다

1

1. 스타터

- 카리스마로 모두를 끌어당긴다.
- 책임감이 강하다.
- 요령이 없어서 고독해질 수 있다.

13

13. 올마이티

- 요령이 있는 올라운드 플레이어.
- 긍정적이고 어떤 사람과도 어울릴 수 있다.
- 좋은 이해자가 될 수 있다.

⑫가 입이 되고 ⑫가 귀가 된다

2

2. 결단하는 사람

- 직관력과 판단력이 뛰어나다.
- 성실한 노력가로, 공부를 열심히 한다.
- 때로 지나치게 흑백을 가리려 하는 경향이 있다.

12

12. 공명하는 사람

- 다른 사람의 이야기에 귀를 잘 기울이는 것이 장점이다.
- 다른 사람의 지나친 언동을 지혜롭게 타이를 수 있다.
- 이론적인 조언으로 다른 사람의 등을 밀어준다.

⑪의 독창성을 ③이 이끌어준다

11

11. 오리지널

- 독창성을 갖고 있다.
- 독자적인 길을 걷는 자유인이다.
- 대인관계는 약간 서툴다.

3

3. 중매인

- 다른 사람의 기분을 잘 헤아린다.
- 사람과 사람을 효과적으로 연결하는 것이 장점이다.
- 고독과 무관하며 자기 만족할 줄 아는 사람.

④의 아이디어를 ⑩이 실현한다

4

4. 아이디어

- 항상 생각하는, 걸어 다니는 아이디어맨.
- 꾸준히 노력하는 사람이며, 장인정신을 가진 학구파.
- 집착이 강하다.

10

10. 프로듀스

- 아이디어를 시각화하는 것이 특기다.
- 창조적인 이야기를 깊이 이해하고 발전시킨다.
- 대범하게 타인을 받아주어 마음을 편안하게 해준다.

⑨가 불을 붙이고 ⑤는 그 불을 키운다

9

9. 바람을 일으키는 사람

- 모두에게 힘을 불어넣는 특별한 재능의 소유자.
- 그의 인생에 설렘이 빠져선 안 된다.
- '넓고 얕게'가 주특기, 몰입하는 힘은 약하다.

5

5. 스타

- 결과로부터 생각하는 목적사고형.
- 의욕 스위치가 켜지면 스타로 변신한다.
- 순종적이고 고풍스럽지만, 저력이 있다.

⑥의 부동심(不動心)을 ⑧이 지원한다

6

6. 평등

- 천칭과 같은 균형감각의 소유자.
- 누구에게나 평등하게 대하는 중립적인 가치관을 지닌 사람.
- 자기만의 행동방식을 고수하는 독립적인 존재.

8

8. 교류

- 사람과 사람의 교류를 이끄는 것이 주특기.
- 통찰력이 있고, 다른 사람을 돕는 걸 좋아한다.
- 모성애로 감싼다.

감성의 ⑦은 같은 타입으로 파워 업

7

7. 신비

- 뛰어난 감성의 소유자.
- 가만히 있어도 정보가 모인다.
- 자기평가의 기준치가 높아서 자문자답을 자주 한다.

7

7. 신비

- 뛰어난 감성의 소유자.
- 가만히 있어도 정보가 모인다.
- 자기평가의 기준치가 높아서 자문자답을 자주 한다.

포인트 3

자기 역할을 명확히 알면 상대하기 껄끄러운 사람도 소중해지고, 모두가 기대하는 별이 된다

대략 요점만 정리해보았다. 이로써 베스트 파트너를 만나는 것이 얼마나 멋진 일인지 조금은 이해가 되었을 것이다. 단 한 가지 덧붙여둘 것이 있는데, 자신에게 중요한 상대는 베스트 파트너만이 아니라는 점이다.

베스트 파트너는 당신이 자신의 재능을 최대로 끌어올리는 데 확실히 도움을 줄 것이다. 그러나 베스트 파트너만 당신에게 중요한 상대인 건 아니다. 그 외의 사람도 모두 중요하다. '13가지 타입이 모두 갖춰진 팀'이 최강의 조직을 이루듯 사람의 '역할'은 저마다 다양하다. 그 가운데 하나만 빠져도 세상은 원활히 돌아가지 않는다.

'재능이 없는 사람'은 이 세상에 단 한 명도 없다. 서로 마음이 맞지 않고 왠지 마음이 가지 않는 상대가 얼마든지 있을 수 있다. 그러나 그런 사람도 자신의 시야를 뛰어넘은 곳에서는 조직에 필요한 존재이거나 다른 사람에게 꼭 필요한 존재다.

'더해서 14 법칙'은 그것을 깨닫게 해준다. 가령, 파트너가 최고의 상대가 아니어도 (그 확률은 무려 90% 이상이다) 자신과 상대의 '역할'을 깊이 이해함으로써 베스트 파트너 그 이상의 인간관계를 쌓을 수 있다.

상대를 알고 나를 안다. 거기서 배려와 이해가 생겨난다. 모든 사람이 자신의 베스트 파트너가 될 가능성을 감추고 있다는 것을 잊지 말자.

'13가지 성격'을 보는 방법

Step 1. 책 맨 뒤의 생년월일 대조표로 자신이 몇 번 타입인지 확인한다

먼저, 자신을 아는 데서부터 시작하자. 책 맨 뒤의 '생년월일 대조표'(212쪽~)로 자신이 13가지 타입 가운데 어디에 해당하는지 알아보자(양력생일 기준). 그리고 제2장의 '13가지 타입 해설'로 자신의 역할을 깊이 이해하자. 이때 주의해야 할 것은 '나랑은 다르다'는 느낌을 소중히 해야 한다.

태어날 때부터 자신의 역할과 특성을 이해하고 멋지게 발휘하는 사람도 드물게 있지만, 아직 그것을 이해하지 못하고 풀어내지 못한 사람이 더 많다. 그러므로 현재 자신의 이미지에 얽매이지 말고 편하게 읽어나가면 된다.

Step 2. 자신의 보완관계가 되는 파트너를 찾아보자

step 1을 통해 자신의 타입을 알았다면 보완관계를 이루는 상대를 찾아보자. 만일 자신이 ①스타터라면 ⑬올마이티를 찾는다. 만일 ②결단하는 사람이라면 ⑫공명하는 사람을 찾는다. 반대도 마찬가지다.

간단히 할 수 있는 것은 애인이나 아내 혹은 남편의 생년월일로 알아보면 된다. 회사의 상사나 부하, 동료에 대해 알아보는 것도 도움이 될 것이다. 단, 부디 '남편(아내)과는 베스트 파트너가 아니었다'고 실망하지는 말 것. 그저 '더해서 14가 나오면 행운이다' 하는 정도로 가볍게 받아들이자. 더해서 14가 아니어도 얼마든지 좋은 관계를 만들어갈 수 있다.

Step 3. 자신의 재능을 제대로 발휘하기 위해 제3장의 '잠재능력'을 알아보자

'13도'에서는 사람은 13가지 타입으로 나뉘고, 각각 '잠재능력이 들어 있는 주머니'를 갖고 태어난다고 생각한다. 이 주머니는 총 20종류로, 13가지 타입×20주머니= 260타입까지 세분된다.

제3장에서는 자신이 가진 '최고의 잠재력'을 소개한다. 어떤 사람

은 '물'에 관계한 능력을, 다른 사람은 '음악'에 관계한 재능을 갖고 태어난다. 13가지 타입에서 자신의 타입을 확인한 후 어떤 잠재력을 갖고 있는지 알면 인생의 주제와 역할은 더욱 명확해진다. 이것도 생년월일 대조표로 자신의 주머니를 확인한 후 해당하는 부분을 제3장에서 찾아 읽으면 된다.

Step 4. 인간관계가 편해지는 '13가지 타입 사용설명'을 제4장에서 확인하자

제4장에서는 '13가지 타입 사용설명'을 소개했다. 이것은 자신의 눈높이가 아닌 타인의 눈높이다.

'③중매인인 사람과는 어떻게 지내는 것이 좋을까?'

'⑦신비인 사람의 경향은 어떨까?'

이런 것을 '만일 ③중매인이 중요한 사람이라면', '상사라면', '부하라면' 어떻게 대해야 하는지, 각 케이스별로 간단히 소개한다. 또, 일상생활 속의 알기 쉬운 흔한 예도 소개한다. 사람에게는 각자 역할이 있고, 자기만의 독특한 성격이 있다. 즉, '이렇게 대해줬으면 좋겠다', '이 부분은 건드리지 말아줬으면 좋겠다' 하는 식의 독특한 포인트가 있다. 이 책이 그것을 명확히 이해하는 데 도움을 줄 것이다.

에피소드 1

각자의 역할을 살리면 어떤 어려움도 극복할 수 있다

만일 13명이 ○○한다면……

만일 13명이 '무인도에 표류했다면……'

① 〈스타터〉가 "섬에서 탈출하자!"고 제안한다.

⑬ 〈올마이티〉가 가장 먼저 찬성하고, 이어서 모두가 찬성한다.

④ 〈아이디어〉가 탈출 방법을 제시한다.

⑩ 〈프로듀스〉가 각각의 방법에 맞는 계획을 세운다.

② 〈결단하는 사람〉이 여러 계획을 검토한 뒤 '뗏목을 만든다'로 결정한다.

⑫ 〈공명하는 사람〉이 뗏목을 만드는 데 필요한 재료 목록을 정리한다.

⑪ 〈오리지널〉이 "뗏목 바닥을 야자열매로 만들자"고 제안한다.

③ 〈중매인〉이 실현할 수 있는지 ⑩ 〈프로듀스〉에게 타진한다.

⑥ 〈평등〉이 재료를 찾기 위해 각자 해야 할 일을 분담한다.

⑧ 〈교류〉가 모두를 배려하면서 행동할 수 있도록 격려한다.

⑨ 〈바람을 일으키는 사람〉이 ⑤ 〈스타〉에게 "야자를 찾으면 영웅 되는 거야" 하고 귓속말을 한다.

⑤ 〈스타〉가 이 말을 듣고 자극을 받아 대량의 야자열매를 발견한다.

⑦ 〈신비〉가 "오늘 말고 내일 탈출하자"라고 제안한다. 그 후 신기하게도 바다는 매우

거칠어지고, 다음 날 아침이 되자 거짓말처럼 평온해진다. 완성된 뗏목으로 모두 무사히 탈출에 성공한다.

만일 13명이 '외계인과 싸운다면……'

① 〈스타터〉가 "외계인에게 정복당할 수는 없다! 싸우자!"라고 제안한다.

⑬ 〈올마이티〉가 찬성하고, 이어서 모두가 찬성한다.

④ 〈아이디어〉가 우주인 격퇴 방법을 제안한다.

⑩ 〈프로듀스〉가 각각의 방법을 현실적으로 계획한다.

② 〈결단하는 사람〉이 '함정 작전'을 선택한다.

⑫ 〈공명하는 사람〉이 '좋은 생각'이라고 말하며 모두에게 합당한 근거를 제시한다.

⑪ 〈오리지널〉이 "먹이로 바나나를 놓자"고 제안한다.

③ 〈중매인〉이 바나나 업자에게 부탁해 대량의 바나나를 제공받는다.

⑥ 〈평등〉이 싸움에 대비해 누구도 불평하지 못하도록 절묘하게 인원을 배치한다.

⑧ 〈교류〉가 그 배치 현황을 모두에게 전달하고 설득한다.

⑨ 〈바람을 일으키는 사람〉이 ⑤ 〈스타〉에게 "당신이 할 미끼 역할이 이 작전의 핵심이다!"라고 말하며 열정에 불을 댕긴다.

⑤ 〈스타〉는 학창시절 육상부 선수였는데, 그 빠른 발로 이곳저곳을 부지런히 다니며 덫을 놓아 외계인을 유인한다.

⑦ 〈신비〉가 별 생각 없이 먹고 버린 바나나 껍질에 외계인이 미끄러져 포획에 성공한다.

제2장

나에게 주어진 역할을 알아보는 13가지 타입 해설

자신을 제대로 이해하는 일. 모든 것은 거기서 시작되고, 또 그것에 이르는 과정이다. 아직 자신의 역할과 재능을 깨닫지 못한 사람도 있을 것이다. 먼저 자신의 타입을 알아보자.

당신은 이런 사람

13가지 타입의 역할

the role of 13

①스타터

평등을 사랑하는 리더십

책임감이 강하고 의지할 수 있는 사람. 뭔가 문제가 생겼을 때 당신은 주위 사람들의 시선을 모으고, 그들은 당신의 발언을 기대한다. 손익 계산을 잘 하지 않고 차별 없는 마음의 소유자. 뛰어난 직관력으로 원대한 목표를 제시하고 흔들림 없이 앞장서서 나아가는 사람, 그것이 당신이다. '타고난 카리스마 기질'이라는 말이 있는데, 바로 당신이 그렇다. '아니다!' 하며 고개를 저어도, 그것이 사실이다. 카리스마란 '사람에게 자비를 주는 사람'이라는 의미로, 사람을 평등하게 사랑하는 자질과 역할을 타고난 사람을 가리킨다. 그래서 자석처럼 사람을 빨아들이는 매력이 있다. 만일 '정말 싫다'는 생각이 들면 차라리 단단히 각오하자. 마음이 편해질 것이다.

이름

스타터

인상

평등을 사랑하고 강한 책임감을 지닌 사람이다

마음을 나누는 방법

주위 사람들의 의욕과 자신감을 중시한다

| 심리 분석 |

주위 사람이 자신을 치켜세워주기를 기대한다

분위기를 만들어주면 타고난 리더십을 발휘하는 타입이다. 그래서 자신을 칭찬해주는 사람, 이해해주는 사람, 후원해주는 사람 같은 '서포터'가 주위에 있으면 몇 배의 힘을 낸다. 반대로 무조건 쓴소리나 잔소리를 하면 금방 싫증 낸다. 그런 것에 약하고 견디기 힘들어한다.

| 행동 원리 |

끌어당기고 배려한다

사람을 끌어당기는 타입이지만, 배려를 잊지 않는다. 자신에게 다가오는 사람은 설사 자신이 싫어하는 타입이라도 공평하게 대하는 타고난 리더다.

| 연애 경향 |

칭찬을 아끼지 않는 훌륭한 반려자

'자신'을 진심으로 좋아하고 마음껏 칭찬해주는 반려자가 필요하다. 나무가 물을 빨아들여 더 큰 나무로 자라가듯 칭찬을 먹고 무럭무럭 성장하는 타입이라서 잔소리를 많이 하는 상대는 좋지 않다. 자칫 의욕을 잃게 하고 에너지를 깎아버리기 십상이다.

| ①스타터의 유명인 |

마더 테레사(수녀) 1910년 8월 26일
미야자와 겐지(아동작가) 1896년 8월 27일
구로자와 아키라(영화감독) 1910년 3월 23일

모든 사람을 끌고 가는 평등한 기수 역할

학생 시절부터 예술제의 해결사 역할을 맡고, 사회인이 되어서는 신규 사업마다 프로젝트 리더로 뽑힌다. 당신이 가진 타고난 책임감과 탁월한 영향력 덕분이다. 당신은 어떤 일이든 초기 단계부터 참여해야 제대로 실력을 발휘할 가능성이 큰데, 그것이 당신이 가진 리더십의 특징이다. 당신의 카리스마는 다른 사람에게 중압감을 주지 않으며 편안하게 다가간다.

모임이나 연회에 참석해보면 주최자가 술잔을 돌릴 때가 종종 있는데, 바로 그런 이미지다. 평등하고 잘난 척하지 않는 리더다. 그 역할은 아무리 벗어나려고 해도 결국 돌아온다. 그것을 인정하고 받아들이자.

때로 녹초가 되어도 리더는 리더다

늘 남을 배려하는 마음이 앞서 '다가오는 사람을 거절하지 못하는' 당신. 이따금 사람에게 질려 녹초가 될 때도 있다. 하지만 그것이 당신에게 주어진 역할이다. 하늘이 준 시련이라고나 할까. 하늘은 그 사람이 극복할 수 있는 시련만 준다고 하는데, 이는 사실이다. 선천적인 리더 기질을 더욱 갈고 닦게 하기 위해서 싫은 사람, 상대하기 버거운 사람도 당신 앞에 나타난다. 그것은 도량을 넓힐 수 있는 좋은 기회다.

당신처럼 되고 싶어도 될 수 없는 사람이 많다. 당신이 끌어주기를 바라는 사람도 많다. 그럴 때일수록 약해지지 말고 리더의 자리를 굳건히 지키라고 권해주고 싶다.

대인관계·일에 대한 자세

공로를 내세우지 말고, 독선과 독재를 주의할 것

당신은 당당히 앞장서 나아가는 사람. 무엇이든 이것이다, 하고 한 번 정하면 어떤 시련과 역경이 닥쳐도 절대 흔들리지 않는다. 그 자질과 돌파력에 끌려 많은 사람이 주위에 모인다. 이때 주의해야 할 것은 스타터인 당신의 속도와 주위 속도의 차이다. 열정과 추진력도 중요하지만, 때로 한 박자 쉬고 느긋하게 행동하자. 자칫 당신의 배려가 전해지지 않고 오히려 독선과 독재로 보일 수 있다. 특히 나이 많은 사람의 현명한 충고에 의식적으로 귀 기울이는 훈련을 해야 한다.

자신의 공로를 내세우거나 자랑하지 않는 것이 당신의 장점이다. 그런 좋은 점을 키워가면 사람들은 당신을 훌륭한 리더로 인정해줄 것이다.

요령 부족과 고독을 어루만져줄 '이해자'를 찾을 것

당신에게는 요령이 부족한 면도 있다. 타고난 리더 자질로 사람들을 빛나게 하는 대신 '나를 이해해주지 않는다', '내가 의도하는 방향으로 잘 따라주지 않는다' 식의 생각 때문에 고민하기도 한다. 또한 선천적인 리더라서 '존경할 수 있는 사람', '신뢰할 수 있는 사람'을 쉽게 찾지 못한다. 파티에서 분위기를 띄운 후 혼자 뒤에서 한숨을 내쉬지 않을까? 먼저, 당신을 지원해줄 사람을 찾는 것이 중요하다. 일은 원래 자신과의 고독한 싸움이다. 좋은 이해자를 찾으면 한결 편해진다.

재능을 끌어내는 방법

고민하고 망설일 때도 자신의 직관을 믿어라

사람을 이끄는 것은 말처럼 쉬운 일이 아니다. 누군가를 이끌어야 한다는 압박감에서 벗어나거나 도망치고 싶은 충동에 사로잡힐 때도 있을 것이다. 리더로 타고난 사람조차 고독하고 슬플 때가 있는 법이다. 그런 때 힘이 되는 것이 ⑬올마이티의 존재다. ⑬은 누구보다 당신을 잘 이해해준다. 깃발을 들고 앞으로 나아가는 당신을 뒤에서 묵묵히 지켜보며 흐트러진 줄을 바로잡아준다. 자신의 '직관'을 믿어라. ①스타터의 경우, 자신의 머리로만 생각해서는 안 된다. 머리로만 생각하면 흔들리기 쉽기 때문이다. 머리보다 가슴이 하는 말에 귀 기울여라. 마음이 움직일 때, 그때가 바로 과감히 앞으로 나아가야 할 때다.

아직 깊은 곳에 잠자고 있다면 자기긍정과 자기문답을

스타터 타입 중에는 '나는 절대 이 타입이 아니다' 혹은 '지금까지 살면서 리더십을 발휘한 적이 없다'고 생각하는 사람도 있을 것이다. 그러나 그것은 아직 자신의 장점을 살릴 절호의 기회나 상황을 만나지 못한 것뿐이다.

당신의 마음 깊은 곳에는 카리스마성이 잠자고 있다. 그것을 불러 깨우기 위해 자신이 무엇을 하고 싶은지 자문자답해보라. 자신을 좋아하고, 인정하고, 긍정해주는 일이 무엇보다 필요하다. 그렇게 하면 반드시 당신의 재능을 꽃피우고 될 것이고 무한한 성장을 이루게 될 것이다.

베스트 파트너 ⑬올마이티와의 상승효과

고독한 당신의 대화 상대가 되어준다

당신은 목표를 설정하는 스타터인데, ⑬올마이티는 가장 뒤쪽에서 전체를 보며 목표를 향해 움직이도록 조정하는 능력이 있다.

매사에 적극적이고 융통성도 갖추고 있어서 리더가 될 수도 있지만, 숨은 공로자의 소임에도 충실한 만능의 ⑬은 당신에게 없어서는 안 될 베스트 파트너다. 고독해지기 쉬운 리더에게는 귀한 인물이다.

⑬올마이티는 정직하므로 당신도 그를 진심으로 대해주어야 한다.

그 외 타입과의 궁합

①스타터	②결단하는 사람	③중매인
서로 이해하기 쉽다. 상대를 인정하며 지혜롭게 역할을 분담하면 금상첨화다.	당신이 뭔가를 결정할 때 용기를 불어넣어 준다. 결단력 있는 당신에게 호감을 느낀다.	자진해서 주위와의 조정 역할을 담당해준다. 때론 호기심의 인도를 받기도 한다.

④아이디어	⑤스타	⑥평등
타고난 지식과 데이터로 당신에게 근본원리를 제시해준다.	상대가 맞춰주기 때문에 대하기 쉽다. 좋은 파트너가 된다.	리더 기질을 갖고 있어서 이쪽이 씨실이면 저쪽은 날실, 하는 식으로 좋은 관계가 된다.

⑦신비	⑧교류	⑨바람을 일으키는 사람
상대에게 귀를 기울이면 매우 좋은 정보원이 될 것이다.	좋은 파트너. '교류'에 편승해 행동을 시작한다.	새로운 일을 할 때 호흡이 잘 맞는 동지. 의욕을 갖게 하고 격려해준다.

⑩프로듀스	⑪오리지널	⑫공명하는 사람
당신이 하고 싶은 아이디어나 계획을 개념화해주고 형태를 만들어주는 사람이다.	당신의 카리스마로 상대의 재능을 끌어내어 좋은 관계로 발전한다.	마음의 기둥이 된다. 당신의 이야기에 귀를 기울여 원만하게 해결해준다.

②결단하는 사람

뛰어난 결정력으로 '키잡이'를 맡는다

누구보다 빠르게 본질을 꿰뚫고 새로운 창조성을 발휘하는 사람이다. 그리고 그 힘을 구사해 순간순간 빠르게 결정을 내려 주위를 놀라게 한다. 직관력이 뛰어난 데다 타고난 노력가여서 공부도 열심히 한다. 주제 분석에도 뛰어나므로 호랑이에 날개를 단 격이다. 배려하는 마음도 갖고 있지만, 매사에 직설적이라 때로 다른 사람과의 사이에 온도 차가 생기는 일도 있다. 그러나 그것도 당신의 재능이다. 다른 타입의 사람보다 의지가 굳고 새로운 일에 과감히 도전하는 용기가 있으므로 어떤 어려움을 만나도 극복할 수 있다. 주위가 '시작' 단계에서 허둥지둥 헤맬 때 당신은 이미 '기승전결'을 두 바퀴 돌고 난 뒤라서 다른 것이 당연하다.

이름

결단하는 사람

인상

결단력이 뛰어난 사람

마음을 나누는 방법

상대의 애매함을 받아들이려고 노력한다

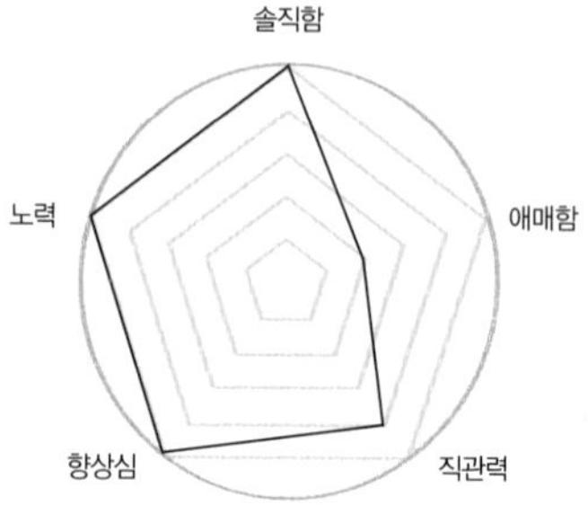

| 심리 분석 |

'결정'에 달성감을, '애매함'에 스트레스를

하나씩 일이 결정되는 것에 충족감을 느끼는 타입이다. 반대로, 어떤 문제든 결정이 나지 않는 것과 지지부진하게 진행되는 것에 대해 답답함을 느낀다. 자신이 의사력, 결정력, 판단력, 창조력, 직관력에 뛰어난 노력가인 만큼 타인에게도 그것을 요구하는 경향이 있다. 의견을 낼 때는 상대의 타이밍을 보자.

| 행동 원리 |

판단하고 앞으로 나아갈 뿐 물러서지 않는다

일도 개인생활도 본래라면 흑백을 분명히 해야 앞으로 나아가기 쉽다. 창조력이 뛰어나 '머리와 몸이 멋대로 도전'한다.

| 연애 경향 |

말을 들어주는 사람

반려자로는 '다른 사람의 말을 잘 들어주는 유형의 사람'이 좋다. 삶의 방식을 긍정해주는 사람이 옆에 있으면 더욱 성장하고 발전할 수 있다.

| ②결단하는 사람의 유명인 |

토머스 에디슨(발명가) 1847년 2월 11일
이브 생 로랑(패션디자이너) 1936년 8월 1일
조니 뎁(미국 배우) 1963년 6월 9일

모든 사람이 판단에 주저할 때 흑백을 가리는 결단력의 소유자

'직관으로 결단'하는 재능을 활용하면 좋다. 결단을 내리는 것은 매우 중요한 재능이다. 데이터나 과거를 모르면 결단할 수 없다. 그러나 반대로 데이터와 과거에 지나치게 얽매이다 보면 오히려 결단을 내리기 어려워진다.

조직에는 '결단하고 싶어 하지 않는 사람', '결단하고 싶어도 할 수 없는 사람'이 많다. 그렇게 되면 조직이 매너리즘에 빠지고 발전하지 못한다. 하지만 그런 때 당신 같은 사람이 있으면 결정을 미루는 사람을 설득할 수 있고 과감히 결단을 내리도록 도와줄 수 있다. 그러므로 '결단하는 사람'은 조직과 세상에 고마운, 결코 빼놓을 수 없는 존재다.

매너리즘에 빠지지 않는 도전정신과 창조성

뛰어난 미래 예측력과 빠른 두뇌 회전을 바탕으로 자유롭게 도전하는 당신. 주위 사람들은 그 창조성 넘치는 당신의 도전정신을 믿음직스러워한다. 늘 무언가를 판단하고 결단해 앞으로 나아가려는 자세는 조직을 꾸려나가는 데 있어 매우 중요한 자질이지만 아무나 갖기 어려운 자질이기도 하다. 조직에서 타고난 '결단력'을 충분히 살릴 수 있는 방향의 역할을 맡으면 당신 앞에는 커다란 성공이 기다리고 있을 것이다.

대인관계·일에 대한 자세

성실함과 노력으로 신뢰를 얻어 배의 키를 잡는다

사람들이 당신의 결단력을 인정하고 따르는 것은 당신이 성실한 노력가임을 잘 알고 있기 때문이다. 그런 삶의 자세를 주위의 사람들이 모두 명확히 인지하고 있으므로 그들은 당신의 직관력과 판단력을 신뢰한다.

당신은 진정한 노력가다. 누구나 당신 앞에서 저절로 머리가 숙어질 정도다. 향상심도 대단하다. 그래서 직관력과 판단력이 뛰어남에도 불구하고 공부를 하고 자료를 분석하는 작업을 게을리하지 않는다.

직관 → 분석 → 결단이라는 과정을 말로 알기 쉽게 설명하는 것을 좀 더 염두에 두면 더욱 신뢰를 얻어 주위에서 당신에게 배의 키를 맡길 것이다.

'그레이 존'을 인정하고 편한 기분으로

당신의 노력이 이따금 주위의 이해를 얻지 못할 때도 있을 것이다. 모두를 위해 좋다고 생각한 일이 인정받지 못해 자칫하면 허전함이 분노로 바뀔 수도 있다. 또한, 결단이 느린 사람 때문에 딜레마에 빠지는 일도 얼마든지 있을 수 있다. 하지만 그렇더라도 어쩔 수 없다. 모두 당신처럼 결단력이 뛰어나지는 않기 때문이다.

자신의 잣대로 다른 사람을 보지 말고 사람마다 가진 재능의 차이를 인식하자. '그레이 존'을 늘리기 위한 노력도 해보자. 어떤 상황에서도 이 점만은 잊지 말자. 당신에게는 주위를 변화시킬 만한 힘과 영향력이 있다.

재능을 끌어내는 방법

탁월한 결단력으로 타인과 조직을 이끈다

남보다 빠르고 정확하게 결단할 수 있다는 것은 사물을 보는 눈이 예리하다는 의미이기도 하다. 구체적인 데이터나 분석자료 같은 명백한 증거가 있는데도 결단이 빠르고 다소 직설적이라서 '직관에 따른 발언'이라는 인상을 상대에게 주어 이해와 동의를 얻지 못하게 될 수도 있다.

어떤 상황에서 결단하지 않으면 안 되는 사람의 괴로움과 고민도 이해하려고 노력해야 한다. 그러나 자신의 역할에 충실하게 사람과 조직을 성실히 이끌므로 당신은 더욱 빛나고 중요한 역할을 맡게 될 것이다. 직설적인 말투는 되도록 삼가고 유연함을 더할 것을 권해주고 싶다.

때로는 불성실함이 덕을 쌓는다

성실하고 노력가인 결단의 천재. 어쩔 수 없이 자신의 속도감으로 매사를 진행하는 경향이 있다. 하지만 세상에서 그 재능을 살리려면 '타인의 잣대'와 '타인의 애매함'도 의식해 적절한 타이밍을 노려 의견을 말해야 한다.

스스로 조금은 불성실함을 즐겨보고, 그레이 존 안에서 사고와 판단의 깊이를 더하는 시간을 갖는 것이 좋다. 그렇게 함으로써 주위 사람들은 이제까지 그랬던 것보다 당신을 더욱 신뢰하고 존경하게 될 것이다. 이로써 당신도 조금은 마음이 편해질 것이다. 그러니 독불장군 방식에서 벗어나 주위를 둘러보는 여유를 갖도록 노력하길 권해주고 싶다.

베스트 파트너 ⑫공명하는 사람과의 상승효과

듣는 역할이 되어주는 마음의 오아시스

자신의 이야기를 들어줄 사람이 필요한 당신. ⑫공명하는 사람은 당신의 직관에 귀 기울여 주장과 이론을 더해주고 격려해주므로 마음의 오아시스 같은 존재다. 또한, 당신의 지나친 솔직함을 완화해주며, 그로 인해 대인관계에 문제가 일어나지 않고 원만한 관계를 형성하도록 이끌어준다. 때로는 ⑫의 의견에도 귀를 기울이는 것을 잊지 말 것. 그것이 관계를 지속하는 비결이다.

그 외 타입과의 궁합

①스타터	②결단하는 사람	③중매인
개성이 뚜렷한 상대라서 이해하기 쉽다. 서로를 알면 최고의 관계가 될 수 있다.	서로 이해해준다. 행동 방식도 비슷해 이심전심이 가능한 상대다.	모험심이 강하고 서로 잘 통해 ③에게는 쉽게 받아들여진다. 서로 활발히 의견을 주고받을 만한 상대다.

④아이디어	⑤스타	⑥평등
당신의 창조의 원리를 존중하고 세워주는 믿음직한 파트너다.	의지할 만한 동지다. '듣는 귀'를 갖고 있어서 시간이 지날수록 더욱 호감을 갖게 될 가능성이 높다.	조직 내에서 당신의 역할을 만들어주는 상대라서 의지가 된다.

⑦신비	⑧교류	⑨바람을 일으키는 사람
'있는 그대로의 당신이 좋다'고 말해주어라. 서로 좋은 관계를 유지할 수 있을 것이다.	배려하고 편하게 해주지만, 지나치게 어리광 부리지 않도록 주의해야 한다.	설교해서는 안 된다. 나무라는 듯한 말투도 경계하는 것이 좋다.

⑩프로듀스	⑪오리지널	⑬올마이티
서로의 영역을 명확히 하면 문제없다.	서로 의견을 활발히 주고받는다. 안심감과 안정감을 주는 상대다.	상대가 사방팔방의 외교로 지쳐 있을 때 자진해서 조정 역할을 맡아주면 좋다.

③중매인

모든 것을 연결하는 '키 퍼슨'

'연결하다', '이끌다', '헤아리다', '정돈하다'와 같은 단어와 잘 맞는 타입이다. '조정형 리더'의 자질을 갖고 있지만, 자신의 몫이나 역할을 주위 사람들에게 과감히 양보하거나 위임할 줄도 안다. 조직과 타인을 배려하는 '타고난 밸런서'가 당신이다. 당신의 존재만으로도 재능을 꽃피우지 못한 사람이나 불평불만을 입에 달고 사는 사람, 동맥경화를 일으킨 조직이 움직이기 시작한다.

당신은 '재능 발굴인'으로서, 일과 조직에 조화를 이루어 모든 것을 연결하는 '키 퍼슨'이다. 성숙한 인격의 소유자이며 타고난 '어른'이라서 사람들의 이야기에 귀 기울일 줄 알고 깊이 헤아려줄 만한 도량을 갖고 있다. 스스로 자신의 밸런스를 조정하는 데도 뛰어나

이름

중매인

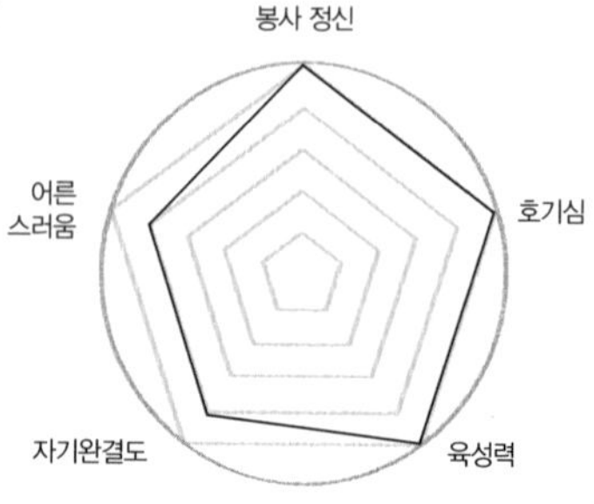

인상

상냥한 자기 충족형

마음을 나누는 방법

당신이 있는 것만으로 좋다

| 심리 분석 |

조화가 이루어지지 않는 것을 싫어한다

눈앞의 조직이나 사람이 '조화가 이루어지지 않은 상태'를 싫어한다. 그런 상황에서 마음이 불편해진다. 그래서 본능적으로 '조정역'의 재능을 발휘해 '출동'하게 된다. 늘 즐거움을 추구하므로 고독감과도 무관한데, 마음 깊은 곳에 자신도 잘 알지 못하는 '화'를 담고 있다. 철저한 봉사 정신을 지니고 있고, 모두에게 친절하다.

| 행동 원리 |

타인 지향의 어른

어떤 상황에서도 '타인' 지향이다. 자신은 조화를 이룬 '어른'이라서 타인의 상담역이 되고 사람과 사람을 연결한다.

| 연애 경향 |

서로 의존하지 않는 관계

기본적으로 스스로 만족하는 사람이라서 다른 사람에게 많은 것을 요구하지 않는다. 어리광부리는 일도 없다. 서로 의존하지 않는 관계를 좋아한다.

| ③중매인의 유명인 |

미타니 고키(각본가, 영화감독) 1961년 7월 8일
나카모토 유토(축구선수) 1986년 9월 12일
다나카 마사히로(야구선수) 1988년 11월 1일

'고민이나 걱정이 적은 행복한 일생'을 보낼 소질을 가진 매우 행복한 사람이다.

중매인의 역할

타고난 조정력으로 사람과 사람을 연결해 활성화한다

타인에 대해 상냥한 자세로 임하는 사람이다. 놀라운 균형감각으로 조직과 사람 간의 '뒤틀림', '어긋남', '부조화'를 조정한다. 그것은 당신의 뛰어난 '통찰력'이 만들어내는 특기다. 모든 사람의 성장 과정, 환경, 입장을 한눈에 간파해 각각의 생각을 헤아려준다. 너그럽게 배려하며 사람과 사람을 연결하고, 불협화음을 조정해 팀과 모임에 활기를 불어넣어 준다. 팀이나 조직에 당신 같은 유능한 조정역이 있으면 사람들의 고민은 쉽게 해소되고 능동적이 되어 힘을 발휘하는 조직으로 거듭난다.

많은 사람을 이끌어주는 '모두'의 친구

당신의 타고난 상냥함과 통찰력에 이끌려 많은 사람이 개인적인 상담을 의뢰할 것이다. 그리고 당신은 마치 가족처럼 그들 하나하나의 이야기를 들어준다. 그러나 본래 당신의 역할은 그런 '일차방정식'을 풀기보다는 복잡하게 얽힌 '사차방정식'을 푸는 데 있다. 즉, 많은 사람의 생각과 이해, 그리고 처지를 동시에 조정하고 이끌어주는 역할을 한다. 교단에서 학생들의 다양한 상황과 특성을 잘 파악하고 좋은 방향으로 이끄는 교사 같은 역할이다. '모두의 행복에 눈을 돌리자'라는 모토가 당신에게는 가능하다.

대인관계·일에 대한 자세

자신에게 만족할 수 있으므로 타인에 눈을 돌릴 수 있는 사람

당신을 나쁘게 말하는 사람은 한 명도 없다. 당신은 절대로 적을 만들지 않는 타입이다. 어리광 부리지 않고, 약한 소리도 하지 않고, 항상 자신보다 남을 먼저 배려한다. 요컨대, 당신은 타고난 '어른'이다. 스스로 만족할 줄 아는 자기 완결형이라서 다른 사람을 돌보거나 그 사람의 입장에서 이해해줄 수 있다. 그런 성향과 태도가 다른 사람들에게 믿음직스럽게 보일 것이다. 그래서 평생 당신 주위에는 사람이 끊이지 않는다.

그러나 반대로 말하면, 인연을 끊는 것을 주저하는 '좋은 사람'이기도 하므로 과도한 봉사 정신을 경계하는 것이 좋다.

때로는 냉정하게 자신의 속마음을 확인한다

상냥한 당신의 유일한 결점은 '사람과의 인연을 끊지 못하는 것'이다. 모든 사람에게 성실하게 대하고 선의로 이끌어주려고 한다. 하지만 사람이 평생 감당할 수 있는 '일대일'의 사람 수에는 한계가 있는 법이다. 다른 사람과의 관계를 정리하는 것은 물론 괴로운 일이지만, 특정한 사람과 너무 오래 가까이 지내다 보면 당신이 참아야 하는 상황이 반복되어 자신도 모르는 사이에 '분노 저장고'에 스트레스가 쌓이게 된다. 따라서 자신도 모르는 '작은 화'가 내면에 축적되므로 때로는 '자신의 본심을 확인하라'는 사인에 귀 기울이라고 권해주고 싶다.

재능을 끌어내는 방법

체험과 체감을 전해 더욱 성장한다

사람과 사람을 연결하고 이끌어주는 능력은 타고난 것이다. 그런 터라 강사, 코치, 교사처럼 '사람을 연결하고 이끌어주는' 직업을 가진 사람이 ③중매인 중에 많다. 그 능력을 키우기 위해 자신의 체험과 체감을 더욱 중시해야 한다. 당신은 넘치는 호기심과 과감한 행동력을 타고났다. 그 기회는 일상에 널려 있다. 일상에서 인생 경험을 쌓고 실패도 경험하며 깊이를 더해가면 당신의 능력은 더욱 향상될 것이다. 그렇게 해서 사람들에게 나눠준 은혜가 돌고 돌아 자신에게 돌아온다. 그 공적이 당신을 리더로 만들어줄 것이다.

자신의 자리를 찾아 환경을 정비하라

타인과 조직의 문제점을 찾아 해결하도록 이끌어주는 것이 장점인 당신. 바꿔 말하면, 다른 사람에게 '마음 편한 환경'을 만들어주는 스페셜리스트다. 그 반대도 마찬가지다. 자신이 기분 좋게 일할 수 있는 환경이나 인간관계의 기반이 있어 재능을 꽃피울 수 있다. 그러므로 '환경' 정비에 신경 쓰자.

당신의 내면에는 '남을 도와주려는 마음'이 늘 짙게 깔려 있어서 자신의 일을 뒤로 미루게 되는 경향이 있다. 특히, 어떤 조직에 속한 사람은 충성심이 강한 만큼 자칫 지나치게 무리해서 일하기 쉽다. 무조건 참기 때문에 '보이지 않는 스트레스'를 쌓지 않도록 특히 주의할 것.

베스트 파트너 ⑪오리지널과의 상승효과

독창성을 이해해 연결해준다

에너지가 넘치는 혁명가인 ⑪오리지널을 이해해줄 수 있는 것은 당신뿐이다. 타고난 봉사 정신과 연결하는 힘을 발휘해 ⑪을 도와주면 베스트 파트너가 될 수 있다.

반대로 말하면, ⑪오리지널의 독창성이 당신의 재능을 이끌어낸다. ⑪과 함께하는 것만으로도 당신은 재능을 발휘할 수 있다. 서로 부족한 부분과 넘치는 부분이 딱 들어맞는다.

그 외 타입과의 궁합

①스타터	②결단하는 사람	③중매인
스타터인 ①에게 긍정적인 자극을 받을 수 있다. 상대도 당신을 원한다.	인연을 끊고 싶은 사람이 있을 때는 ②의 결단력을 빌릴 것.	서로 봉사 정신을 갖고 있어서 파트너가 되면 두 배의 상승효과를 얻을 수 있다.

④아이디어	⑤스타	⑥평등
④의 재능을 끌어내면 두 사람 행복해질 수 있다.	서로 흔들리지 않는 사람들이라 대하는 것이 편하다. 스트레스가 쌓이지 않는다.	조직을 만들어내는 사람이므로 비즈니스 파트너로 최고다.

⑦신비	⑧교류	⑨바람을 일으키는 사람
⑦이 가진 정보력을 끌어내면 매우 좋은 관계로 발전할 수 있다.	당신이 알아채지 못하는 작은 스트레스를 헤아려준다.	무언가를 시작할 때 좋은 콤비가 될 수 있다.

⑩프로듀스	⑫공명하는 사람	⑬올마이티
조직 내에서 ⑩이 재능을 이끌어내고 당신이 이끌어주는 역할을 담당하면 이상적이다.	푸념을 하고 싶다면 이 사람! 끝까지 당신의 말을 들어줄 것이다.	⑬은 자신의 마음을 넉넉히 이해해주는 당신을 좋아하며 소중하게 대해줄 것이다.

④아이디어

하늘에서 착상이 떨어지는 학구파

길을 걸으면 떨어지는 것이 비가 아니라 아이디어다. 모두가 놀랄 만큼 기발한 아이디어를 떠올린 당신은 부력(浮力)의 원리를 발견한 아르키메데스처럼 곧장 서재로 달려간다. 그리고 시간 가는 줄 모르고 조사하고 탐구한다.

그렇다. 당신은 직인(職人) 기질을 갖춘 학구파이자 매우 뛰어난 아이디어맨이다. 언제나 자신이 좋아하는 일에만 당신은 몰두한다. 자신이 흥미를 갖는 일이라면 남들이 뭐라 하든 개의치 않고 끝까지 파고든다. 기질상 당신은 그렇게 할 수밖에 없고, 또 그것으로 충분하다.

평생 매달려도 질리지 않는 일을 찾고, 그 일에 완전하게 몰입하

이름

아이디어

인상

추구하는 독창성

마음을 나누는 방법

번뜩임을 제공한다

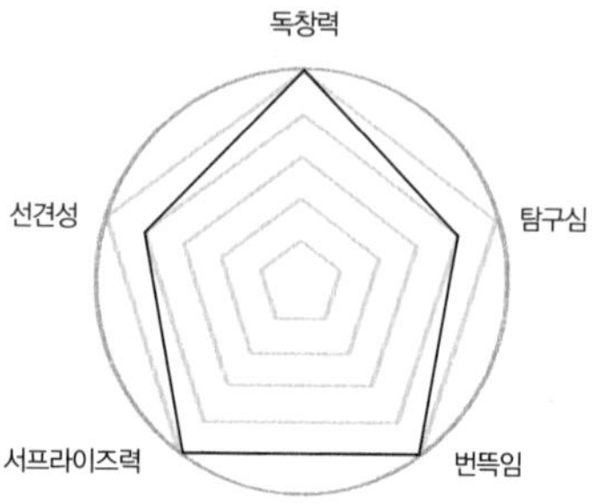

| 심리 분석 |

좋아하는 일만 하고 싶어 한다

그때그때 자신이 관심 가는 방향이 우선이다. 다른 것은 없다. 그래서 누군가에 의해 주어진 주제나 일에는 좀처럼 흥미를 보이지 않는다. 싫은 일을 강요당하면 소금 뿌린 배추처럼 의욕을 잃고 의기소침해진다. 때로 자신 안으로 깊이 내려가 쉽게 돌아오지 않는다. 자신이 확실히 이해할 때까지 집요하게 파고든다. 본질적으로는 섬세한 사람이다.

| 행동 원리 |

마음이 끌리는 일에 몰두한다

아무튼, '이거다!' 하고 자신이 마음속으로 한 번 정한 일에 뒤돌아보지 않고 매진한다. 자신이 관심을 두는 일에 몰두해 끝까지 파고든다. 집념의 학구파.

| 연애 경향 |

시간을 오래 두고 천천히 사귄다

얕은 관계는 힘들어한다. 시간을 갖고 천천히, 진지하게 관계를 맺고 쌓아간다. 오래전부터 알고 지낸 친구 관계에서 발전하는 예도 많다.

| ④아이디어의 유명인 |

사카모토 료마(일본 근대화의 주역) 1836년 1월 3일
찰리 채플린(영국, 영화배우) 1889년 4월 16일
스즈키 이치로(일본, 야구선수) 1973년 10월 22일
레이디 가가(미국, 가수) 1986년 3월 28일

기. 그것이 바로 당신에게는 성공의 지름길이다. 당신은 때로 주위에서 '천성이다', '특이하다'와 같은 말을 듣게 될 것이다. 당신처럼 독창적인 사람에게 이 말은 비난이 아니라 칭찬이다. 그러니 신경 쓰지 말고 당신의 길을 과감히 가라.

당신은 사물의 이치를 날카롭게 꿰뚫어보는 능력뿐만 아니라 분위기를 간파하는 능력도 탁월하다. 당신은 항상 꼼꼼하게 사람을 관찰하고 자세히 파악한다. 그런 당신의 관찰력과 간파력이 빛을 발해 회사나 조직에서도 귀한 대접을 받게 될 것이다. 어쩌면 당신은 잡다한 일들에 신경 쓰지 않고 오직 자신이 좋아하는 일에만 몰두하고도 귀한 대접을 받는, 무척 효율적이고 실속 있는 타입이라고 할 수 있다.

아이디어의 역할

향상심 있는 직인 스타일의 학자로 활약

당신의 지적 호기심이나 탐구심은 절대로 어중간하지 않다. 당신은 향상심 있는 박학다식 왕이 되거나 학자가 될 충분한 자질을 갖추고 있다. 흥미를 갖는 일에는 돌진하고, 지식 쌓기에도 게을리하지 않는다. 직인 스타일의 지(知)의 탐구자라 할 수 있다. 그렇지만 인생을 걸고 한 가지를 뚝심 있게 추구하기보다는 뭔가 다른 일에 흥미가 생기면 곧바로 관심을 바꿔 집중하는, 조금 발놀림이 가벼운 면도 있다. 마음 가는 대로 자신이 좋아하는 일에 집중하자. 그것이 자신의 힘을 최대한 쏟아 붓고 능력을 발휘할 수 있는 일이자 역할이다.

흥미 있는 분야의 선배와 교류한다

당신의 탐구심은 '향상심'에서 온다. '더 알고 싶다', '좋은 아이디어를 내고 싶다', '남을 기쁘게 해주고 싶다'는 마음이 당신을 성실한 사람으로 만들어준다. 더욱 성장하고 발전하기 위해서는 자신이 특별히 관심을 두는 분야의 대선배나 슈퍼스타와 교류하며 꾸준히 배워가야 한다. 그런 사람과 교류하다 보면 지적호기심이 강한 당신은 상대에게 긍정적인 자극을 받아 지식과 아이디어를 더욱 왕성하게 키워갈 수 있다.

대인관계·일에 대한 자세

머릿속은 남이 볼 수 없다

당신은 항상 '생각'하며 살고 있다. 일상생활에서도 '~하면서'가 가능한 타입이 바로 당신이다. 예를 들어, 우리 주위에는 음악을 들으며 대화를 하면 집중하지 못하는 사람이 많다. 하지만 당신은 패밀리레스토랑이나 카페처럼 번잡스러운 곳에서도 집중이 잘 된다. 왜냐하면, 뇌가 늘 탐구하는 상태라 생각하는 것이 일상처럼 돼 있기 때문이다.

그러나 문제는 다른 사람이 당신의 머릿속을 볼 수 없다는 데 있다. 그런 터라 의외로 당신이 소극적인 생각을 감추고 있는 것을 알지 못해 상대에게 '경박하다'는 평가를 들을 수도 있다. 그러나 어떤 상황에서도 당신의 존재를 필요로 하는 사람이 많다는 사실을 잊지 말자.

'단단한 마음'과 '공감력'을 키운다

당신은 '안정'이 필요한 사람이다. 그러나 안정을 일에서만 찾으려고 하지는 말라. 취미에서도 얼마든지 안정을 찾을 수 있다. 무엇이든 관심을 지속해서 유지할 수 있는 분야를 찾아 뚝심 있게 파고들다 보면 언젠가는 인생이 활짝 꽃피우는 시간이 올 것이다. 그러나 사람에 따라서는 당신의 그런 모습과 태도로 인해 '취미나 좋아하는 일에 갇혀 지내는 사람'이라고 잘못 평가하게 될 수도 있다. 개인적인 일이라면 괜찮겠지만, 직장에서 그렇게 비춰진다면 문제다. 물론, 그렇지 않다는 것은 당신 자신이 가장 잘 알 것이다. 주위 사람들도 당신의 '지식'과 '아이디어'의 가치를 깨닫는 때가 반드시 올 것이다. 다만, 중간에 포기하거나 좌절하지 않도록 무엇에도 꺾이지 않는 '단단한 마음'과 상대의 마음을 이해하는 '공감력'을 키워두어야 한다.

재능을 끌어내는 방법

지식과 아이디어를 효과적으로 전달하는 기술을 연마하라

당신은 기발한 '아이디어'를 잘 떠올리는 사람이다. 또한 왕성한 '호기심'과 '탐구심', 폭넓은 '지식'을 바탕으로 그 아이디어를 멋지게 구현해가는 사람이다. 당신이 '좋아하는 것'이 바로 당신을 움직이는 원동력이다.

당신의 아이디어는 아무래도 저절로 빛을 발하기는 어렵다. '그것을 형태화해주는 사람'을 만나 서로 깊이 공감하고 공유할 때 비로소 빛을 발하게 될 것이다. 그러므로 당신의 뛰어난 발상력과 아이디어를 다른 사람에게 효과적으로 전달하는 기술을 평소 꾸준히 연마해두어야 한다. 그렇지 않으면 타고난 재능을 제대로 활용하지 못하고 썩히게 될 위험성도 있다. 자신의 기발한 아이디어를 다른 사람에게 적극적으로 표현하고 효과적으로 전달하여 널리 확산시키도록 노력하자. "소중한 자식은 여행을 시켜라"라는 말도 있듯이 자식과도 같은 소중한 아이디어를 안에 가두어두지 말고 여행시켜라. 적극적으로 표현하고 전달하며 더 크고 훌륭한 생각으로 발전할 수 있게 하라.

중요한 것은 아웃풋 하는 능력이다

당신은 단순히 '박식한 사람'으로 끝날 사람이 아니다. 당신이 가진 진짜 재능은 참신하고 기발한 아이디어가 넘쳐나며, 그것을 좀 더 깊이 탐구하고 창조적으로 가공해 사람들에게 멋지게 드러내 보여주는 일에서 빛을 발한다는 데 있다. 즉, 당신은 단지 반짝이는 아이디어만 가진 게 아니라 그것을 적극적으로 '아웃풋 하는 능력'도 갖고 있다.

사람들은 당신의 아이디어에 놀라고, 그것을 좋은 의미에서 이용하고 싶을 것이다. 당신은 걸어 다니는 아이디어맨이자 서프라이즈의 천재다. 축적된 지식과 아이디어를 '다른 사람과 조직, 그리고 사회를 위해 사용한다'라는 마음가짐으로 꾸준히 노력한다면 당신의 성공은 이미 약속된 것이나 다름없다.

아이디어와 비전을 구체적인 형태로 만들어준다

당신의 아이디어와 비전을 구체적인 형태로 만들어 현실성 있게 만들어주는 사람이다. 당신이 사소한 일에 얽매여 있어도 대범한 ⑩프로듀스가 당신을 거기서 끌어내어 마음을 편안하게 만들어주며 긍정적인 방향으로 이끌어줄 것이다.

프로듀스 기질인 ⑩의 필살의 무기는 '완벽한 한마디'다. 그는 당신이 미처 깨닫지 못한 일도 찾아내어 적확하고도 현명한 조언을 해준다. 단, 당신이 베스트 파트너인 ⑩이 때로 주저할 때는 반대로 당신이 적극적으로 도와주어야 한다.

그 외 타입과의 궁합

①스타터	②결단하는 사람	③중매인
넘치는 아이디어를 '스타터'에게 제시하여 그가 민첩하게 행동에 옮기도록 도와준다.	매너리즘을 싫어하는 콤비. 함께 새롭고 창조적인 일에 과감히 도전하는 좋은 관계로 발전해갈 수 있다.	호기심 왕성한 두 사람. 호기심을 공통분모로 삼으면 좋은 콤비가 될 것이다.

④아이디어	⑤스타	⑥평등
아무리 말해도 화제가 떨어지지 않는다. 매우 좋은 이야기 상대다.	당신의 아이디어와 집념을 이해하고 관심을 보여줄 것이다.	상대의 흔들리지 않는 안정감으로 인해 당신은 안심할 수 있다. 그와 있으면 마음이 편안해진다.

⑦신비	⑧교류	⑨바람을 일으키는 사람
번뜩이는 아이디어를 그에게 표현하면 정보와 아이디어가 멈추지 않고 상승작용을 일으킨다.	당신의 부족한 부분을 이해하고 인정하며 지원해주는 사람이다.	당신의 아이디어를 하늘로 올려줄 사람이다. 당신의 타고난 '치어리더'.

⑪오리지널	⑫공명하는 사람	⑬올마이티
상대의 씩씩함과 강인함에 자극받아 당신도 용기를 얻는다. 발상력도 함께 키워진다.	적극적으로 아이디어를 제세하면 그가 적극적으로 반응해줄 것이다.	상대가 하려는 일을 함께, 깊이 탐구한다는 마음으로 대하라.

⑤스타

숨어 있던 스타성이 활짝 꽃피워 주위를 놀라게 한다

매는 발톱을 감춘다. 햇살이 따뜻한 툇마루에서 낮잠을 자는 것이 고양이인가 싶었는데, 알고 보니 호랑이였다. 행동할 때와 행동하지 않을 때의 인상이 이렇게 다른 사람도 드물 것이다. 당신은 '스위치'가 켜진 순간, 놀라운 속도로 스타덤의 계단을 뛰어오른다. '타고난 대스타'는 본격적으로 활약할 타이밍이 올 때까지는 '겸허한 스타'의 모습을 유지한다. 그런 터라 주위 사람들은 그 드라마틱한 차이에 때로 깜짝 놀라게 될 것이다.

당신은 언뜻 조심스럽게 행동하는 것처럼 보여도 머릿속으로는 늘 꼼꼼하게 시뮬레이션하며 조용히 발톱을 간다. '일단'이나 '70% 정도' 선에서 결코 만족하지 못한다. 무슨 일이든 한 번 시작하면 완

이름

스타

인상

완성도 높은 일을 한다

마음을 나누는 방법

완벽하게 이해될 때까지 곰곰이 생각하고 또 생각한다

| 심리 분석 |

흔들림 없는 강한 내면의 소유자

어떤 일에서도 흔들림이 없고 의지가 굳다. 내면이 매우 강하다. 자신의 차례가 올 때까지 여유를 갖고 끈기 있게 기다릴 수 있다. 원칙적이면서도 순종적인 면이 있어 강요하는 언동은 전혀 없다. 꽃이 필 때까지 큰 뜻을 품고 그 어떤 외부 자극에도 흔들리지 않는 강인한 사람이다. 진지하고 정중하며 마음의 준비 작업을 면밀하고도 완벽하게 해낸다.

| 행동 원리 |

ON과 OFF가 확실하다

일을 할 때와 쉴 때, ON과 OFF를 정확히 구사한다. 목표를 향해 매진하기 위해 긴 안목으로 임할 것을 권하고 싶다. 높은 목표를 설정해 매진하면 성공으로 이어질 가능성이 높다.

| 연애 경향 |

뜻이 높은 사람을 좋아한다

뜻이 높은 사람이 아니면 좀처럼 마음을 주지 않는다. 인생의 목표를 낮게 설정한 사람도 받아들이지 않는다. 자신이 수동적이고 순종적이므로 긍정적인 자극을 주거나 열정을 불어넣어 주는 사람을 좋아한다.

| ⑤스타의 유명인 |

마리 퀴리(물리학자, 퀴리부인) 1867년 11월 7일
빌 게이츠(마이크로소프트사 창업자) 1955년 10월 28일
다카하시 다이스케(피겨 스케이트 선수) 1986년 3월 16일

벽하게 끝내야만 직성이 풀리는 타입이다. 뜻이 높고 목적의식이 명확하며 고풍스럽고 순종적인 것 같지만, 강인하며 흔들리지 않는 내면의 소유자이기 때문이다. 강바닥에서 잠자던 용이 하늘로 오르기 시작했을 때 사람들은 깜짝 놀란다. 당신은 그런 매력적인 자질을 갖고 있다.

스타의 역할

조용히 발톱을 다듬어 어떤 일이든 멋지게 이루어낸다

한마디로 말해, 당신은 '유능한 매'다. 조용히 뜻을 다지고 견문을 넓히면서 발톱을 다듬으며 계획을 완벽하게 만들어갈 줄 안다. 그리고 때가 되면 일어나 완벽한 계획과 설득력으로 '이긴 게임'을 만들며, 큰일을 이루어내는 능력을 가진 사람이다. '스타'라고 하기보다 '스타의 원석'이라 하는 것이 좀 더 적절한 표현일 것이다. 원석은 연마하지 않으면 빛을 낼 수 없듯 당신도 빛나는 사람이 되기까지 충분한 준비 기간이 필요하다. 무슨 일이든 의욕이 생기기까지는 '충전 중'이라고 생각하며 초조해 하지 말고 여유 있게 기다릴 것을 권해주고 싶다. 당신은 일단 시작하면 상황을 단번에 역전시킬 수 있는 힘과 능력을 갖고 있다.

목적의식이 명확하고 완성도 높은 일을 한다

당신의 또 하나 특징은 목적지향형이라는 점이다. 바꿔 말하면, '자신이 무엇을 해야 하는지', '그렇게 하려면 어떤 준비를 해야 하는지' 명확히 의식한다. 언뜻 소극적으로 보여 '똑 부러지지 않은 것'처럼 비치기 쉽지만 사실은 자신만의 명확한 규칙을 갖고 있는 타입이다. 일에서도 주도면밀한 준비로 성공을 이끌어낼 줄 알고, 일단 눈빛이 바뀌면 완성도 높은 일을 해낸다. 당신이 오랜 시간을 들여 작성한 설계도에는 털끝만 한 결점도 없으므로 그런 결과를 얻는 것도 당연하다. 남보다 늦게 나타나 완벽하게 일을 마무리 짓는 사람, 즉 '마지막에 출연하는 주인공' 같은 이가 바로 당신이다.

대인관계·일에 대한 태도

고풍스러움과 순종 뒤에 저력이 숨어 있다

당신은 가장 '호감도 높은 사람'이다. 고풍스럽고, 순종적이며, 다른 사람을 불쾌하게 하지 않는다. 왜냐하면, 당신은 다른 어느 누구보다 자신을 잘 분석하여 명확히 파악하고 있기 때문이다. 외유내강 타입으로 마음 깊은 곳에 '저력'을 갖고 있다. 당신과 같은 타입인

⑤스타를 아내로 맞으면 내조의 힘을 한껏 발휘하게 될 것이다.

사람은 저력이 없으면 늘 분주히, 아등바등 일하게 되어 큰 나무로 뿌리내리기 어렵다. 그러나 당신은 저력을 갖고 있으므로 어떤 곳에서도 튼튼히 뿌리 내릴 수 있다. 또한, 당신은 주위 사람들과 적극적으로 소통할 줄 아는 장점도 지녔다. 그런 당신의 그릇의 크기에 주위 사람은 매료될 것이다.

순종하는 타입이라 상대에게도 동일한 순종을 요구하기 쉽다

당신은 매우 순종적인 사람이라 '상대에게도 순종을 요구'하는 경향이 있다. '이 사람, 왠지 싫다'고 생각하면 쉽게 넘겨버리지 못하고 그 기분이 오랫동안 남아 있을 때가 많다. 그런 때는 당신의 베스트 파트너인 ⑨바람을 일으키는 사람에게 털어놓고 상담하자. 깊이 생각하는 것이 서툰 ⑨는 '쉽게 받아넘기는 요령'과 '잊고 털어버리는 방법'을 알려줄 것이므로 당신을 괴롭히는 개운치 않은 생각이 말끔히 정리될 것이다.

⑤스타에게는 자신을 응원해주고 열정과 의욕을 불어넣어 주는 사람이 절실히 필요하다. 그 상대가 ⑨바람을 일으키는 사람만은 아니지만, 당신의 재능은 키 맨에 의해 자극받아 활짝 꽃피우게 될 것이다.

재능을 끌어내는 방법

OFF 모드는 '준비'의 시간

OFF를 사용할 줄 아는 사람은 ON이 되어 행동할 때 두 배 더 빠른 속도로 일을 진행할 수 있다. 때로 '느긋하게' 보일 수도 있는데, 시행착오를 겪으며 더욱 단단해지고 성장하는 타입이라서 '혼자 놀이'가 가능하다. 객관적인 눈으로 사물과 현상을 관찰하고 이미지 트레이닝 하며 두뇌를 움직이는 시간은 당신에게 무엇보다 소중한 시간이다. 장사가 잘 되는 레스토랑은 영업을 시작하기 전 '준비하는 일'에 많은 시간을 투자한다. 마찬가지로, 성장하고 발전하기 위한 준비, 자신을 정돈하는 일에 시간을 투자하는 당신은 최강이다.

'놀이'하는 마음은 사람의 폭을 넓힌다. 그런 꾸준한 노력이 주위의 마음을 움직여 응원하는 사람을 끌어당긴다.

높은 목표를 세워 더욱 높이 날아오른다

이미 목표를 달성했는데도 더욱 높은 목표를 세워 지칠 줄 모르고 달려가는 당신. 도전적인 목표를 세워 과정에 아무리 어려운 장애가 나타나도 이겨내고 반드시 달성하고 마는 당신의 타고난 근성과

승부욕 덕분이다.

그러나 당신은 '목표가 먼저인 사람', '결과로부터 생각하는 사람'이다. 생각하기 전에 몸이 움직이는 사람과는 정확히 반대다. 결과에서부터 거꾸로 계산한 다음 비로소 움직이는 타입이다. 그래서 늘 분명한 인생의 목표가 있고, 실행에 옮긴 것'은 반드시 성공하고 만다. 비록 작고 폼나지 않는 목표라도 그것을 차곡차곡 성공으로 쌓아가다 보면 더 큰 성공으로 이어질 것이다.

베스트 파트너 ⑨바람을 일으키는 사람과의 상승효과

힘을 북돋워주고 등을 밀어주는 응원단장

당신의 순종적이고 소극적인 점이 ⑨바람을 일으키는 사람에게는 사랑스럽게 보여 응원해주고 싶은 마음이 들게 한다. ⑨는 다른 사람에게 용기를 주고 의욕을 갖게 하는 일에 보람을 느끼는 타입이다. 목적지향형인 당신에게 그야말로 베스트 파트너가 될 것이다.

⑨바람을 일으키는 사람의 좋은 의미에서의 가벼움도 당신에게는 도움이 된다. 그는 밝고 활기찬 기운으로 당신의 등을 밀어줄 것이다. ⑨는 당신이 세상에 나올 때 힘을 북돋워주는 '응원단장'과도 같은 존재다.

9
9
5
9
9
9

그 외 타입과의 궁합

①스타터	②결단하는 사람	③중매인
당신의 의욕에 용기를 불어넣어주고 등을 밀어준다.	당신이 ON 모드가 되었을 때 GO 사인으로 등을 밀어준다.	서로 격려해주므로 편안한 관계를 형성할 수 있다.
④아이디어	**⑤스타**	**⑥평등**
당신이 준비와 계획 단계에 있을 때 소중한 의견을 준다.	상대의 바이오리듬을 서로 인정하면 좋은 관계로 발전할 수 있다.	상대가 호감을 보일 것이다. ⑤의 여성, ⑥의 남성과의 궁합은 특히 좋다.
⑦신비	**⑧교류**	**⑩프로듀스**
준비기간 중에 ⑦의 이야기에 귀를 기울이면 목표 달성을 위한 힌트가 가득하다.	언뜻 ⑧은 성급하게 보이지만, 상냥함으로 감싸준다.	목표가 정해지면 이 사람과 상의하라. 그가 좀 더 구체적인 틀을 만들어줄 것이다.
⑪오리지널	**⑫공명하는 사람**	**⑬올마이티**
상대가 가진 강한 마음에 서로 공감할 것이다.	당신에게 있어 신뢰할 가치가 있는 사람. 그의 의견에 귀 기울여라.	적극적이고 긍정적인 에너지를 전해준다.

⑥평등

타고난 평등주의, 새 시대의 리더

새 시대의 기수이자 조직의 리더. 천칭처럼 타고난 균형감각과 평등정신으로 애쓰지 않아도 집단의 리더가 될 자질을 갖추고 있다. 천성적으로 다툼을 싫어하고, 다른 사람을 너그럽게 감싸 안을 줄 알며, 원만한 성격의 소유자다. 일, 가정, 놀이 모두에 충실하며 천성적으로 성실한 사람이다. 대인관계뿐 아니라 자신의 마음을 다스리는 방법도 알고 있다. 즉, 타고난 균형감각과 평등정신으로 채워진 마음으로 인생을 충실하게 보내는 사람이다. 흔들림 없는 마음, 타인에게 좌우되지 않는 강인함, 냉정함과 침착함, 중립적인 가치관 등의 자질이 그를 지탱해준다. 어려운 문제를 만나도 동요하지 않고 오히려 고난과 역경을 성장을 위한 양식으로 바꿔갈 줄 아는

이름

평등

인상

안정적인 정신의 소유자

마음을 나누는 방법

평등한 인간관계를 쌓아간다

| 심리 분석 |

천칭처럼 안정된 심성의 소유자

타고난 평등주의자. 중립을 지키고 평정심을 유지하는 데 뛰어난, 마치 안정된 천칭과 같은 심성의 소유자다. 자기 페이스를 유지하며 좌로나 우로나 치우치지 않도록 늘 주의하며, 민첩함과 지혜로움도 가지고 있다. 언뜻 냉정하게 보이지만, 사실은 '균형'을 사랑한다.

| 행동 원리 |

독자적인 페이스로 평등하게

일시동인(一視同仁. 멀거나 가까운 사이에 관계없이 친하게 대해준다는 뜻)으로 늘 평등을 추구한다. 주위에 신경 쓰지 않고 중심을 지키면서도 흔들림 없이 냉정하게 사물을 풀어간다. 어쩌다 마음속으로 동요하거나 번민하는 상황에서도 겉으로는 좀처럼 드러내지 않아 주위 사람들에게 신뢰감을 준다.

| 연애 경향 |

고풍스럽고 예의 바름을 추구한다

고풍스럽고 예의 바름을 추구하며, 자신처럼 예의 바른 상대를 찾는다. 또, 자신만의 독자적인 페이스를 지킬 줄 아는 사람을 좋아한다.

| ⑥평등의 유명인 |

아카즈카 후지오(만화가) 1935년 9월 14일
하뉴 유즈루(피겨 스케이트 선수) 1994년 12월 7일

타입이자 새로운 시대의 리더가 될 만한 자질의 소유자다.

평등의 역할

새로운 시대의 기수가 되어 평등한 조직을 만든다

당신에게는 리더의 자질이 있다. 그러나 ①스타터처럼 선두에 서서 모두를 이끌어가기보다는 '모두와 같은 곳에서 함께 노력하는' 스타일의 리더십을 발휘한다. 당신 안에 자리한 '부동(不動)의 정신'과 '평등성'의 역할이 당신을 리더로 만들어준다. 최근에는 프로젝트를 시작할 때 수평적인 조직을 만들어 직장인이든 프리랜서든 알맞은 자리에 사람을 배치할 때가 많다. 당신은 그런 새로운 시대의 방식을 아우르는 새로운 리더가 될 만한 잠재력을 가지고 있다.

싸움과 언쟁을 해결하는 천칭의 균형감각

흔들림 없는 당신. 어떤 유혹에도 좀처럼 흔들리지 않는다. 냉정하고 침착하다. 항상 자신의 페이스를 유지한다. 다른 사람에게 맞추느라 자신의 에너지를 쓸데없이 소모하는 일을 현명하게 피해갈 줄 아는 사람이다. 그래서 주위 사람들은 당신을 '믿음직스럽고, 안정감 있는 리더'로 인식하게 될 것이다. 타고난 평등주의자로, 다툼과 분쟁을 싫어한다. 뭔가 다툼이 있으면 천칭 같은 균형감각을 발휘하여 넉넉히 감싸 안고 화평을 불러온다. 이런 재능을 잘 살리면 큰 성공을 거둘 수 있다. 흔들리지 않는 정신을 가진 '현대적인 리더'다.

대인관계·일에 대한 태도

때론 다른 사람의 관점으로 사물을 보려고 노력하라

키워드는 자신만의 페이스를 유지하는 것이다. 이것이 가능하면 매사 순조롭게 나아갈 수 있다.

원래 당신은 '일 100%', '가정 100%', '놀이 100%'를 목표로 하는 타입이다. 그 가운데 하나만 빠져도 부족함을 느낀다. 일도 잘하면서 가정생활에도 충실하다니 누구나 부러워할 만한데, 그 균형감각이 당신이 가진 에너지의 원천이다. 자기만의 페이스는 전혀 나쁜 것이 아니다. 주저하지 말고 그 길을 뚝심 있게 밀고 나가라. 그리고 가끔은 다른 사람의 관점으로 사물을 보려고 노력하라. 그렇게만 할 수 있다면 더 할 나위 없다.

한결같이 중립을 지키려 애쓰는 당신

모든 사람을 평등하게 대할 수 있다. 말은 쉽지만, 이는 실천하기 매우 어렵고 귀한 재능이다. 당신의 그 중립적인 가치관은 선천적으로 타고난 것이다. 그래서 사람들은 항상 적절한 페이스를 유지하는 당신 주위에 모여 당신을 신뢰하고 의지한다.

모든 사람에게 평등하고 개개인의 능력을 최대한 발휘할 수 있는 조직을 구축해나간다. 만일 그 행동 때문에 온갖 일에 조금씩 손을 대는 팔방미인으로 보인다면 완벽한 오해다. 왜냐하면, 당신은 차별을 두지 않는 리더이기 때문이다. 때로 예절을 모르는 사람을 보고 실망할 때도 있지만, 자신의 잣대로 모든 걸 판단하지 않는 습관을 기른다면 문제 될 건 없다.

재능을 끌어내는 방법

마음이 흔들리고 동요할 때 오히려 성장하는 타입

흔들리지 않는 마음의 소유자다. 다른 사람에게 휘둘리거나 좌우되지 않는다. 주위 사람들은 그런 당신을 정서가 메마른 사람으로 오해할 수도 있다. 하지만 이는 그야말로 오해에 지나지 않는다. 당신도 인간이므로 문제가 발생하면 동요하기 마련이다. 다만, 다른 사람이나 상황으로 인해 흔들리는 것을 본능적으로 싫어하므로 될 수 있는 대로 겉으로 드러내려 하지 않을 뿐이다. 그것이 바로 당신이다.

당신은 마음이 흔들리고 동요할 때마다 비약적으로 성장하는 타입이다. 따라서 문제에 맞닥뜨려 마음이 힘들어지면 '성장을 위해 신이 주신 선물'이라 생각하며 마음의 여유를 찾도록 노력하라. 그럼으로써 당신은 문제를 극복하고 해결할 수 있을 뿐 아니라 대응력도 향상되고 성장도 이룰 수 있다.

'많은 사람을 행복하게'라는 시선으로 덕을 쌓는다

당신은 만족스러운 인생을 살 수 있는 특별한 마음의 재능을 갖고 있다. 거기에는 당신만이 가진 특유의 페이스와 중립성이 크게 공헌한다. '이대로의 자신으로 충분하다'라고 인식하는 것만으로도 행복해질 수 있다. 거기에 더해 만일 당신이 '다른 사람들도 행복하게 해주고 싶다'라고 생각하게 된다면 그 행복은 더욱 커질 것이다. 요컨대 '덕'을 쌓는 것이며, 하늘에 저금한다는 생각으로 선행을 베푸는 것이다. 그렇게 할 수 있다면 그렇지 않아도 행복하고 만족스러운 당신의 인생은 더욱 커다란 행복과 보람으로 빛나게 될 것이다.

베스트 파트너 ⑧교류와의 상승효과

감싸는 힘으로 매사를 원활하게 끌고 간다

당신은 관리 계층이 축소된 팀 단위의 조직을 구성하는 데 뛰어난 능력을 발휘할 수 있는 리더다. 부동심을 갖고 있어서 강한 의지로 집단을 구축한다. 그러나 자신만의 페이스를 지키므로 그로 인해 이따금 문제가 발생하기도 한다.

그런 때 ⑧교류의 '감싸주는 모성애'로 인간관계나 조직이 원활하게 돌아간다. ⑧은 당신의 부족한 부분을 완벽하게 보완하고 지원해준다. 당신 역시, 상대가 어려움에 처했을 때는 적극적으로 도와주라고 권해주고 싶다.

그 외 타입과의 궁합

①스타터	②결단하는 사람	③중매인
같은 리더 타입이지만, 적절히 경쟁을 피할 수 있다.	새로운 긍정적 창조성으로 당신의 지혜를 후원한다.	자기완결형인 두 사람이므로 진정한 어른으로서 함께 할 수 있다.

④아이디어	⑤스타	⑥평등
의기투합하여 공부에 몰입하는 타입. 함께 절차탁마하는 관계를 구축할 수 있다.	상대의 고풍스럽고 예의 바름에 호감을 갖는다.	중립적인 균형감각으로, 굳이 말하지 않아도 통한다.

⑦신비	⑨바람을 일으키는 사람	⑩프로듀스
당신에게는 ⑦의 정보 수집 능력이 필수. 얻는 것이 많다.	당신의 독자적인 페이스를 잃지 않고 용기를 주는 상대.	서로 상대를 보완한다. 상대가 가진 에너지를 적절히 활용할 것.

⑪오리지널	⑫공명하는 사람	⑬올마이티
당신에게 좋은 동료를 소개해주고 개성적인 의견을 제시하여 현명한 결정을 내릴 수 있도록 돕는다.	당신의 환경과 팀을 원만히 정비할 수 있게 도와주는 고마운 사람.	서로에 대한 배려로 충실하고도 조화로운 관계를 구축할 수 있다.

⑦신비

감각이 있는 사람. 고고한 사람. 정보를 가진 사람

⑦인 사람은 더해서 '14'가 되는 숫자가 자신과 같은 ⑦이듯 신비로운 존재다. 거의 속마음을 드러내지 않지만, 안에 감춘 감성과 섬세함으로 미세한 낌새를 예민하게 포착하여 안테나를 작동시키는 타입이다. 그가 가진 안테나는 그야말로 고성능이라서 온갖 정보를 잡아낸다. 게다가 그는 정보를 가공하고 요리하는 능력도 뛰어나며, 날카로운 감각과 번뜩임도 지니고 있다. 그는 자신을 조용히 자기 갈 길을 가는 고독한 사람으로 여기지만, 뛰어난 감각과 번뜩임이 한 번 폭발하면 단기간에 자신의 분야에서 독보적인 사람으로 변신한다.

그러나 그는 매사를 자신 안에서 묻는 습관이 있어서 한 번 '자문

이름

신비

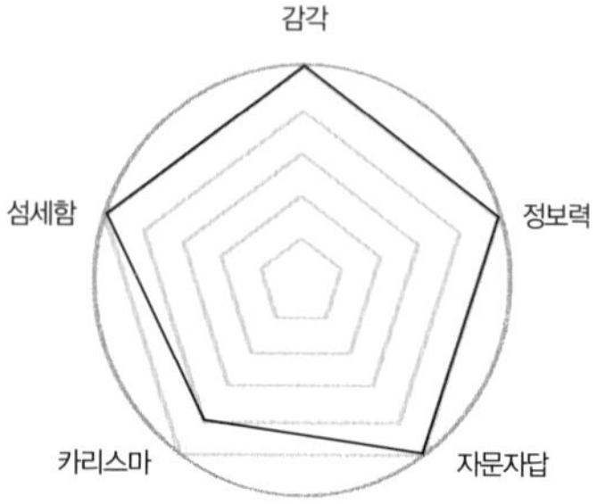

인상

이상이 높고 타협 없는 사람

마음을 나누는 방법

상의하는 일(정보)에 마음을 쓴다

| 심리 분석 |

풍부한 감정으로 내성의 시간을 보낸다

보는 것, 듣는 것, 관찰하는 것을 좋아하고, 눈과 귀로 들어오는 모든 것을 '정보'로 받아들이므로 흘려듣지 못하는 순수한 심성의 소유자다. 자신 안에서 완벽하게 이해되지 않으면 고민하고 번민하기도 하지만, 반대로 확신하는 일에서는 엄청난 힘과 능력을 발휘한다.

| 행동 원리 |

자문자답과 폭발력

안에 감춰진 것을 이리저리 생각하며 자문자답에 소비하는 시간이 많다. 그러나 확신과 균형감각을 얻었을 때의 폭발력은 엄청나다.

| 연애 경향 |

순수한 사람을 원한다

섬세하고, 어릴 때부터 '자신이란 무엇인가'를 생각하므로 순수한 사람을 찾는다. 당신을 긍정하고 등을 밀어주는 사람이면 좋을 것이다.

| ⑦신비의 유명인 |

이소룡(홍콩의 배우) 1940년 11월 27일

손정의(소프트뱅크 창업자) 1957년 8월 11일

아사다 마오(피겨 스케이트 선수) 1990년 9월 25일

자답의 여행'을 떠나면 한동안 돌아오지 않기도 한다. 그런 의미에서도 ⑦의 마음은 ⑦만 알 수 있는 부분이 있다.

신비의 역할

철저하게 파고들고, 새롭게 받아들인다

당신의 감성과 섬세함이 뛰어난 것은 왜일까. 그것은 자신이 설정하는 자기평가의 기준이 높기 때문이다. 거기에 진중함이 더해져 '자신을 긍정하고 싶은 마음'과 '부정하고 싶은 마음'이 왔다 갔다 해서 보는 사람에 따라서는 '상당히 내성적인 사람'으로 받아들일 수도 있다. 그러나 사실은 그렇지 않다. '주위의 인정을 받고 싶다', '평가를 얻고 싶다' 하는 순수한 향상심이 당신의 행동 원리로, 안테나는 안이 아닌 밖을 향해 있다. 완고하게 보이지만, 사실은 새로운 것을 받아들이고 싶어 하는 사람이다.

정보력으로 큰일을 이뤄낸다

당신의 장점은 '매사를 진지하게 대하는' 성실한 자세다. 다른 사람의 이야기에 귀를 잘 기울이므로 주위 사람이 당신에게 의지하고 상의한다. 가령, 상대가 어린아이라도 당신은 진지하게 대할 수 있는 사람이다. 이 재능을 살려서 어린이를 지도하는 일에 종사해도 좋을 것이다.

또한, 당신은 다른 사람이 고민을 이야기하며 가볍게 털어놓는 일에서도 의미 있는 '정보'를 찾아낼 만큼 고성능 안테나를 가졌는데, 이 정보력이 사회와 접점을 가질 때 커다란 성과를 이루어낸다. 당신에게는 정보야말로 인간관계의 폭을 넓히는 자양분이 된다.

대인관계·일하는 태도

'이것으로 됐다'라는 식의 긍정적인 마음을 키우자

자신에게 엄격하고 고집이 센 당신은 자신의 엄격한 기준과 생각을 다른 사람에게도 요구하는 경향이 있다. 이상이 높아 무언가를 극단적으로 긍정하거나 부정해버릴 때도 종종 있다. 그러나 그것이 반드시 나쁜 것만은 아니다. 좀처럼 자기만족하지 못하고 늘 이상을 추구하는 데서 오는 것이므로 기본적으로 훌륭한 재능이다. 다만, 그것을 자신과는 다른 성격을 가진 타인에게 요구하는 것은 경계해야 한다. 자칫 상대에게 큰 '폐'가 될 수 있으며, 그와의 관계에도 도움이 되지 않기 때문이다.

일단 걸음을 멈추고 자신의 정보를 확인해 거기에 편견이 없는지 정돈해볼 것을 권해주고 싶다. 그리고 자문자답을 잠시 멈추고 자신의 삶을 좀 더 느슨하게 풀어놓아 보라. 꾸준히 그런 훈련을 함으로써 당신은 상대에게 지나친 것을 요구하지 않게 되고, 그와 더 나은 관계를 맺게 될 것이다.

마음이 통하는 사람의 도움을 받아 에너지를 밖으로

당신의 역할인 '감성'과 '정보'라는 능력을 자신 안에서 완결 짓지 않도록 하라. 평생을 지속해온 '자기 찾기 여행'을 끝내고 그 에너지를 밖으로 돌려보자. 당신은 자신이 인식하는 이상으로 타인에게 의지가 되고 호감을 주기 쉬운 타입이다. 주위에서 존경할 만한 파트너를 찾아 그와 활발히 정보를 교환하고 의견을 나누어라. 그렇게 함으로써 당신의 인생은 한 단계 상승하게 될 것이다. 그 과정에 얻은 정보는 안에 담아두지 말고 주위에 적극적으로 전달하라. ⑦의 타입 중에는 이상이 너무 높아 오히려 한 발짝도 움직이지 못하는 사람도 있고, 그 이상을 발판 삼아 오히려 지속적으로 나아가는 사람도 있다. 정보도 감성도 사람의 힘을 입을 때 비로소 빛을 보게 된다.

자문자답은 하루 한 시간까지만

당신의 자문자답하는 능력은 때로 다른 사람이 함부로 따라 할 수 없을 만큼 깊은 곳까지 내려간다. 그것은 '양날의 검'이다. 만일 깊은 곳까지 내려간 뒤 다행히 돌아오면 괜찮지만, 그렇지 못할 때 문제가 될 수 있다. 그렇게 되지 않도록 수시로 자신을 경계하고 살펴야 한다. '이 정도면 충분하다'라고 자신에게 얘기해주고 긍정해주어야 한다.

자신을 긍정하는 것은 타인에 대한 긍정으로 이어진다. 당신은 다른 사람의 눈에 비치는 모습 그대로 충분하다. 그런데도 만족하지 못하는 건 단지 자신에 대한 기준과 기대치가 높아서일 뿐이다. 그러므로 주위에서 '그걸로 충분하다'고 말해주는 사람의 말에 귀를 기울여라. '자기 찾기는 하루 한 시간' 정도로 정해놓고 지키도록 노력해보라.

번뜩임과 발상으로 비즈니스 기회를

당신이 마음속으로 여러 가지 시행착오를 겪는 동안에도 정보는 제멋대로 당신에게 날아든다. 당신 쪽에서 먼저 발신하지 않아도 끊임없이 모여드니 그것만으로도 대단하다. 당신은 원래 시야가 넓어서 한꺼번에 많은 양의 정보를 포착할 수 있는 감수성도 지니고 있다. 따라서 그것에 '정보', '번뜩임', '발상'의 주파수를 적절히 결합하면 능력을 마음껏 꽃피울 수 있다. 또 한 가지. 자신이 얻은 그 정보가 정확한지 그렇지 않은지를 반드시 빠르게 확인하는 과정을 거치라고 권해주고 싶다. 원래 당신은 완벽하게 이해하기까지 시간이 걸리는 타입이지만, 다행히도 넓은 시야를 갖고 있으므로 염려할 필요는 없다. 마음을 열고 자신에게 다가오는 모든 것을 넉넉히 받아들이기만 하면 된다.

베스트 파트너 ⑦신비와의 상승효과

비슷한 사람끼리 상승효과

⑦신비끼리는 둘 다 목표가 높아 자칫 타협을 끌어내기 어려울 수도 있다. 반면, 바로 그 점 때문에 포기하지 않고 끊임없이 의견을 나누며 좋은 결과를 끌어내는 좋은 관계로 발전할 수도 있다. 즉, 각자가 가진 번뜩임과 발상력이 시너지를 일으키고 기하급수적으로 증폭하는 데다 상대의 말을 쉽게 이해할 수 있으므로 최고의 관

계가 될 수 있는 잠재력이 있다. 서로 '그것으로 충분하다'며 어깨를 토닥여주는 존재가 되도록 노력해보라.

한 가지를 더 권해주자면, 자문자답을 끊고 싶을 때는 ②결단하는 사람의 결단력을, 나아가야 할 방향성을 정하고 싶을 때는 ⑥의 부동심을 빌리자.

그 외 타입과의 궁합

①스타터	②결단하는 사람	③중매인
①의 결단력과 솔직함에 당신은 호감을 느낄 것이다.	당신의 '자기 찾기'에 대해 '그것으로 충분하다'고 인정해주는 사람.	자꾸 안으로 움츠려들려는 당신의 결점을 보완해준다.

④아이디어	⑤스타	⑥평등
당신이 가진 정보와 번뜩임을 더욱 명료화해 보여준다.	깊이 파고들지 않아 기분 좋은 대화 상대가 되어준다.	당신에게 있어 동경의 대상인 사람이기도 하고 부러운 사람이기도 하다.

⑧교류	⑨바람을 일으키는 사람	⑩프로듀스
당신의 이야기에 귀를 기울여주므로 궁합은 좋다.	좋은 응원단이 되어준다. 용기를 주어 세상으로 당당히 나아가도록 격려해준다.	당신의 정보와 발상을 시각화하고 형태화해주는 사람.

⑪오리지널	⑫공명하는 사람	⑬올마이티
함께 계획을 짜기에는 최고의 상대.	'자기 찾기'의 답을 발견하도록 도와준다. 보조선을 그어준다.	⑬의 따뜻함, 적극성에 좋은 자극을 받는다.

⑧교류

사람들을 연결해 재능을 꽃피우도록 도와준다

타인을 존중하는 마음을 가진, 포용력 있는 사람이다. '포용력', '통찰력', '모성애'가 풍부하다. 애정으로 사람들을 연결하고 교류시킨다. 즉, 인간사회의 원동력이 되는 힘의 원천을 선천적으로 갖고 태어난 것이 당신이다. 당신은 '모두가 좋으면 좋다'는 생각을 지닌 훌륭한 심성의 소유자다. 의도하지 않아도 사람들의 마음을 끌어 교류시키는 재능이 탁월하다. 당신이 있음으로 인해 사람들은 서로 연결되고 교류하기 시작한다. 당신 덕분에 재능을 꽃피우는 사람이 많다. 그러므로 모두가 당신을 원한다. 그리고 모두에게 베푼 것이 결국 당신에게 돌아온다. 당신이 잘 알고 있듯이, 당신은 사람을 중시함으로써 인간으로서의 폭을 더욱 넓혀갈 수 있다.

성격 프로필

이름

교류

인상

사람을 위해 뛰어다니는 인기인

마음을 나누는 방법

인연을 끌어당기는 힘이 있다

| 심리 분석 |

다른 사람에게 친절하게 대하며 기꺼이 남을 위해 수고하는 사람

자신이 생각한 것을 말로 표현하지만, 남에게 상처 주는 것을 무척 싫어한다. 배려하고 헤아리는 마음이 크다. 그러므로 매사에 자기 의사를 상대에게 부드럽게 전달하기 위해 늘 궁리한다. 당신은 항상 주위를 먼저 챙기는 사람이며, 자신보다 남을 위한 수고를 마다하지 않는, 따뜻한 모성애의 소유자다.

| 행동 원리 |

자연스럽게 연결한다

사람과 사람을 적극적으로 연결한다. 알고 보면 부끄러움도 많고 다른 사람과의 교제에 피곤함을 느끼기도 하지만, 심성이 착해 다른 사람이 다가오면 외면하지 못한다.

| 연애 경향 |

미덥지 못한 사람에게 끌리는 경향이 있다

말하자면, 약한 사람에게 약하다고 할 수 있다. 모성으로 똘똘 뭉친 사람이라서 약한 사람을 보면 모른 척 지나치지 못한다.

| ⑧교류의 유명인 |

시가 나오야(소설가) 1883년 2월 20일
아이다 미쓰오(시인, 서예가) 1924년 5월 20일
성룡(홍콩의 배우) 1954년 4월 7일

당신 없이 세상은 돌아가지 않는다

욕조 안에 물이 있다고 하자. 거기에 작은 돌을 던지면 그 전까지 잠잠해 있던 물의 입자가 활발하게 운동하기 시작한다. 활기를 되찾은 것이다. 당신은 그 돌처럼 사람들을 교류시켜 소통을 활성화하는 재능을 갖고 있다. 거기에 더해 통찰력, 배려심, 포용력도 뛰어나다. 즉, 사람을 존중하는 마음이 크다. 그 뿌리에 놓여 있는 것은 어려움에 부닥친 사람을 외면하거나 내버려두지 못하는 진정한 모성애다. 조금 거창하게 표현하자면, 만물의 근원적 힘이 되는 태양과도 같은 존재라고 할 수 있다. 당신 없이 세상은 돌아가지 않는다. 당신은 그런 재능을 가진 사람이다.

'사람을 꽃피우게 하는 일'이 복이 되어 돌아온다

당신의 인생은 다른 사람의 것이 아니라 바로 당신 자신의 것이다. 가령, 원조와 지원을 잘하는 사장이 있다고 하자. 그는 외근을 나가는 직원들에게 "다녀와요" 하고 웃음 띤 얼굴로 인사하며 정중히 배웅한다. 그는 주위에서 뛰어난 실적을 칭찬받으면 "우리 직원들이

한 것이지, 제가 한 게 아닙니다"라며 겸손한 태도를 보인다. 당신은 다른 사람의 인생을 활짝 꽃피워주는 사람이다. 그런 선한 마음과 행동이 결국 복이 되어 당신에게 돌아온다. 물론 당신은 뭔가를 바라고 그런 일을 하는 건 아니지만, 신은 그런 당신의 언행을 놓치지 않고 복을 줄 것이다. 당신의 선행은 당신의 인생을 더욱 빛나게 해줄 것이다.

대인관계·일에 대한 태도

절대 남에게 상처주지 않는 따뜻한 사람이며 어시스트의 달인

당신이 가진 모성애는 맹목적인 사랑이 되어서는 안 된다. 안 될 때는 '안 된다!'고 엄하게 가르쳐야 한다. 당신은 어시스트의 달인이기도 하다. 자신의 생각을 제대로 전달하면서도 상대의 입장을 고려할 줄 알고 체면까지 존중한다. 이렇게 할 수 있는 사람이 사실 많지 않다. 리더 타입의 사람 중에는 무조건 화부터 내는 사람도 많으므로 그런 의미에서는 ①스타터와 당신이 손을 잡는 것도 재미있을 것이다. 서로 돕는 관계로 모든 일을 잘 풀어갈 수 있다. 그러나 상대가 의존하려는 경향도 있으므로 일방적이거나 잘못된 방향으로 나아가지 않도록 조심하는 것이 좋다.

초면인 상대에게 주저하는 당신

의식적으로 소통하려 하거나 애써 노력하지 않아도 본능적으로 다른 사람과 연결되는 당신. 자신도 모르는 사이에 다른 사람과 교류하므로 자칫 대인관계로 인한 피로감을 느낄 때도 있다. 또 초면인 상대에게는 약간 낯설어하거나 주저하는 부분도 있어서 처음에는 긴장한 것처럼 행동할 수 있다. 하지만 약간 주저하고 부끄러워하는 모습에 상대는 당신에게 더욱 호감을 갖게 될 것이다. '사람을 배려하는' 당신의 힘을 느끼기 때문이다. 따라서 웃는 얼굴로 사람들과 적극적으로 교류하자. 조직과 세상에 활력을 불어넣어 주는 것이 당신의 본분이다.

재능을 끌어내는 방법

모든 일의 허용범위를 알아둔다

모성애로 가득한 당신은 언제나 다른 사람을 챙기고 보살피느라 자신을 뒤로 미룬다. 일, 가족 등 당신의 머릿속은 온통 상대에 대한 배려뿐이다. 그 이유는 당신이 상대의 마음을 '헤아릴 줄 아는 본능적인 힘'을 가지고 있기 때문이다. 그런 터라 당신은 언제나 자신보다 다른 사람을 우선시한다.

하지만 이게 당신이 지닌 속성의 전부가 아니다. 당신은 자기 안에 '확고한 의사와 자존심도 지니고 있다. 그것은 당신 자신의 '사물에 대한 허용범위'이기도 하다. 그러므로 반드시 그 허용범위를 알고 행동하라고 권해주고 싶다. 허용범위를 넘으면 자칫 감정에 사로잡히게 되는데, 그로 인해 에너지가 떨어지는 것을 피해야 하기 때문이다.

너무 힘들 때는 '현실적'이 되려고 노력하라

당신은 사람들을 연결하고 서로 교류하도록 돕는 일에 뛰어나다. 하지만 사실은 부끄러움을 잘 타고 낯을 가릴 때도 적지 않다. 그런 터라 파티에 초대받아도 정신적 피로를 염려한 나머지 주저하곤 한다. 다시 말해, 당신은 주위를 지나치게 배려하느라 자주 피곤해지는 사람이다. 그러다 보니 사람들이 저절로 당신 주위에 모여들어 그 대응과 처리에 녹초가 될 때도 적지 않다. 그럴 때는 조금 '현실적'이 되려고 노력해야 한다. 지나치게 친절하고 배려하는 당신은 현실적이 되려고 아무리 노력해도 인정에 사로잡혀 그렇게 하지 못할 때가 많다. 그럴 땐 눈 딱 감고 매몰차게 현실적인 사람이 되려고 노력하자.

베스트 파트너 ⑥평등과의 상승효과

정신적인 피로와 부담을 덜어주는 존재

당신은 배려심이 뛰어나서 다른 사람과 격의 없는 관계를 형성할 수 있다. 항상 다른 사람을 헤아리며 자신보다는 그를 위해 최선을 다한다.

⑥평등은 부동심과 일종의 드라이함으로 그런 당신의 궤도를 수정해주며, 당신의 정신적인 피로와 부담을 낮춰준다. 그러므로 다소 현실적인 사람으로 비칠 수 있는 ⑥이 다른 사람들과 적극적으로 교류할 수 있도록 도와줄 수 있다.

그 외 타입과의 궁합

①스타터	②결단하는 사람	③중매인
①의 결단력 있는 모습을 보고 있으면 마음이 편해진다.	'남을 돕는 것도 정도껏'이라고 분명하게 가르쳐준다.	상냥함과 배려심에 마음이 편하다. 비슷한 점이 있다.

④아이디어	⑤스타	⑦신비
부지런하게 노력하는 모습이 믿음직스럽다.	조심스러운 설득력을 갖고 있어서 잡음을 해소해준다.	신비함에 끌려 대화 상대로, 상부상조하는 관계로 발전할 가능성이 높다.

⑧교류	⑨바람을 일으키는 사람	⑩프로듀스
마음을 터놓기 쉽다. 서로에 대한 배려심이 안심하게 해준다.	이쪽은 지원 역할을 담당한다. ⑨는 힘을 주는 파트너십 관계로 발전할 가능성이 높다.	초조하거나 여유가 없을 때 당신의 비전을 명확히 해준다.

⑪오리지널	⑫공명하는 사람	⑬올마이티
조화를 중시한다. 상대의 독립 정신이 근사해 보인다.	다른 사람과의 교류로 스트레스를 느낄 때 마음을 편안하게 해준다.	자신만의 페이스를 유지하는 일에 안정감을 느낀다.

⑨바람을 일으키는 사람

모두를 응원하며 자신도 성장한다

사람들에게 용기와 힘을 불어넣어 주는 '가솔린 스탠드' 같은 존재로, 모두를 위해 기꺼이 춤을 추고 깃발을 휘두르는 상냥한 응원단장이다. 당신이 있으므로 주위 사람들 모두 힘을 얻고 분위기도 밝아진다. 당신은 겉으로는 얌전해 보여도 그런 신기한 덕과 힘을 가지고 있다.

다만, 당신은 뜻밖에도 사물을 깊이 생각하지 않는 경향이 있다. 넓고 얕게, 일단 모두를 격려하고, 용기를 주고, 등을 토닥여준다. 사람의 마음을 깊게 읽지 못하지만 순수하게 용기를 주므로 그런 '넓고 얕음의 장점'을 주위도 재평가한다. 당신은 호기심을 갖고 설레는 일을 좋아해서 그것을 추구하면 크게 성공할 수 있는 부러운

이름

바람을 일으키는 사람

인상

표리부동하지 않고 애정이 깊은 사람

마음을 나누는 방법

주위에 용기와 힘을 주입한다

| 심리 분석 |

깊게 생각하지 않으므로 자칫 가벼움으로 나아갈 수 있다

좋아하는 장소에서 좋아하는 일만 하고 싶어 한다. 새로운 것, 즐거운 것에 설레기 때문에 그런 것을 찾았을 때 힘을 발휘한다. 시야를 좁혀 깊이 생각하는 데는 약하다. 상대에게 용기를 줄 때도 근거 없이 '할 수 있어! 해봐!' 하고 바로 반응할 수 있다.

| 행동 원리 |

바삐 돌아다니며 용기를 준다

어디를 가든 선천적인 밝은 성격으로 사람들에게 힘과 용기를 준다. 걸음을 멈추거나 정체하지 않고 습한 곳은 피한다.

| 연애 경향 |

연애와 결혼은 별개라는 신조를 갖고 있다

매사 좋은 의미에서 '넓고 얕게'가 주특기이므로 연애는 설렘을 중시한다. 하지만 결혼에 관한 한 ⑨에게 부족한 '안정성'을 염두에 두고 결정하는 것이 좋다.

| ⑨바람을 일으키는 사람의 유명인 |

무라카미 하루키(소설가) 1949년 1월 12일
다이애나 스펜서(영국의 전 황태자비) 1961년 7월 1일
안젤리나 졸리(미국의 여배우)1975년 6월 4일

사람이다.

'사람들에게 힘과 용기를 불어넣어 줌으로써 당신도 성장한다. 모두에게 베푼 덕이 결국 당신에게 돌아온다.' 사람과 사람 사이에, 그리고 조직에 신선한 바람을 일으켜 자신도 거기에 편승하여 멀리, 높은 곳까지 갈 수 있는 사람이다.

바람을 일으키는 사람의 역할

사람들에게 힘과 용기를 불어넣어 주는 '가솔린 스탠드' 같은 존재

당신은 활력이 넘쳐나는 활동적인 타입이다. 호기심도 왕성해서 한 장소에 가만히 있지 못하고 적극적으로 밖으로 나가 사람을 만나고 소통하는 것으로 자신의 역할을 완수할 수 있다.

무슨 일이든 가슴이 설레는 일을 좋아하고 어디서나 분위기를 밝게 하는 당신은 사람들에게 '인기가 좋은 사람'이다. 당신이 말을 걸기만 해도 상대는 이상하게 기운이 솟고 의욕이 생긴다. 왜냐하면, ⑨바람을 일으키는 사람인 당신은 가솔린 스탠드처럼 사람들에게 힘과 용기를 주입하는 덕과 재능을 가지고 태어났기 때문이다. 이것은 매우 고마운 재능으로 조직에 없어서는 안 되는 소중한 역할이다.

흥미가 없는 일을 억지로 할 필요는 없다

설레는 일을 좋아하는 당신. 자신이 좋아하는 일에 지속적인 관심을 두고 꾸준히 열정을 쏟고 몰두하다 보면 큰 성공을 이룰 수 있다. '어른이니까 싫은 일도 해봐야 한다!'고 생각할 필요는 없다. 흥미가 없는 일에는 재능이 발휘되지 않으므로 억지로 하려고 하지 말고 오히려 피하는 것이 좋다. 누구나 그런 면이 있지만, 당신의 경우는 특히 더 그렇다. '기분이 내킨다, 내키지 않는다'를 기준으로 일을 선택할 때가 많다. 금전과 지위가 저절로 따라온다. '좋아하는 일을 한다'라는 힘이 그것들을 불러 모은다.

대인관계·일에 대한 태도

'넓고 얕게'가 ○, '깊고 진하게'는 △

당신은 '모두의 응원단'이다. 그러나 사실은 '한 사람을 위해 깃발을 흔드는 것'은 뜻밖에 잘하지 못하고, 그런 깊은 관계에 피로를 느낀다. 당신은 '가솔린 스탠드' 같은 존재다. 그러니 '모든 이에게 넓고 얕게 용기를 주는 것' 정도로 만족하자. '넓고 얕게'라고 하면 '왠지 얄팍하다'고 느낄 수도 있는데, 사실은 그렇지 않다. '넓고 얕게'는 좀 더 많은 사람에게 필요한 만큼의 용기를 나눠준다는 의미다. ⑨의 경우는 '진한 인간관계'는 적당히 해두는 것이 좋다.

타인에게 힘과 용기를 주는 과정에 자신도 성장한다

물론 당신은 다른 사람을 위로하고 격려해주는 것만으로 끝날 사람은 아니다. 다른 사람에게 힘과 용기를 불어넣어 주는 일을 통해 재능을 계발하기도 한다. 또한, 당신에게 용기를 얻은 사람들로부터 눈에 보이는 보답과 눈에 보이지 않는 보답이 연이어 전해져 힘과 용기를 얻고 성공으로 이어진다. '다른 사람을 칭찬해 성장하게 도와줌으로써 자신도 성장한다.' 이것도 당신의 중요한 키워드 중 하나다. 다른 사람을 칭찬하고 용기를 불어넣어 줄 때 그 근거를 너무 깊이 생각할 필요는 없다. 그저 단순히 당신의 눈앞에 있는 사람을 칭찬하고 용기를 북돋워주어라. 다른 사람을 세워주고 용기를 주는 일이 언젠가 반드시 당신에게 복이 되어 돌아온다.

재능을 끌어내는 방법

자신의 가치판단에 충실히 따라라

당신은 분주히 돌아다니며 주위 사람들에게 용기를 준다. "자네, 정말 대단해!", "자네라면 얼마든지 해낼 수 있어!" 그런 말로 의욕을 끌어내는 사람이 바로 당신이다. 그래서 당신에게 고민을 털어놓고 상의하려는 사람이 줄을 선다. 다만, '끝이 없는 부정적인 상담에는 휘둘리기 싫다'라는 마음을 먹으라고 권해주고 싶다. '깊은 이야기는 다음번에 하고 일단 지금은 즐기자!'라는 식으로 일단락 짓는 것도 필요하다. 그렇지만 당신은 '좋은 것'과 '나쁜 것'을 정확히 판단하는 능력을 타고나서 '거리를 두는 편이 좋은 사람'과는 자연스럽게 가까이하지 않는다. 아무튼, 자신의 가치판단에 충실히 따르라고 권해주고 싶다.

일의 기점에 서서 자극을 힘과 에너지로 바꾼다

⑨바람을 일으키는 사람인 당신이 있으면 무엇이든 성공한다고 할 만큼 일을 '시작'하고 '발굴'하는 능력이 뛰어나다. 마음이 설레는 일에 특별한 열정을 쏟으며, 무슨 일이든 새롭게 시작하는 걸 좋아한다. 또한, 그런 자극을 좋아해 본능적으로 '지금 이 순간'을 즐기는 경향이 있으므로 당신에게 안정감을 주고 지탱해주는 인생의 반려자를 적극적으로 찾으라고 권해주고 싶다. 모두의 '가솔린 스탠드'인 당신이 축 처지면 주위 사람도 모두 기운을 잃어버린다. 당신을

피폐하게 만드는 3대 요소인 '좋아하지 않는 일', '거리를 두지 않는 인간관계', '부정적인 상담'에는 특히 주의하자.

베스트 파트너 ⑤스타와의 상승효과

다른 사람의 재능을 꽃피워주는 당신, 그 과정에 당신도 성장한다

당신은 다른 사람에게 용기를 주고 재능을 꽃피우게 하는 과정에서 자신도 힘을 얻는 타입이다.

⑤스타인 사람은 그런 당신에게 안성맞춤이다. ⑤가 감추고 있는 스타성을 발굴해 높은 목표를 향해 나아갈 수 있도록 격려해준다. ⑤는 순종적이고 귀를 기울일 줄 아는 사람이므로 당신도 보람을 느낄 것이다. ⑤의 재능을 발굴해줌으로써 당신도 덕을 쌓고 함께 성장해갈 수 있다.

그 외 타입과의 궁합

①스타터	②결단하는 사람	③중매인
흔들림 없는 점이 공감을 갖게 한다. 좋은 파트너가 될 것이다.	당신이 힘들어하고 주저할 때 대신 결단해주거나 결단할 수 있도록 도와주는 믿음직한 상대다.	둘 다 봉사 정신이 있는 사람들이라 말이 잘 통한다. 성숙한 '어른의 관계'라고나 할까.

④아이디어	⑥평등	⑦신비
새롭고 설레는 일을 제시해준다.	⑥의 부동심이 안정감을 준다. 좋은 콤비가 된다.	온갖 정보를 주므로 즐거운 상대다. 호기심을 자극해준다.

⑧교류	⑨바람을 일으키는 사람	⑩프로듀스
주위를 잘 돌봐서 정신적으로 치유된다. '용기를 주느라 지쳤을 때'의 오아시스 같은 존재다.	힘이 두 배가 되는 봉사 정신이 충만한 사람이다.	계획에 자신이 없을 때 비전을 제시해준다.

⑪오리지널	⑫공명하는 사람	⑬올마이티
새로운 독창적인 발상으로 의욕을 불어넣어 준다.	힘들고 지쳐 있을 때 당신의 이야기에 귀 기울여주는 고마운 사람.	⑬의 요령과 인내심에 자극받아 '한번 도전해보자'는 마음이 생긴다.

⑩프로듀스

사람을 모으고, 재능을 끌어내며, 조직을 리드한다

대범한 성격과 두꺼운 인망으로 사람들이 당신 주위에 모여든다. 그리고 온갖 아이디어, 정보, 재능의 견본 시장을 열어준다. 그런 당신은 매사를 정하고 사람을 이끄는 능력이 탁월하다.

역할이 '프로듀스'이므로 숨은 공로자는 아니다. 넘치는 열정과 함께 통합력도 갖고 있어 자신은 물론이고 상대까지 빛나게 한다. 그리고 그 능력은 자신이 아닌 타인을 위해 사용했을 때 더욱 힘을 발휘한다. 왜냐하면, 인간관계에서 일어나는 문제가 당신을 성장하게 하는 키워드이기 때문이다. 그 재능을 살려 교육이나 지도하는 일을 하는 것도 좋다. 당신은 선천적으로 '전달하는 능력'을 갖고 있다. 그러니 부디 그 능력으로 주위 사람을 이끌어가라.

성격 프로필

이름

프로듀스

인상

부드러운 분위기의 전략가

마음을 나누는 방법

다른 사람의 재능을 살려주며, 그 과정에 자신도 재능을 발휘한다

| 심리 분석 |

일에 대한 열정과 남들 돕고자 하는 마음을 갖고 있다

다른 사람과의 관계에 뜨거운 열정으로 참여한다. 다른 사람의 재능과 아이디어, 발상이 마음에 들 때는 적극적으로 도와 구체적인 형태를 만들어주려 노력하며, 교육에 대한 열정도 지니고 있다. 기본적으로 대범하고 밝은 성격인데, 이따금 절충의 딜레마에 빠져 고독을 느낄 때도 있다.

| 행동 원리 |

다른 사람의 아이디어를 뛰어난 실력으로 형태화한다

항상 다른 사람의 아이디어에 귀를 기울여 그것을 형태화한다. 이때 실력을 마음껏 발휘하여 어려운 일도 척척 처리해낸다.

| 연애 경향 |

사랑에는 수동적이다

의지할 수 있는 사람이지만, 연애에서는 '수동적'이다. 함께 실력을 키울 수 있는 관계를 바라므로 상대에게 많은 것을 요구하는 경향이 있다.

| ⑩프로듀스의 유명인 |

존 F. 케네디(제35대 미국대통령) 1917년 5월 29일
데즈카 오사무(만화가) 1928년 11월 3일
오드리 햅번(영국의 여배우) 1929년 5월 4일
존 레논(영국의 가수) 1940년 10월 9일

아이디어를 형태화하는 안내자

세상에는 뛰어난 아이디어와 발상을 가진 사람이 많다. 그러나 아무리 탁월한 아이디어라 해도 머릿속에만 머물러 있고 실행에 옮겨지지 않는다면 다른 사람들에게 아무런 도움도 주지 못한다. 그럴 때가 바로 당신이 나설 차례다. 당신은 아이디어에 집중하여 그것을 형태화한 뒤 세상에 내보낸다. 필요하다면 개발팀을 만들어 프로젝트를 세우고 자금도 모은다. 영화의 프로듀서가 하는 일과 같다. 누구나 그런 원대한 일을 해낼 수 있는 것은 아니다. 당신은 일을 총괄하고 형태화하는 중심인물이 될 만한 열정과 재능을 갖고 있다. 말과 행동이 일치하고 말한 대로 실행하는 것이 바로 당신이다.

다른 사람의 재능을 살려 자신의 위치를 확고히 한다

당신은 비전을 내세우며 일을 체계적으로 계획하고 추진하는 '전략' 면에 탁월한 능력이 있다. 그 능력은 '사람의 재능을 살리는' 역할에서 비롯된 것이다. 당신은 시스템 엔지니어와 건축가처럼 사람들이 좋아하는 토대를 만들어주거나 인재 육성 현장에 필요한 인물이다. 위험이나 문제에 대한 대응력도 높고, 다음 단계로 전환해가는 힘도 지니고 있어서 문제를 해결하여 주위의 인정을 받고 자신의 입지를 다져간다.

개인이 아닌 '많은 사람에게 도움을 준다'는 것을 염두에 두자.

대인관계·일에 대한 태도

다른 사람에게 지나치게 기대하지 않고 잔소리하지 않는다

프리랜서로서보다는 조직의 일원으로서 좀 더 효과적으로 능력을 발휘하는 타입. 호기심이 많고 다른 사람과 적극적으로 관계 맺는 것을 좋아하는 편인데, 특히 자신이 흥미를 갖는 일이나 인재에게는 진지한 태도로 임한다. 그러므로 '사람을 도와 성장하게 하는 일'에도 잘 맞는다. 상대에게 당신은 '재능을 발견하고 잘 살리도록 도와주고 이끌어주는' 마음 좋은 파트너로 비칠 것이다. 단, 당신은 '함께 성장하는 관계'를 선호하는 만큼 상대에게 기대하는 마음도 큰 편이다. 그렇게 되면 상대에게 지나친 요구를 하거나 약간 과도한 의견을 낼 수도 있다. 사람을 이끄는 일은 육아와는 다르다. 육아를 잘하려면 잠시도 한눈팔지 않고 지켜보며 신경을 써야 하지만, 사람을 잘 이끌려면 지속해서 관심을 두고 지켜보되 지나치게 간섭해선 안 된다.

'딜레마'는 도약의 기회

만일 당신이 인간관계에서 '딜레마'에 빠졌다고 가정해보자. 그럴 땐 이렇게 생각하자. '이런 문제가 생긴 것은 그저 '상대와의 단순한 온도 차' 때문이다'라고. 다른 사람에게 뭔가 조언을 들었을 때 공감하기 어렵다고 느끼는 경우가 더러 있을 것이다. 왜 그럴까? 여러 이유가 있겠지만, 무엇보다 상대에 대해 '깊이와 격을 느끼지 못하기 때문'일 것이다. 경험과 딜레마라는 시련으로 사람은 성장하고 발언에도 깊이가 더해진다. 그러므로 '딜레마는 기회'다. 그러니 자신의 발전을 위해서라고 생각하고 매진하자.

재능을 끌어내는 방법

때로 자신을 돌아보고 셀프 프로듀스하라

일의 토대를 만들고 사람을 성장하게 도울 수 있는 당신은 매사에 '자신'을 먼저 생각하지 않는다. 자기 자신보다 다른 사람과 일을 우선시하는 경향이 있다. 자신의 확고한 생활방식을 유지하고 삶의 이정표를 조용히 돌아보자. 그것이 좀 더 명확해지면 상대에게 지나친 기대를 품는 것도 줄어든다.

그렇지만 당신 같은 사람이 있음으로 인해 재능을 꽃피워 반짝반짝 빛나는 사람도 있다. 다만, 덕을 쌓는 일도 균형을 잃지 않도록 하자.

주위 사람들이 당신에게 지나치게 의존하지 않도록 주의할 것

주위에 당신에게 '의지하고 싶어 하는' 사람이 많다. 그들은 외로움과 고독, 자신감 부족으로 누군가에게 의지하려고 한다. 그런 사람에게 대범하며 남의 이야기에 잘 귀 기울이는 당신은 안성맞춤인 상대다. 그러니 아마도 당신은 실제로 그런 경험이 많을 것이다. 그리고 지금부터가 특별한 주의를 필요로 하는데, 당신 자신도 사람을 지배하려 하지 않도록 점을 항상 조심하라고 권유해주고 싶다. 타인을 지배하려는 당신의 태도는 상대의 의존하는 태도를 만들고 자립심을 갖지 못하게 방해하기 쉽다. 그것은 사람을 올바로 이끌고자 하는 마음에서 나오는 것이므로 꼭 부정적인 것만은 아니지만 '지나치게 깊이 관여하지 않는다', '자신의 주장을 확고히 한다'라는 점을 명확히 의식하며 자신을 객관화해서 볼 필요가 있다.

베스트 파트너 ④아이디어와의 상승효과

번뜩이는 아이디어의 보고이자 그것을 형태화하는 능력의 소유자

④는 번뜩이는 아이디어의 보고(寶庫)다. 그리고 당신은 그것을 형태화하는 데는 누구도 따라올 수 없는 천재다. 서로서로 원하는 베스트 파트너다. ④에게는 아이디어를 형태화해주는 존재가 필요하고, 당신은 그것을 형태화함으로써 더 활짝 재능을 꽃피울 수 있다.

④와는 깊은 관계를 쌓는 것이 좋으니 '오랫동안 가까이 지내는 친구'라는 정도의 느낌으로 대하라. ④도 당신을 신뢰해줄 것이다.

그 외 타입과의 궁합

①스타터	②결단하는 사람	③중매인
①은 시작하는 사람. 당신을 형태화해주는 사람. 손을 잡으면 의지가 된다.	갈등하는 ②와 딜레마에 빠진 당신, 술자리를 함께하면 한결 분위기가 좋아질 것이다.	사람을 이끄는 동지. 말하기 시작하면 이야기가 끝이 없다. 의기투합할 만한 상대다.

⑤스타	⑥평등	⑦신비
다른 사람에게 피해 주지 않으려는 그의 태도를 보며 당신의 마음이 한결 편안해질 것이다.	동요해도 겉으로 드러내지 않는 점을 믿음직스럽게 여긴다.	모든 정보를 제공해주는 고마운 사람. 당신의 소중한 정보원이 되어줄 것이다.

⑧교류	⑨바람을 일으키는 사람	⑩프로듀스
배려하는 마음으로 가려운 곳까지 긁어준다.	의욕과 용기를 준다. 프로젝트의 응원단 역할이다.	서로 역할과 위치를 나누면 프로듀스하는 힘이 배가 된다.

⑪오리지널	⑫공명하는 사람	⑬올마이티
개성적인 생각과 발언이 당신에게 의욕을 불어넣는다.	스트레스를 받는 부분이 비슷하다. 서로 챙기며 이야기를 나눌 수 있다.	잘난 척하지 않는 모습에 호감을 갖는다. 당신의 사려 깊은 후원자.

⑪오리지널

자기 세계를 구축한 창조적 자유인

넘치는 창조성을 가진 성실한 자유인. 자신이 사는 시대에 혁신을 일으켜 낡고 정체된 것에 바람구멍을 내는 것이 '변혁'을 관장하는 것이 ⑪오리지널의 역할이다. 무엇보다 당신은 '다른 이들과는 뭔가 다른 일을 하는 재능'을 갖고 있다. 삶과 일의 방식도 하나에서 열까지 독자적인 세계를 만들어낸다. 그렇게 하기 위해서는 다소 무모하고 제멋대로인 행동도 양식으로 삼아 성장할 수 있는 사람이다. 거기에 더해 강한 신념으로 좀처럼 흔들리지 않는다. 고독하게 보일 때도 사실은 충족한 시간을 보내며 외로움을 느끼지 않는다. 하고 싶은 일, 좋아하는 일만 추구해 '자신'이라는 장르를 만들어내는 것이 당신의 역할로, '자기 세계에서 다른 사람을 행복하게 해줄 수

성격 프로필

이름

오리지널

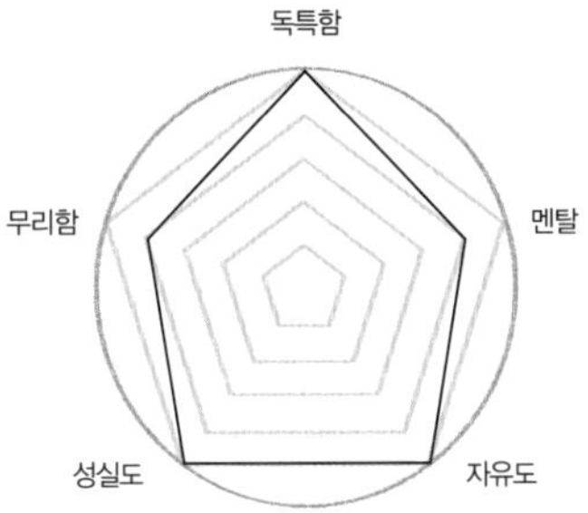

인상

주위에 물들지 않는 노력가

마음을 나누는 방법

강함을 부드러움으로 바꿔본다

| 심리 분석 |

성실한 자유인으로 자기충족

독창적인 발상에 '성실한 자유인'으로서 분방하게 보일 수도 있다. 자기 만족하므로 외로움은 잘 느끼지 않는다. 지금 상태로 충분하다고 느끼는 사람. 다른 사람과 같은 것은 죽어도 하기 싫어하고, 할 수도 없다. 남과 다른 것에서 가치를 발견하고, 어려움에 과감히 도전해 극복하는 용기와 추진력의 소유자.

| 행동 원리 |

자기에게 충실하고 부자유스러움을 싫어한다

아무튼, 자유로운 발상의 소유자로 부자유함을 싫어한다. 어떤 상황에서도 자기 삶의 방식을 포기하거나 자기 생각을 굽히지 않는다. 강한 에너지로 상황을 개척하고 어려움을 극복해나간다.

| 연애 경향 |

순종적인 이해자를 원한다

당신에게 맞춰주는, 조금은 순종적인 타입을 좋아한다. 삶의 방식이나 발상이 독창적이고 강력해서 이해자를 찾으면 성장에 도움이 된다.

| ⑪오리지널의 유명인 |

고이즈미 준이치로(87, 88, 89대 총리) 1942년 1월 8일

우타다 히카루(가수) 1983년 1월 19일

있는 사람'이다. 아무것도 거리낄 것이 없다. 부디 '자신'이라는 장르를 뚝심 있게 밀고 나가자.

오리지널의 역할

하고 싶은 일에 매진하여 시대를 개혁한다

당신의 '독창성'은 예사롭지 않다. '강한 신념'과 '도전정신'을 바탕으로 삶의 방식을 비롯해 일과 대인관계를 자신의 페이스로 생각하고 구축하는 힘을 갖고 있다. 그 정도의 독창성을 갖지 않으면 천지를 뒤집을 만한 혁신적인 일을 이루어내기 어렵다. "연은 순풍이 아니라 역풍에 가장 높이 난다"라는 말이 있다. 향상심을 가진 당신에게 딱 어울리는 말이다. 당신만이 할 수 있는 새로운 일을 해야 인간의 폭도 넓힐 수 있다.

프리랜서, 자영업, 창업에서 리더십 발휘

독창성으로 똘똘 뭉친 당신에게는 프리랜서, 자영업, 창업가 등의 직업이 어울린다(형식적인 조직에서는 답답함을 느끼는 편이다). 요컨대, '누가 뭐라든 내 길을 간다'는 식인데, 그것이 꼭 혼자 사는 것을 의미하지는 않는다. 당신은 리더십도 갖추고 있다. 물론 '조정형의 일반적인 리더'가 아니라 선두에 서서 '혁신적으로 독특하게 모두를 끌어가는 보스'다. ⑪은 정치가에게 많은 타입이므로 항상 '다른 사람을 위해 일한다'는 원칙을 놓치지 말 것.

대인관계·일에 대한 태도

부자유스럽다고 느끼면 관계를 끊어도 된다

당신은 '성실한 자유인'이다. 강한 신념으로 자신의 길을 개척해나간다. 물론 그것은 보통 사람에게는 없는 뛰어난 독창성이 당신에게 있으므로 가능하다. 따라서 독창성을 질식시키는 인간관계인 경우라면 과감히 그 관계를 끊어버리라고 권해주고 싶다. 당신에게 발상과 의견을 막는 것만큼 큰 고통은 없다. 열정과 에너지도 떨어뜨리므로 당신에게만은 '차가운 돌에도 3년간 앉아 있으면 따뜻해진다'느니 '무조건 인내하라'느니 하는 말은 금물이다. 일에서도 '이 장르는 아닌 것 같다'고 판단되면 주저하지 말고 다음으로 갈 것을 권해주고 싶다. 성실한 성격이라서 '끈기'도 있는데, 일에서나 인간관계에서나 지나치게 '집착'하지는 말 것.

'제멋대로'라는 말을 들어도 흔들리지 말 것

'자유인'으로 보이는 것은 반대로 말하면 자신의 신념에 충실하기 때문이다. 거듭 말하는데, 당신은 '개척자'다. 독창성, 강한 신념, 넘치는 에너지를 지니고 있고, 독특한 관점으로 세상을 보며, 강한 흡인력으로 타인을 끌어들여 시대에 새로운 한 페이지를 쓴다. 하지만 그런 당신에게 충고해주는 사람도 있을 것이다. '무모하다', '인내도 필요하다.' 물론 그렇게 말해주는 사람에게는 진심으로 감사하자. 당신을 배려하기 때문에 해주는 조언이다. 그러나 그런 한편으로 그런 말을 들어도 흔들려선 안 된다. 당신은 '해야 한다고 믿은 길을 뚫고 나가는' 것으로 최대한의 능력을 발휘해 성과를 남기는 사람이기 때문이다.

재능을 끌어내는 방법

'타인을 위해'라는 시선으로 더욱 성장한다

'자신'이라는 장르를 발명했으면, 이제 다음 단계로 나아가야 한다. 그것은 지금까지의 인생과는 완전히 다른 각도의 인생일 것이다. '타인을 위해 자신의 재능을 적극적으로 사용하는 일'에 대해 진지하게 생각해보라. 당신의 독창적인 발견과 발명은 주위 사람이 인정해주고 함께해줄 때 비로소 가시적인 '성과'로 이어진다. 그렇게 하려면 독창성 넘치는 당신의 발견과 발명이 '다른 사람에게 구체적인 도움이 되게 만들' 필요가 있다. 그런 태도로 살다 보면 당신은 어느새 놀랍게 성장하고 성숙해 있는 자신을 발견하고 뿌듯해질 것이다.

'자신'을 방출하는 시간을 만든다

당신은 개혁을 이룰 수 있는 사람이다. 어떤 상황에서도 흔들리지 않는 '신념'이 있기 때문이다. 손익을 계산하거나 그때그때 일희일비하지 않고 뚝심 있게 앞으로 나아갈 수 있기 때문이다. 결국, 성과는 당신에게 탐스러운 열매가 되어 돌아온다. 자신의 독창적인 감각을 한껏 키워보자.

당신은 조직과는 잘 맞지 않는 타입이다. 그런 터라 조직에 있으면 자칫 어려운 상황에 맞닥뜨리게 될 수도 있다. 그럴 땐 조직논리에 질식하거나 소모되지 않고 자신의 재능을 살릴 방법을 진지하게 고민하고 실행에 옮겨야 한다. 개인 생활에서도 마찬가지다. 지나치게 자기 안에 빠져들지 않고 열정과 에너지를 발산할 수 있는 시간을 적극적으로 만들어야 한다. 그런 방향으로 자신을 능동적으로 이끌고 지혜롭게 대처해나가다 보면 성공의 길은 당신 앞에 차츰

열릴 것이다.

'온리 원'은 어느 시대에서나 중요했지만, 특히 오늘날의 시대에는 그 중요성이 갈수록 더해져 가고 있다. '온리 원'이 될 자질과 잠재력을 그 어떤 타입보다도 더 많이 가진 당신! 물론 인생을 살아가면서 고난과 역경에 맞닥뜨리는 일이 없을 수는 없을 것이다. 그러나 그 모든 어려움을 잘 극복하고 이겨낸다면 결국 당신은 최고가 될 것이다.

베스트 파트너 ③중매인과의 상승효과

사람들과 연결해주고 환경을 정비해준다

당신은 에너지가 강하고 혼자서 묵묵히 자신의 길을 가는 타입이다. ③은 반대로 봉사 정신이 강하고, 사람과 사람을 연결하는 일에 뛰어나다. 즉, 당신과 ③은 마치 짝을 이루는 블록처럼 완벽한 파트너다. ③은 당신과 다른 생각을 가진 타인을 연결해주며 창조성을 꽃피울 수 있는 환경을 조성해준다.

그런 반면, ③은 다른 사람과 인연을 끊는 일에 서툴다. 그 부분을 당신이 적절히 지적해주고 코치해주면 그에게도 큰 도움이 될 것이다.

11
3

①스타터	②결단하는 사람	④아이디어
뭔가 일을 맡기면 강력한 힘으로 당신이 독창성을 발휘할 수 있도록 도와줄 것이다.	당신의 행동이 지나칠 때 브레이크 페달처럼 제동을 걸어준다.	당신의 독창적인 아이디어를 자극해 발전하게 해준다.

⑤스타	⑥평등	⑦신비
'명예는 필요 없다'라는 식의 당신의 생각에 공감해준다.	강한 의지를 가진 동지로 가까워질 수 있다. 서로를 존중하는 사이.	당신의 '독창성'과 ⑦의 '많은 정보'가 결합해 멋진 결과를 만들어낼 수 있는 최강 콤비.

⑧교류	⑨바람을 일으키는 사람	⑩프로듀스
내조의 공을 발휘한다. 때로는 ⑧의 '정신적 피로'를 풀어주기 위해 노력하자.	'당신은 지금으로 충분하다'고 말해준다.	비전을 제시하고, 당신의 조금은 모호한 아이디어를 구체화시켜주고 분명한 틀을 만들어준다.

⑪오리지널	⑫공명하는 사람	⑬올마이티
두 사람이 함께라면 커다란 불꽃같은 에너지를 뿜어내고 혁신을 일으킨다.	자신의 스타일을 무너뜨리지 않는 당신을 묵묵히 이끌어주는 사람.	긍정적이고 부드러운 자세로 당신을 이해해주는 사람.

⑫공명하는 사람

다른 사람을 안심시켜주고 문제를 해결할 수 있게 도와준다

당신은 '다른 사람의 마음의 소리에 귀를 기울일 줄 아는 사람'이다. 마음의 도량이 넓어서 안심하게 해주고, 다른 사람의 생각을 헤아리는 '이해력'과 넉넉히 '배려하는 마음'을 갖고 있다. 그런 터라 당신은 주위 사람들에게 인기가 있고, 그들은 자주 당신을 찾아와 상담을 의뢰할 것이다.

당신의 역할은 단순한 카운슬러의 범위를 훨씬 넘어선다. 당신이 가진 신뢰의 고리를 넓힘으로써 어려움에 빠진 사람을 구제하고 존경받는 '영웅' 같은 존재로 변모한다. 상대의 마음을 안심하게 해주고 어수선한 주변을 청소 및 정비하여 새롭게 시작할 수 있게 도와준다.

이름

공명하는 사람

인상

생각하기와 듣기의 달인

마음을 나누는 방법

때로는 자신의 주장도 중요하다

| 심리 분석 |

넓은 도량으로 상대를 깊이 생각한다

자신을 드러내기보다 타인의 관점에서 귀 기울여줄 수 있는, 도량이 넓은 마음의 소유자. 사실은 사람에 대해 좋고 싫음이 분명하지만, 그런 마음을 겉으로 드러내어 내색하지 않고 속에 조용히 담아둘 수 있다. 주위의 배려를 늘 잊지 않지만, 그런 만큼 자신에게 소홀해지기 쉬운 단점도 있다.

| 행동 원리 |

항상 '듣는 자세'를 유지한다

자신보다 타인을 중시하는 타입. 그래서 많은 사람이 속마음을 터놓고 자신의 문제를 상의한다. 가만히 귀 기울여 들어주는 자세를 흩뜨리지 않는다.

| 연애 경향 |

상대의 이야기를 조용히 들어주는 사람

진심으로 신뢰할 수 있는 사람을 찾아라. 평소 자신이 듣는 역할을 주로 하므로, 당신의 말을 들어주는 사람을 만난다면 '사막의 오아시스'를 만난 것처럼 느끼게 될 것이다.

| ⑫공명하는 사람의 유명인 |

디에고 마라도나(전 축구선수) 1960년 10월 30일
레오나르도 디카프리오(미국의 배우) 1974년 11월 11일

주위와 공명하는 사람의 주위에는 세상의 온갖 '정보'가 모여든다. 운이 좋으면 그것이 절호의 비즈니스 기회로 이어질 수도 있다.

당신은 '타인의 이야기'를 단초로 주위를 변화시킬 수 있는 능력을 타고났다.

공명하는 사람의 역할

상대의 마음을 다독여 안심하게 해주고 새롭게 시작하는 힘을 북돋워준다

당신은 다른 사람을 배려하는 마음을 갖고 있고 누구에게나 호감을 주므로 주위의 신뢰를 얻는다. 만일 '나는 사람들에게 호감을 주는 이미지는 아니다'라고 말하는 사람이 있다면 당신은 그에게 '다른 사람과 불필요한 벽을 만들지 않아 주위 사람들을 안심하게 해준다'라고 긍정적으로 바꿔 이야기해준다.

당신은 사람들 각자의 생각과 입장, 세세한 환경을 넉넉히 이해하고 공감할 수 있는 사람이다. 또한, 당신은 '말로 표현하기 어려운 복잡하고도 미묘한 감정을 이론적으로 표현하는' 재능도 지니고 있다. 권위적이지 않은 말, 상대에게 불안을 주지 않는 말을 일상적으로 사용하는 것도 당신이 주위의 신뢰를 얻는 중요한 이유 중 하나다.

상대의 말에 진심으로 귀 기울일 줄 알고 현명하게 이끌어주는 문제 해결의 프로

사람들의 이야기에 귀 기울이는 당신은 그 과정에 많은 문제점을 보게 될 것이다. '이 사람이 안고 있는 문제는 무엇일까?', '이 조직의 문제점은 어디에 있을까?' 등등. 이런 의문을 품다 보면 해결책도 자연스럽게 떠오른다.

당신은 문제 해결에 관한 한 타의 추종을 허락하지 않는 프로다. 예를 들어 그것이 개인의 심리 문제라면 우수한 카운슬러가 될 수 있고, 조직의 문제라면 뛰어난 경영 컨설턴트가 될 수 있다. 사람도 조직도 여러 가지 크고 작은 문제를 안고 있다. 부디 많은 사람을 '안심의 길'로 이끌어주자.

대인관계·일에 대한 태도

존경받는 리더가 될 수 있는 잠재력을 지닌 당신

카운슬러든 경영 컨설턴트든 직장 상사든 '다른 사람의 이야기에 진심으로 귀 기울여주는 사람'은 상대에게 존경받을 수밖에 없다. 당신이 '상담자의 거울'이 되어주는 것만으로도 문제점이 저절로 드러나고 해결로 이어진다. 즉, 이야기를 '들어주는' 당신의 도량이 주위에 안심감을 주어 저절로 리더의 지위로 밀어 올린다. 다른 사람을 지배하거나 통제하려 하지 않고 관대하게 이야기를 들어주는 태도는 대인관계의 소중한 윤활유가 된다. 그러므로 당신에게 상담 요청이 몰려와도 '이것이 나의 역할'이라 생각하며 기회를 붙잡으라고 권해주고 싶다.

때론 신뢰할 만한 사람에게 당신의 이야기를 털어놓아라

다른 사람이 당신에게 상담을 의뢰해 정신을 차려보니 어느 사이에 현관 앞에는 기다란 행렬이 만들어졌다. 당신은 도량이 넓은 사람이라 그들의 이야기를 모두 귀 기울여 들어준다. 그러나 이래서는 얼마 못 가 지쳐서 나가떨어지고 말 것이다. 그렇게 되지 않으려면 '혼자서' 모든 일을 끌어안으려고 하지 말아야 한다. 진심으로 신뢰할 수 있는 사람을 찾아 때로는 과감히 '자신의 이야기'를 털어놓자. 공기를 계속 들이마시기만 하면 질식한다. 때로는 크고 길게 내뱉어보자. 과도하게 자기 희생하며 노력하다 보면 어느 사이 상대에게도 비슷한 수준의 노력을 요구해 자칫 관계가 깨질 수도 있다. 세상에 완전한 '일방통행'이 허용되는 도로는 뜻밖에 많지 않다. 상부상조의 정신을 살리려 노력하자.

'상담은 정보'라는 관점으로 재능을 꽃피워라

다른 사람의 상담 내용은 각도를 바꿔서 생각해보면 하나하나가 소중한 '정보'다. 그리고 그 정보야말로 현대사회에서 최대의 비즈니스 기회가 될 수 있다. 사람의 마음에 다가갈 수 있는 당신이므로 그런 정보를 누구보다 많이 갖고 있을 것이다. 생활에서의 불편함, 개개인이 느끼는 불안감, 조직이 안고 있는 문제점 등등. 모든 곳에 '니즈'가 있고 '수요'가 있다. 그것을 알고 있는 당신이야말로 적재적소에 '공급'할 기회와 잠재력이 있다.

누구보다 잘 들어주는 귀를 가진 당신은 주위의 의견을 하나로 모으는 청중의 대표라 할 수 있다. '상담은 정보'라는 관점은 당신의 재능을 꽃피우는 중요한 열쇠가 된다.

끝없이 인내하며 수용하지 마라

마지막으로 주의해야 할 것이 하나 있다. 다른 사람의 불평불만을 너무 많이 듣다 보면 자칫 '상대의 내면'에 민감해지고 '좋고 싫은 감정'이 생길 수밖에 없다. 물론, 좋고 싫음 자체가 나쁜 것은 아니다.

우리가 다른 사람을 받아들이는 과정을 살펴보면, 먼저 상대의 부족한 부분을 너그러이 인정하고 이해해주는 과정을 거쳐 시나브로 좋아하게 된다. 그러나 다른 사람을 받아들인다는 것은 마치 잔잔한 연못에 나뭇잎이 떨어져 물결을 만들듯 이미 균형을 이룬 마음에 파문을 일으키는 일이기도 하다. 그러므로 끝없이 인내하며 수용만 하다 보면 결국 마음의 균형이 깨져버릴 수도 있다. 그렇게 되면 몸과 마음에 이상이 생겨 자칫 불행한 삶을 살게 될 수도 있으므로 특별히 주의해야 한다.

베스트 파트너 ②결단하는 사람과의 상승효과

함께 문제를 해결하고 서로를 깊이 신뢰하는 상대

②결단하는 사람은 이름대로 매사에 결단하는 능력이 뛰어나다. 그는 항상 문제를 머리를 맞대 상의하고 함께 해결해나갈 상대를 찾으므로 ②가 먼저 당신을 찾는 식으로 관계가 시작된다. 그러나 당신은 시간이 지날수록 ②의 단호함과 결단력에 매료될 것이다. 당연히 신뢰감도 높아진다. 그리고 이번에는 반대로, 당신이 ②결단하는 사람의 결단력을 요구받는 시점이 다가온다. 베스트 파트너이니까!

2
map
12

그 외 타입과의 궁합

①스타터	③중매인	④아이디어
①의 배려가 사랑스럽게 느껴진다. 서투른 것마저 귀엽게 보일 정도다.	강한 충성심, 다른 사람과 원만하게 지내는 모습에 호감을 느낀다.	깊은 지식에 감명을 받고, 놀라운 아이디어에 긍정적인 자극을 받는다.

⑤스타	⑥평등	⑦신비
설득력 있는 그의 말이 삶의 요소요소에 참고가 되고 큰 도움이 된다.	평등해서 치우치지 않는 모습이 안정감을 느끼게 하는 좋은 친구다.	당신에게 참고가 될 만한 다양한 의견과 정보를 제공해주는 사람이다.

⑧교류	⑨바람을 일으키는 사람	⑩프로듀스
신뢰하기 쉽다. 가벼운 거리감이 오래 사귈 수 있는 포인트다.	활기와 넘치는 에너지로 당신의 컨디션을 개선해준다. 에너지를 공급해주는 사람.	당신의 조언자. 당신의 정신을 풍요롭게 해준다.

⑪오리지널	⑫공명하는 사람	⑬올마이티
매우 역동적이며, ⑪자신이 만족하는 모습에서 신뢰감을 느낀다.	서로의 장단점을 이해하기 쉬운 상대. 귀한 친구가 "된다.	기운이 나지 않을 때 용기를 북돋워 주고 동기를 부여해준다.

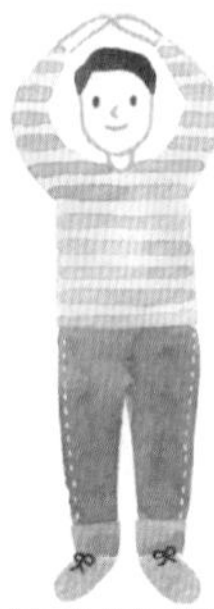

⑬올마이티

전체를 파악하는 통합적 사고와 조화로움을 간직한 사람

뒤에 서서 모든 구성원을 조용히 바라보며 묵묵히 나아가는 '캡틴' 같은 사람. 시야가 넓고, 멀리 볼 줄 알며, 다재다능한 '멀티 플레이어'가 바로 당신이다. 당신이 가진 '열정'과 '노력', '원만한 대인관계' 덕분에 그게 가능하다. 모든 사람이 따르고 신뢰하므로 리더가 될 만하고, 때에 따라서는 리더를 대신해 실권을 쥐는 사람이 될 수도 있다.

육상선수에 비유하자면, 당신은 단거리주자보다는 '장거리주자'에 가깝다. 열심히 노력해 탐스러운 꽃을 피우는 타입. 자기만의 행동방식도 갖고 있다. 그러나 주위에 불쾌감을 주지 않으므로 자연스럽게 모두가 보조를 맞추게 하는 덕도 지니고 있다. 언뜻 보면 '완

이름

올마이티

인상

품위 있으면서도 고지식하지 않고 요령도 있는 사람

마음을 나누는 방법

모두의 존경과 사랑을 받는 사람

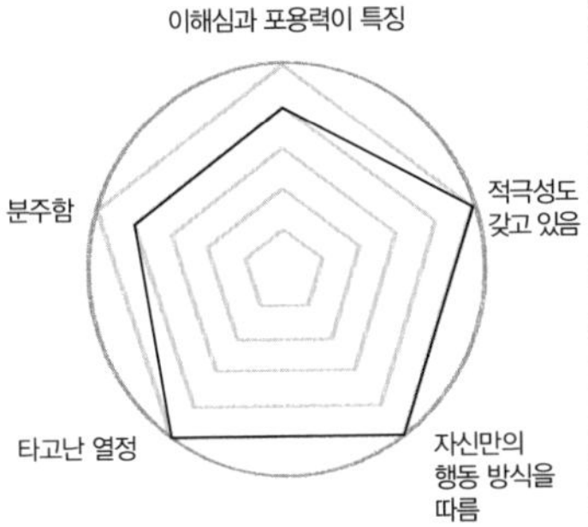

| 심리 분석 |

유연한 사고로 어떤 사람과도 사귈 수 있다

어떤 사람과도 사귈 수 있는 넓은 마음의 소유자. 균형감각이 뛰어나서 어떤 문제를 만나도 적절하고 현명한 조언을 해줄 수 있다. 다른 사람이 싫어하는 일도 솔선수범해서 하고, 문제에 대한 대응력도 뛰어나서 '능숙하고 요령 있는 사람'이라는 칭찬을 듣는다.

| 행동 원리 |

자기만의 행동 방식으로 성실히 노력한다

장거리주자 타입으로 노력을 아끼지 않는다. 요령이 있어서 여러 가지에 손을 대도 잘해내며, 임기응변에 능하다.

| 연애 경향 |

차분한 장기형

서두르지 않고 사람을 차분하게 사귀는 경향이 있다. 인내심을 갖고 상대와의 관계를 차근차근 쌓아가는 타입. 변심도 없고, 이혼 확률도 낮다.

| ⑬올마이티의 유명인 |

마쓰시타 고노스케(파나소닉 창업자) 1894년 11월 27일
마돈나(미국의 가수) 1958년 8월 16일
마이클 잭슨(미국의 가수) 1958년 8월 29일

벽한 사람'인데, 실제로도 그런 편이다. 팀과 가족, 회사에 꼭 필요한 것이 바로 ⑬번 '올마이티' 타입이다. 이 사람과 함께 있으면 고민도 물처럼 흘러가고 막힌 것이 뚫리는 일을 경험할 수도 있다. 주위를 너그러이 둘러볼 줄 알고 이해심과 포용력을 발휘하기, 그것이 바로 ⑬의 역할이다.

올마이티의 역할

다용도의 장거리주자

당신은 적극적이고 열정적인 사람이라서 자신에게 주어지는 모든 일을 중간에 포기하지 않고 끝까지 해내고 마는 강한 추진력과 인내심을 갖고 있다. 게다가 임기응변력도 뛰어나서 주위를 둘러보며 일을 추진해나가기 때문에 사람들에게 신뢰감을 준다. 요컨대, 당신은 '올마이티한 장거리주자'다. 요령이 있는 노력가이므로 무슨 일이든 잘해낸다. 그러므로 어떤 분야에서도 성공할 수 있다. 그만큼 당신은 매사에 긍정적이고 적극적이다. 굳이 말하자면, '못하는 것이 없는 것'이 유일한 단점이라면 단점이랄까? 그러니 서툰 사람의 입장에 서서 생각해보고, 사람은 저마다 다르다는 점을 인정하고 배려해주자.

1등도 2등도 될 수 있다

당신은 정확히 상황을 파악하고 앞을 내다보는 통찰력을 지니고 있다. 균형감각이 있고 시야가 넓어 한쪽으로 치우치지 않게 다른 사람을 돕고 리더를 지원해주는 훌륭한 '넘버 2'가 될 수도 있고, 상황에 따라 자신이 누구보다 돋보이는 '넘버 1'이 될 수도 있다.

어느 쪽이든 공통으로 요구되는 자질은 '후방에서 모두를 둘러보며 정확하게 지시 내리는' 능력이다. 축구로 말하자면, '주장 완장을 찬 골키퍼' 같은 존재라고나 할까. 야구로 말하자면, '팀의 중심이 되는 포수' 역할이다. 적극적으로 나서고 싶은 마음도 적지 않으므로 상황과 분위기를 살피며 때론 과감히 앞으로 나아가고 때론 지혜롭게 뒤로 물러서며 균형을 맞춰가는 것이 좋다.

대인관계·일에 대한 태도

'자기만의 방식'으로 사람을 끌어모은다

장거리주자인 당신은 무슨 일이든 차근차근 성공으로 이끌어가는 방법을 본능적으로 안다. 그런 당신을 주위에서는 '느긋한 사람'으로 판단할 가능성이 크다. 서두르지 않는 '느긋함'은 그 자체로 긍정적인 자질이며 꼭 필요한 요소다. 그 시간 동안 당신의 내면에 긍정적인 에너지가 차곡차곡 쌓여갈 것이기 때문이다. 또, 당신은 누구와도 사이좋게 지낼 수 있는 친화력 있는 사람이다. 그러므로 어느새 주위 사람도 당신의 '느긋함'에 끌려 자연스럽게 속도를 맞추게 된다. 흔들림 없는 진중함, 요령, 전체를 조망하는 힘이 당신을 그런 사람으로 만들어준다. 사람들은 안심하고 당신을 캡틴으로 인정하며 보조를 맞출 것이다.

온갖 문제에 끌려다니며 깊이 관여하지 않도록 주의할 것

'무엇이든 완벽하게 해내는 사람인데, 그러면서도 솔직해서 대하기 쉽다.' 이것이 주위 사람들이 당신에게 받는 인상이다. 당신은 '나는 특별한 사람도 완벽한 사람도 아니다'라며 겸손해할 것이다. 그러나 실제로 그런 일을 아무나 쉽게 할 수 있는 건 아니다.

당신이 가진 그 완벽함 때문에 살다 보면 성가신 일도 더러 생길 수 있다. 멀티 플레이어이므로 온갖 문제에 끌려다니며 깊이 관여하게 되어 생활이 늘 바쁘고 번잡스러워지기 쉽다. 그런 일에 서툰 사람은 절대로 해낼 수 없는 일이므로 특별한 자질임에는 분명하지만, 그로 인해 너무 지치지 않도록 주의할 것.

재능을 끌어내는 방법

자신의 직감을 믿고, 절대로 자기만의 방식을 무너뜨리지 마라

당신은 긴 안목으로 일을 이루어내는 사람이라서 지속하는 힘의 중요성을 깊이 이해한다. 당신의 '이해력'을 키우려면 자기만의 방식을 무너뜨려서는 절대 안 된다. 자기만의 방식이란 자신을 활용할 때 필요한 최적의 속도를 말한다. 완전히 이해하지 않은 채 무작정 나아가다 보면 자칫 에너지만 소모될 수 있으므로 자신의 속도를 적절히 유지하고 지혜롭게 관리하는 것이 중요하다.

한 가지 더, 잊지 말아야 할 것이 있다. 즉, 자신의 '직감'을 믿어야 한다는 점. 뜻밖이라고 생각할지 모르지만, 당신은 직감이 뛰어난 타입이다. 머리로 생각하지 말고 자신의 직감을 믿자.

중간에 일이 끝날 때마다 '단락'을 지어라

임기응변이 가능한 '적응력'과 열정을 갖고 있고, 마지막까지 밀고 나가는 '행동력'과 '추친력'을 겸비했으며, 동시에 '직감'까지 발휘하는 당신을 주위에서 가만히 내버려두지 않는다. 타고난 능력이 있어서 이것저것 도전해보고 싶은 것은 당연하다. 게다가 뭐든 잘 해낸다. 그러나 '마지막은 반드시 하나로 압축'하자. 여기저기 손을 대다 보면 자신이 소모되고 있다는 생각에 불안해질 수도 있다. 무슨 일이든 반드시 목표를 설정한 뒤 진행하고, 중간 과정에 일이 끝날 때마다 '단락'을 지을 것을 권해주고 싶다. 이 두 가지를 잘 지키면 당신은 반드시 크게 성공할 것이다.

베스트 파트너 ①스타터와의 상승효과

어느 쪽이 리더 역할을 맡든 일은 술술 잘 풀린다

①스타터는 새롭게 일을 시작해 성공으로 이끄는 데 탁월하며 그런 기운을 지닌 사람이다. 당신은 영리하고, 요령이 있으며, 무슨 일이든 일에 과감히 도전하는 사람이므로 ①은 그런 당신에게 불을 댕겨 앞으로 나아가게 해준다.

양쪽 모두 리더 기질을 가지고 있는데, ①스타터가 단거리주자라면 당신은 장거리주자에 가깝다. 움직임과 거리가 다르므로 어느 쪽이 상황을 주도하든 일은 술술 잘 풀릴 것이다. 서로 깊이 신뢰하고 북돋워주는 좋은 파트너가 될 수 있다.

그 외 타입과의 궁합

②결단하는 사람	③중매인	④아이디어
영리한 당신에게 '이것으로 압축하면?' 하고 제안해준다.	그의 행동력과 충실함이 당신에게 의욕을 불러일으킨다.	당신의 열정을 끌어올려 주는 치어리더이자 아이디어맨.

⑤스타	⑥평등	⑦신비
소극적이지만, 의지가 굳고 설득력이 있다. 보기만 해도 기분 좋아진다.	'자기 방식을 지키는' 사람으로, 신뢰할 만한 파트너가 된다.	당신이 다른 사람에게 한 조언에 탄력을 주고 박차를 가해주는 사람.

⑧교류	⑨바람을 일으키는 사람	⑩프로듀스
⑧의 배려심에 마음이 편해진다. 서로 좋은 관계가 될 수 있다.	공동으로 작업하면 당신의 열정을 배가해준다.	당신의 면밀함을 모두에게 분배해준다.

⑪오리지널	⑫공명하는 사람	⑬올마이티
개성적인 사고를 전해주어 '발견'으로 이어진다. 술친구로 좋다.	당신의 생각과 견해를 이론적으로 정리해주는 고마운 존재.	성실히 끝까지 해내는 과정에 서로에게 깊은 이해심이 생긴다.

에피소드 2

각자의 역할을 살리면 성공한다

만일 13명이 ○○한다면……

만일 13명이 '레스토랑을 오픈하면……'

① 〈스타터〉가 가게를 열고 점장이 된다.

⑬ 〈올마이티〉가 매니저를 맡아 점장을 돕는다.

⑩ 〈프로듀스〉가 가게의 콘셉트를 생각해 ④ 〈아이디어〉에게 메뉴 제안을 의뢰한다.

④ 〈아이디어〉가 맛있는 메뉴를 여러 개 생각한다.

② 〈결단하는 사람〉이 그 가운데서 가게의 대표 메뉴를 선별한다.

⑫ 〈공명하는 사람〉이 각 메뉴의 가격을 정한다.

⑪ 〈오리지널〉이 대표 메뉴로 손색없을 최고의 식단을 생각해낸다.

③ 〈중매인〉이 그 맛에 감동해 점장과 매니저를 설득하여 메뉴판에 없는 비장의 메뉴로 제공할 것을 결정한다.

⑥ 〈평등〉이 종업원의 월급을 정한다.

⑧ 〈교류〉가 "열심히 하면 월급도 오를 거야" 하며 홍보하고 다닌다.

⑨ 〈바람을 일으키는 사람〉이 ⑧ 〈교류〉의 이야기를 듣고, ⑤ 〈스타〉에게 멋진 쇼를 부탁해 더 많은 손님을 모은다.

⑤ 〈스타〉의 쇼가 레스토랑의 명물이 되어 가게는 번창한다.

⑦ 〈신비〉가 조미료의 배분을 잘못한 요리법이 오히려 좋은 반응을 얻어 더욱 번창한다.

만일 13명이 '형사 사건의 수사팀이라면……'

① 〈스타터〉가 "사건을 해결하자!"라며 수사본부를 설치한다.

⑬ 〈올마이티〉가 적합한 구성원을 찾아 팀을 결성한다.

④ 〈아이디어〉가 구체적인 수사 방법을 제안한다.

⑩ 〈프로듀스〉가 탐문 팀을 나눈다.

② 〈결단하는 사람〉이 "뭔가 짚이는 것이 있다"고 말을 꺼낸다.

⑫ 〈공명하는 사람〉이 동행해 지나친 수사를 자제시킨다.

⑪ 〈오리지널〉이 용의자 근무지의 청소 아르바이트를 시작한다.

③ 〈중매인〉이 탐문 수사에서 유력한 실마리를 모은다.

⑥ 〈평등〉이 수사팀 모두의 정보를 모아 정리한다.

⑧ 〈교류〉가 정보를 모두에게 전달한다.

⑨ 〈바람을 일으키는 사람〉이 ⑤ 〈스타〉에게 협상하도록 재촉한다.

⑤ 〈스타〉가 설득에 나서 결국 범인을 체포하는 데 성공한다.

⑦ 〈신비〉가 현장에서 범인 그룹이 관여한 것으로 보이는 다른 사건의 결정적 증거를 발견한다.

제3장

나를 성공으로 이끌어주는 20가지 잠재능력 주머니

자신을 제대로 이해하는 일. 모든 것은 거기서 시작되고, 또 그것에 이르는 과정이다. 아직 자신의 역할과 재능을 깨닫지 못한 사람도 있을 것이다. 먼저, 자신의 타입을 알아보자.

당신의 가장 큰 잠재력은?

20가지 잠재능력 주머니

Potential of 20 bags

당신의 잠재능력이 들어 있는 20가지 주머니

제2장에서 살펴본 대로, 사람의 성격은 크게 13가지 타입으로 나눌 수 있다. 그러나 이게 다가 아니다. 더욱 자세히 나누면 '잠재능력' 별로 20가지 타입으로 세분화할 수 있으며, 프롤로그와 제1장에서 설명했듯이 궁극적으로 '13×20'의 260가지 타입으로 나눌 수 있다.

제3장에서 나는 이 20가지 타입을 '주머니'에 비유해 설명할 것이다. 즉, 당신이 인생에서 맡은 '역할'을 멋지게 완수해내도록 돕기 위해 신이 한 가지 '능력 아이템'이 들어 있는 아주 특별한 선물로 주머니를 주었다고 생각해보자. 그것이 '13가지 역할'과 '20가지 잠재능력'의 차이로, 그 두 가지를 아는 것으로 '진짜 자신'을 발견할 수 있다.

자연에 유래하는 20가지 주머니

(212쪽 이후의 '생년월일 대조표'로 자신의 주머니를 확인한다)

잠재능력은 네 가지 층으로 이루어진 피라미드

주목해야 할 것은 '가장 밑바닥층의 능력'

조금 복잡해지는데, 사실 사람이 갖고 태어나는 주머니의 내용은 '피라미드형 계층'으로 이루어졌고, 네 가지 층으로 나뉘어 있다. 가장 위의 층은 성격으로 나타나기 쉬운 능력이고, 아래층으로 내려갈수록 드러나기 어려운 '잠재 능력'이다. 여러분이 주목해야 할 것은 '최하층의 능력 면적'이다. 네 번째 층의 능력은 깊숙이 잠자고 있어서 깨닫기 조금 어려운데, 면적이 넓은 만큼 어떤 능력보다 큰 힘을 감추고 있다.

여기에서는 이 최하층의 잠재능력에 대해 자세히 소개하고자 한다. 자신도 미처 알지 못하는 '최대의 잠재력'을 깨우쳐 그 잠자는 재능을 풀어주자(212쪽 이후의 '생년월일 대조표'도 이 네 번째 층의 능력만을 게재하기로 한다).

잠재능력은 피라미드형이다

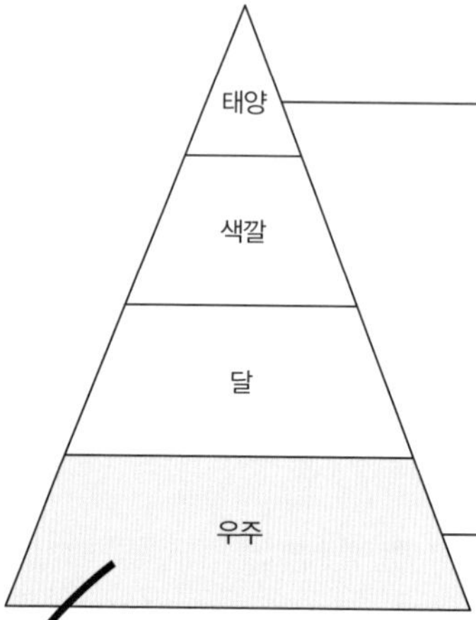

겉으로 드러나 자신도 알기 쉬운 정상의 능력

첫 번째 주머니는 의식하지 않아도 성격 등으로 드러나는 경우가 많다.

능력의 토대이며, 가장 큰 가능성을 감추고 있는 최하층의 능력

안쪽 깊은 곳에 잠자고 있고 용량도 크므로 각성시키면 극적으로 변화한다.

가장 면적이 큰 '네 번째 능력'이야말로 최고의 잠재력을 감추고 있다

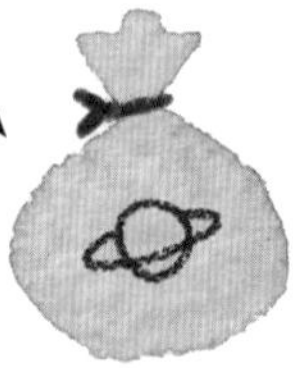

총 20가지 종류의 능력이 있다. 그중 당신은 어떤 주머니인가?

최하층에 잠자고 있는 능력은 20가지 종류 가운데 하나. 그것이 당신이 감추고 있는 가장 큰 잠재력이다. 제일 아래에 있는 만큼 자신은 깨닫기 어렵다. 평생 주머니의 입구도 풀지 못하고 끝나는 사람도 있다. 이 책을 통해 자신의 최대 잠재력을 풀어주자.

달 주머니

차고 기움의 주기적인 움직임으로 '생명'에 결정적인 영향을 주는 에너지가 높은 사람

카리스마 넘치는 보스보다 '따뜻한 리더'를 목표로 하라

약자를 버리지 못하는 모성애 본능의 소유자. 원래 '생명'은 달의 차고 기움의 주기에 강한 영향을 받는다. 그런 만큼 달 주머니를 갖고 태어난 사람은 강력한 힘과 에너지를 지니고 있다. 무엇에든 얽매이는 것을 싫어하며, 자존심이 강한 편이다. 매일의 변화를 좋아하고, 정적인 일보다 동적인 일을 선호한다. 칭찬받으면 눈에 띄게 성장하는 타입이다.

혈연을 중시하는 것도 달의 특징인데, 넘치는 힘과 열정으로 지배하는 경향이 있다. 지배는 의존을 낳는다. 타인에게 도움을 주더라도 지배하는 형태가 되지 않도록 주의하라. 카리스마 넘치는 보스보다 '따뜻한 리더'를 목표로 하는 것이 좋다. 그렇게 하면 당신의 강력한 영향력으로 주위와 이상적인 관계를 맺을 수 있다.

| 인생의 키워드 | 회초리와 사랑

| 조언 한 마디 | '자비로움'을 '지배'와 바꾸지 말 것.

소리 주머니

감성과 이미지를 관장해 천상의 음악에 귀 기울이는 영적인 사람

눈에 보이지 않는 것과 들리지 않는 것까지 감지하는 능력자

감수성이 뛰어나고 상냥한 사람이다. 눈에 보이지 않는 것, 손으로 만질 수 없는 것을 느끼고, 그것을 어떤 형태로 만들거나 말로 전달하는 '능력'을 부여받은 사람이다. 즉, 다른 사람이 느끼거나 들을 수 없는 '소리', 혹은 '목소리'를 듣는다. 감성과 영성이 뛰어난 사람이다. 사람들이 감지하지 못하는 '자기장'까지 놓치지 않고 민감하게 알아챈다. 쉽게 감동하고 평생 음악을 사랑하는 사람.

다만, 당신은 자신이 생각한 것을 전달하지 못하는 상황을 고통스러워하며, 그로 인해 상대에게 상처를 줄 때도 있다. 때로는 눈에 보이지 않는 것까지 볼 수 있어 상대를 놀라게 한다. 당신이 느낀 이미지를 상대의 잣대로 전달해주면 상대도 행복해하고 당신에게도 그 덕이 돌아온다.

| 인생의 키워드 | 음악과 감동

| 조언 한 마디 | 직감(이미지)을 타인에게 알기 쉽게 전달한다

산 주머니

조용하고 어두컴컴한 정령이 모이는 산속, 자연의 정기를 듬뿍 마시고 자신의 꿈을 향해 돌진한다

산처럼, 흔들리지 않는 '자기만의 세계'를 가진 사람

낮에도 어둡고 신비한 산. 서늘하고 정적이 흐르며 공기는 맑다. 옛날부터 신의 장소로 불렸을 만한 산이다. 그런 '산의 주머니'를 갖고 태어난 당신은 흔들리지 않는 '자기만의 세계'를 간직한 사람이다. 산의 정령처럼 신비한 기운을 풍기며 낭만적인 꿈을 꾸며 산다.

밖의 시간을 소중히 보내자. 좋아하는 사람과 맛있는 저녁을 먹고, 콘서트에 가고, 자신이 특별히 좋아하는 아로마 향초로 마음을 안정시키자. 그런 시간이 새로운 에너지를 충전해준다.

당신은 근검절약 정신도 갖고 있어 몰래 돈을 모으는 데도 뛰어나다. 게다가 비밀주의적인 면도 있어 웬만하면 거의 말을 하지 않는 타입이다. 자신의 확고한 세계는 중시하면서 타인에게 관심을 두는 것도 잊지 말자.

| 인생의 키워드 | 흔들리지 않는 자기만의 세계

| 조언 한 마디 | 자신의 꿈은 물론 타인의 꿈도 소중히 하자

잎 주머니

대지의 양분을 빨아올리고, 빗방울과 신선한 공기, 햇빛을 종합하는 진정한 자연의 탐구가

학자 타입의 '걸어 다니는 사전'과도 같은 존재

잎은 햇빛을 넉넉히 받아들여 꽃을 피우도록 돕는다. 식물이 꽃을 피우는 데 있어서 잎은 없어서는 안 되는 매우 중요한 존재다. 사람도 마찬가지다. 지식과 원리를 추구해 그것을 알기 쉽게 설명해주는 사람이 있어야 비로소 제대로 꽃을 피울 수 있다. '잎'인 사람은 이 역할을 부여받았다.

한마디로 말해, 당신은 학자 타입이다. 탐구심이 있어 탐욕스럽게 지식을 흡수한다. 이론을 좋아하고 원리와 진실을 추구한다. 좋아하는 것에 관해서는 말 그대로 '걸어 다니는 사전' 같은 존재다. 그만큼 매사에 애매한 것을 싫어한다. 집요하지 않게, 상대를 추궁하지 않고, 지식과 탐구심으로 상대를 꽃피우게 해준다는 마음가짐으로 임하다 보면 충족한 인생을 보낼 수 있다.

| 인생의 키워드 | 지식과 근본원리 추구

| 조언 한 마디 | 자신과 다른 타입을 받아들이고 대가를 바라지 않는다

나비 주머니

다양한 문양과 우아한 몸짓을 자랑하는 나비처럼 뛰어난 용모로 사람을 매료시킨다

현실감각이 뛰어나고 '지금 이 순간'을 중시한다

'지금 이 순간'을 중시하는 사람. 나비처럼 사람을 매료시킨다. '라틴적인 피'가 끓는 타입이라고 말해도 좋을 것이다.

이 타입에는 '지금 이 순간'밖에 없다. 과거에 얽매이지 않고, 미래를 지나치게 염려한 나머지 맘고생을 사서 하는 일도 없다. 지금 눈앞에 있는 현실을 생생히 느끼며 정열적으로 살아간다. 그런 만큼 직관적이고, 거짓말을 싫어하며, 정의를 추구한다. 마음이 맞지 않는 사람에 대한 거부 반응도 심한 편이다.

기다리는 일에 서툰 당신은 때로 주위를 돌아보며 당신과 다른 사람의 '지금'이 다르다는 점을 확인해볼 필요가 있다. 당신은 정열적이고 본능에 충실한 사람이라 '자신과 타인은 서로 다른 지금을 산다'라는 점을 자칫 간과할 수 있다. 그 점을 특별히 주의할 것.

| 인생의 키워드 | 정열과 본능

| 조언 한 마디 | 당신의 '지금'과 '본능'을 타인에게 강요하지 말 것

바다 주머니

일곱 개의 바다를 통해 세상 사람들을 연결하고 성장을 돕는 어머니 같은 자애로움을 지님

사람과 사람을 연결하는 데서 삶의 보람을 느낀다

도량이 큰 사람이다. 마치 큰 바다가 대륙과 세계를 하나로 연결하듯 사람과 사람을 연결하고 도움을 주는 것을 진심으로 기뻐하는 타입이다. 그런 만큼 도움을 준다는 느낌을 받지 못하면 허전함을 느낀다.

무척이나 상냥해서 사람을 내버려두거나 인연을 끊지 못한다. 그것이 오히려 모두의 성장과 발전에 장애가 될 수도 있다. 때로는 독하게 마음을 먹고 타인과 거리를 두라고 권해주고 싶다.

모든 것을 이어주는 역할이라 해외와도 인연이 깊다. 신에 관한 행사에 관계하는 일에 종사하는 사람도 많다. '저 세상과 이 세상을 잇는 메신저'이기 때문이다. 타인을 우선하고 지나칠 만큼 상냥한 당신. 인간적인 도량은 탁월한데, 때로는 '버리는' 것도 잊지 말자.

| 인생의 키워드 | 큰 도량과 도움을 주는 정신

| 조언 한 마디 | 지나치게 상냥하면 사람의 성장을 방해할 수도 있다

흙 주머니

밟고, 다지고, 굽고, 융통무애하게 모양을 바꿀 수 있으며, 모든 것을 수용하는 자연의 근본

타인의 손이 가해지면 다양하게 모양을 바꿔 자신을 변화시킨다

흙은 사람의 손이 더해져야만 비로소 빛을 발한다. 식물을 심으면 새로운 생명을 낳는 어머니가 되고, 구워서 단단히 하면 벽돌이 되고, 반죽하면 멋진 찻잔과 그릇이 된다. 흙은 사람에 의해 재능을 발휘하는 원소다. 즉, 당신은 사람의 손이 더해져 주어진 기회를 잡는 사람이다. 체험해보지 않은 일에 주저하는 면도 있지만, 당신은 경험을 통해 성장하는 사람이므로 용기 내어 망설이지 말고 한 걸음 내딛어보자. 다 쓴 물건이나 감정을 버리면 추진력에 박차가 가해진다. 흙은 '기회를 잡는 사람'이며 '기회를 주는 사람'이기도 하다.

성격적으로는 배려하는 마음이 있고 사람의 기분을 헤아린다. 그런 만큼 외로움을 느낄 때도 있다. 생활하는 데 요령도 있어서 스스로 대처할 수 있다.

| 인생의 키워드 | 체험과 탈(脫) 집착

| 조언 한 마디 | 손에 들어온 기회는 감사하고 활용하고 그리고 넘겨준다

빛 주머니

눈부시게 빛을 내어 만물의 형태와 아름다움을 선명하게 드러내는, 덧없지만 강한 것

스타성과 직인 기질을 겸비한 미(美)의 탐구가

반짝임을 지니고 있고, 진짜를 지향하는 스타성의 소유자. 성실하게 노력하며 사물과 일과 작품을 멋지게 완성해가는 사람이다. 특히 '미'(美)를 고집해 그림, 디자인, 설계, 패션, 미용 등의 '아름다움'을 다루는 예술적인 일에 종사한다. 타고난 성격도 그렇다. 그런 만큼 자신이 타인에게 어떻게 비치는지 의식하는 편. 외적인 아름다움을 추구하므로 남을 의식하는 경향이 있지만, 뜻밖에도 사귀기 어려운 타입은 아니다. 주위의 시선을 의식해 휘둘리지 않도록 밝고 긍정적인 환경을 조성하도록 노력하는 것이 좋다. 감각이 뛰어나 직인 기질이 있는 만큼 타인의 지적에 예민하다. 묵묵히, 성실하게 노력해도 눈에 잘 띄므로 자칫 다른 사람의 비판을 받기 쉽다. 하지만 일류 지향의 미적 감각만은 탁월하다. 그러니 용기를 갖자.

| 인생의 키워드 | 미의 융합

| 조언 한 마디 | 긍정해주는 사람과 인생을 공유한다

물 주머니

만물의 근원으로 자유자재로 융합하는 성스러운 것이며, 쉽게 탁해지는 투명감 넘치는 존재

어떤 용기에도 들어맞는 탄력성과 적합성을 가진 사람

물의 특징은 무엇일까? 물은 자신의 모습을 바꿔 어떤 용기에도 들어갈 수 있다. 물인 사람은 새로운 흐름을 일으킬 수 있고, 어떤 환경과 인간관계에도 자신을 지혜롭게 맞추어갈 수 있다.

'물 주머니' 중에는 신선하고 요염한 사람도 많다. 그래서 물장사나 음식업 등에 맞는 사람도 적지 않다. 그 외에도 물을 살리는 직업이라면 무엇이든 좋다. 단, 지나치게 다른 사람에게 맞추다가 자칫 인내의 한계를 느낄 때도 있다. 물이 흐르지 못하고 고이면 탁해지고 썩는 것처럼 당신도 그럴 수 있다. 그럴 땐 정기적인 디톡스(독소 제거)로 기분 전환하자. 휴식을 취하고 충전할 때도 '물가'가 안성맞춤이다. 온천이나 바다, 강, 물가의 카페나 찻집에서 마음을 다스리고 정화하자.

| 인생의 키워드 | 새로운 흐름을 일으킨다

| 조언 한 마디 | 참는 버릇, 남에게 맞추는 버릇을 때로는 주의할 것

시간 주머니

눈에는 보이지 않지만, 과거에서 현재를 거쳐 미래로 이어지는 화살

앞만 보고 돌진하는 일점집중형

'시간'인 사람은 올곧게 앞만 응시하고 돌진하는 사람이다. '일점집중형'으로 매 순간을 아까워하며 열심히 일하고 공부한다. 애사심과 가족 사랑이 넘쳐나고 무척 성실하다. 그런 만큼 멈추는 일과 기다리는 일에 약하고 발언도 지나치게 솔직해 그로 인해 자칫 때로와 알력을 낳기도 한다.

일과 가정을 소중히 하므로 그 정도는 어쩔 수 없다. 성실하고 예민한 당신은 누가 말해주지 않아도 스스로 그것을 자각한다. 이는 물론 훌륭한 자질이지만, 너무 달리기만 하다가는 자칫 몸이 상할 수도 있다. 과로는 금물이다. 하지만 절대 '조급'해해서는 안 된다. 타고난 성실함과 추진력을 살리면서도 때로는 멈춰 서서 좌우를 살피고 사람이 성장하는 데 필요한 시간에도 눈을 돌리자.

| 인생의 키워드 | 근면과 도전

| 조언 한 마디 | 모든 사람이 당신의 솔직함을 좋아하는 것은 아니다

돌 주머니

태고부터 변하지 않는 불로불생의 존재. 귀하게 여기는 다이아몬드가 될 스타성을 감추고 있다

보석 같은 반짝임을 지녔으며, 설렘을 즐기는 사람

설레는 것을 좋아하고, 유머가 넘치며, 특이하다는 평을 듣는 사람이 많다. '돌'은 돌이되 그냥 돌이 아니라 보석 같은 돌이다. 서프라이즈로 사람을 놀라게 하며 기쁘게 한다. 서비스 정신도 스타성도 지니고 있어서 이벤트업에 어울린다.

놀이 감각이 뛰어나고 자주, 그리고 오래 보아도 좀체 질리지 않는다. 돌인 만큼 불변성을 지니고 있어 늘 젊음을 유지한다. '정신성'을 중시하므로 혈연보다는 마음의 연결과 공감을 중시한다. 물론, 혈연도 소중하게 생각한다.

독특한 감성의 소유자라서 주위에서 특이한 사람이라는 평가를 받기 쉽다. 그러니 자기만족에 빠지는 일을 경계하고 타인을 즐겁게 해주기 위해 노력하자.

| 인생의 키워드 | 유머와 서프라이즈

| 조언 한 마디 | 자기만족에 빠지지 말고 타인을 기쁘게 해주기 위해 노력하라

구름 주머니

한 번 모양을 정해 기류를 타면 일직
선으로 나아가는 예지에 찬 존재

뛰어난 머리와 통찰력을 가진 지혜로운 사람

지혜로운 사람. 하나를 들으면 열을 아는 뛰어난 머리의 소유자다. 자립심이 강하고 자신의 신념을 굳건히 지켜나가는 자유인이기도 하다. 이거다, 하고 뭔가를 일단 정하면 곁눈질하지 않고 그 방향으로 돌진해나가는 기관차 같은 사람. 그래서 자신의 페이스를 놓치는 것을 무엇보다 싫어한다. 다소 조급해하는 부분도 있다.

자신이 해야 할 일을 잘 알고 있고 성실하게 일을 추진한다. 다른 사람의 조언을 '간섭'으로 받아들여 고통스럽게 느낄 때도 있다. 자신이 체험하지 않은 것도 단번에 개념화하고 설명해낼 수 있을 정도로 통찰력이 있고 머리가 좋은 사람이라 불가피한 일일 수도 있다. 당신은 한마디로 지혜의 보고다. 그 지혜를 살려 다른 사람과의 조화에 신경 쓰다 보면 더 큰 성장을 기대할 수 있다.

| 인생의 키워드 | 강한 신념과 지혜

| 조언 한 마디 | 자기만의 방식만 내세우지 말고 때로 뒤를 돌아볼 것

하늘 주머니

높은 곳에서 사람들을 보며 맑은 경지와 가르침으로 감싸 하늘로 올린다

현장 체험을 토대로 사람을 이끄는 따뜻한 리더

밝은 성격으로 사람을 이끄는 능력과 역할을 부여받은 사람이다. 하늘이 땅을 돌보듯 사람들을 감싸며 이끌어준다. 그런 의미에서 '하늘' 유형의 인물 중에는 봉사 정신이 넘치는 사람도 많다.

사람을 설득하는 데 필요한 두뇌도 뛰어난데, 이 점에서는 현장 체험이 중요하다. 모험심도 강한 타입이라 인생에서 얻은 '체험'을 중시하면 사람을 이끌 때 도움이 된다. 그럴 땐 '자신이 느낀 것'을 주역으로, 이론을 조역으로 하여 다른 사람에게 전달하자.

약점은 말이 많고 길다는 것. 물론 사람들을 이끌어가는 데 있어서 말은 중요하지만 친절한 조언과 잔소리에 가까운 설교는 본질에서 다르다는 것을 늘 염두에 둘 것. 그 점만 의식하고 자신을 잘 다스리면 저절로 사람이 모이고 좋은 방향으로 이끌어갈 수 있다.

| 인생의 키워드 | 모험심과 인도

| 조언 한 마디 | 이론이 아니라 체험을 중시해 조언한다

색깔 주머니

밝고, 어둡고, 흐리고, 진하고, 다양한 일곱 가지 색깔로 변화하고, 그 신비함으로 시선을 끈다

신비한 매력으로 사람을 매료하는 순수한 사람

어딘가 신비로운 면이 있어서 사람들이 높이 우러러본다. 선천적으로 사람을 매료하는 방법을 알고 있다. 배우에게 많은 타입이다.

성격적으로는 매우 순수하고 성실하다. 약자를 보면 그냥 지나치지 못하고, 거친 사람을 대하면 마음이 쉽게 위축된다. 또한, 다른 사람의 정의롭지 못한 말이나 행동을 보면 화가 치밀기도 한다. 그러나 동시에 다른 사람을 무한히 용서할 수 있는 관용의 사람이기도 하다.

다른 사람에 대한 기대를 줄이고 너무 많은 것을 요구하지는 말 것. 어떤 의미에서 조금 '느슨하게' 살 수 있으면 불필요한 스트레스를 줄일 수 있고, 타고난 '사람을 매료하는 힘'을 더욱 빛나게 할 수 있을 것이다.

| 인생의 키워드 | 깨달음과 신비

| 조언 한 마디 | 타고난 관대함과 넓은 마음으로 전진을

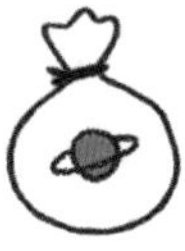

우주 주머니

지구가 콩알만 하게 느껴지는 시공간. 직관과 창조의 근원. 모든 현상을 예측하는 신비

사람의 지혜를 초월한 선견성으로 앞을 꿰뚫어보는 탁월한 전략가

앞날을 예측하는 비범한 능력의 소유자다. 시제(時制)로 말하자면, 거의 미래를 산다고 할 만큼 앞날을 직관적으로 예측해버린다. 즉, '우주'는 그야말로 우주 차원에서 앞을 보는 힘을 가지고 있다.

직관력이 뛰어나고 숫자에도 강해 사업 전략을 생각하는 데 뛰어나다. 일의 절치를 정하는 데도 뛰어난 타입이다. 그런 만큼 목표가 쉽게 보이지 않는 일에는 어울리지 않는다. 또, 너무 멀리 앞날을 예측하므로 장래에 대한 불안감에 사로잡히기 쉽다.

냉철하고 냉정하다는 평가를 주위에서 자주 듣는다. 절대로 쓸데없는 일에 시간을 소모하는 일이 없기 때문인데, 문자메시지 등에도 이모티콘이 없는 것이 특징이다.

장래에 불안을 느낄 때는 생활에 '여유'를 갖기 위해 노력하자.

| 인생의 키워드 | 선경성과 직관

| 조언 한 마디 | 괜한 걱정하지 말 것

나무 주머니

위로, 위로, 앞길을 가로막는 것은 하나도 없다. 성장과 과감히 싸우는 정신의 상징

목표가 정해지면 멈추지 않고 무엇이든 달성시키는 전사

햇빛을 받아 하늘을 향해 뻗어 나가는 타입이다. 매사에 도전정신이 왕성하고 '지속하는 힘', '극복하는 힘', '달성하는 힘'을 갖고 있다.

이미지로 말하자면, 정면 돌파를 두려워하지 않는 '전사형'에 가깝다. 일단 자신 안에서 '싸움의 목표', '싸우는 의미'와 같은 기준과 선이 정해지면 어떤 고난도 마다치 않고 과감히 도전하고 극복하며 헤쳐 나간다. 그런 만큼 일을 멈추는 일에 큰 스트레스를 느낀다. 이성과 자제심도 충분히 갖고 있지만, 선천적으로 타고난 과감히 싸우는 정신을 이길 수 없다.

쉬지 않고 일하거나 분투하다 보면 자칫 지치기 쉽다. 때로는 주위 풍경을 감상하며 다른 사람의 생각도 이해하려고 노력하자. 그래도 당신의 성장과 투쟁은 멈추지 않으므로 걱정하지 않아도 된다.

| 인생의 키워드 | 투쟁과 도전 정신

| 조언 한 마디 | 무모한 용맹함도 좋지만 좌우를 보는 여유도 가질 것

대지 주머니

본래 국경도 없고 인종도 없다. 만물을 싣고 연결하는 안정감을 지님. 사람들의 왕래와 만남의 기반이 된다

운과 사람을 몰고 다니는 '행운 고양이' 같은 사람

주위에 사람이 모여든다. 당신이 음식점에 들어가면 그 전까지 한산했던 가게에 손님이 몰릴 정도로 운을 부르는 힘을 지니고 있다. 만일 당신이 이벤트의 안내대를 맡으면 당일권이 금방 매진될 것이다. 손님과 재물을 부르는 행운 고양이 장식물 같은 에너지를 가졌다. 당신의 흡인력, 동원력은 보통의 수준을 훨씬 뛰어넘는다. 사람과 사람을 단번에 연결해버리는 힘도 지니고 있다.

상냥하고 신뢰감 넘치며, 공정함을 추구하고, 마음을 나누는 것을 중시한다. 그런 점이 주위를 매료시킨다. 불성실한 마음을 가진 사람과도 알지 못하는 사이에 연결된다. 쉽게 마음을 나누지 못하는 것이 스트레스. '상냥함'과 '흡인력'은 양날의 칼. 그로 인해 고독감을 느낄 때도 있다. 때론 인연을 끊는 용기를 갖자.

| 인생의 키워드 | 흡인력과 연결

| 조언 한 마디 | 상냥함으로 인한 고독감에 지혜롭게 대처하라

강 주머니

맑고 투명하며 조용히 흐른다. 탁함을 모른 채 삼라만상을 비춘다

마음을 비추는 거울처럼 맑은 영혼을 가진 사람

여기서 말하는 '강'을 거울로 생각하라. 오래된 절 옆을 흐르는 맑은 강은 사람의 마음을 비친다. 그런 영혼을 가진 것이 당신이다.

당신은 총명하고 고풍스러워서 예의와 질서를 중시하고, 겸허한 마음으로 정취를 이해하며, 조상을 소중히 하는 마음의 소유자다. 신에 관한 행사나 제사 지내는 일에 종사하는 사람이 많은 것도 '강'인 사람의 특징이다. 거울 같은 마음을 갖고 있어 타인의 마음과 인간성도 바로 간파한다. 그래서 자신의 '내면의 아름다움'도 중시한다. 좋지 않은 마음을 가진 사람과는 과감히 인연을 끊을 수도 있을 정도로 단호하다. 그리고 한 번 인연을 끊은 사람과는 두 번 다시 연을 만들지 않는다. 반대로 당신은 소중한 사람을 끝까지 지키고 싶어 한다. 그리고 궁극적으로는 '보호받고 싶다'고 생각한다.

| 인생의 키워드 | 거울과 내면의 미

| 조언 한 마디 | 총명함으로 인한 집착을 버릴 것

불 주머니

모든 것을 감싸고 활활 타오르는 불 기둥을 세워 시대를 움직이는 새로운 시대의 주인공

상황을 전환하는 힘을 갖고 있다. 무의미한 소란에는 소극적

당신은 불의 신처럼 매사를 크게 전환하는 힘을 갖고 있다. 들판에 지른 불이 모든 것을 삽시간에 감싸버리듯 단숨에 사람을 끌어당기는 힘도 지녔다.

그 타고난 행동력과 전환능력으로 당신이 불을 붙이면 주위는 크게 당황한다. 사람들은 어느 사이에 하나가 되어 일하게 된다. 그런 면 때문에 '이 사람과는 성장하고 성숙한 뒤가 아니면 사귀기 힘들다'는 인상을 줄 수도 있다. 그러니 무의미하게 주위를 끌어들이려는 시도는 삼가자.

불과 관련한 것에 '개운(開運)'의 징조가 있다. 예를 들어, 아로마 향초나 촛불을 보면 스트레스가 해소되어 새로운 활력을 얻을 수 있다.

| 인생의 키워드 | 끌어들이는 힘과 행동력

| 조언 한 마디 | 주위를 사적인 일에 끌어들이지 말 것

태양 주머니

생명의 원천으로, 만물의 주인. 널리 비추는 햇빛의 힘으로 모든 것은 여기서부터 시작된다

불평등을 싫어하는, 책임감 넘치는 리더십의 소유자

말 그대로 모두에게 평등하게 빛과 힘을 공급해주는, 리더의 힘을 가진 사람이다. 보스 캐릭터, 여신 캐릭터라는 인상을 강하게 풍긴다. 게다가 재운도 있어서 생활하는 데 있어서나 금전 문제에 어떤 어려움도 없다.

태양이 모든 것에 평등하게 빛을 비추듯 불평등을 싫어한다. 또한, 강렬한 에너지를 발산하므로 의도하지 않게 타인을 의존적인 사람으로 만들 위험도 있다. 그러므로 사람들에게 평등하게 '빛'을 비추되 자칫 새로운 형태의 '지배'로 이어지지 않게 주의해야 한다. 그것만 주의하면 하늘로 이어지는 당신은 양성 에너지, 책임감 강한 리더십, 평등을 좋아하는 기질이 충분히 발휘되어 빛나는 인생을 살게 된다.

| 인생의 키워드 | 재운과 박애

| 조언 한 마디 | '지배와 의존'의 관계를 낳지 않도록 주의할 것

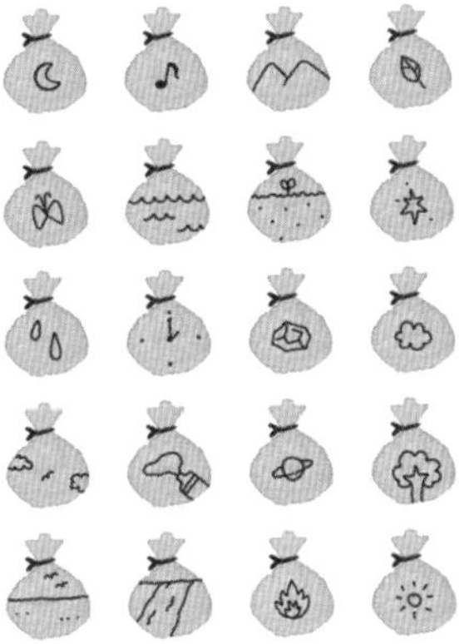

에피소드 3

각자의 역할을 활용하면 성공한다

만일 13명이 ○○하면…

만일 13명이 '강가에서 캠프를 하면……'

① 〈스타터〉가 캠프를 제안한다.

⑬ 〈올마이티〉가 찬성하고 참가자를 모은다.

④ 〈아이디어〉가 바비큐를 해먹자고 제안한다.

⑩ 〈프로듀스〉가 바비큐에 필요한 음식재료와 기구를 조달한다.

② 〈결단하는 사람〉이 강변을 보고 "이곳에 텐트를 치자!"고 제안한다.

⑫ 〈공명하는 사람〉이 강에서 조금 떨어진 장소를 고른다.

⑪ 〈오리지널〉이 "물고기를 잡아 해산물 카레를 만들자!"고 제안한다.

③ 〈중매인〉이 근처 야영객에게 물고기를 주고, 대신 카레 가루를 얻어온다.

⑥ 〈평등〉이 완성된 카레를 나누어준다.

⑧ 〈교류〉가 밤을 어떻게 보낼지 모두의 의견을 모은다.

⑨ 〈바람을 일으키는 사람〉이 ⑤ 〈스타〉에게 권유하여 함께 장작을 모은다.

⑤ 〈스타〉가 모은 장작으로 캠프파이어를 시작한다.

⑦ 〈신비〉가 파이어 댄스를 선보인다. 생각지도 못한 특기에 분위기는 고조되고 밤은 깊어간다.

만일 13명이 '영화를 제작하면……'

① 〈스타터〉가 계획을 이야기한다.

⑬ 〈올마이티〉가 찬성하고, 스태프를 모은다.

④ 〈아이디어〉가 각본 아이디어를 낸다.

⑩ 〈프로듀스〉가 그것들을 토대로 촬영 계획을 세운다.('로맨틱코미디'로 결정!)

② 〈결단하는 사람〉이 연출자의 이름을 말한다.

⑫ 〈공명하는 사람〉이 예산을 토대로 캐스팅한다.

⑪ 〈오리지널〉이 '로봇의 연애'라는 기상천외한 설정을 새롭게 도입한다.

③ 〈중매인〉이 평소 사이가 좋은 사무실의 매니저(⑨)에게 팔아서 실력파 신인(⑤)의 주연을 성립시킨다.

⑥ 〈평등〉이 출연자, 스태프의 출연료와 월급을 계산한다.

⑧ 〈교류〉가 모두를 위로하며 현장 분위기를 띄운다.

주연(⑤)의 매니저인 ⑨ 〈바람을 일으키는 사람〉이 "한 번에 끝내자!"고 ⑤를 부추긴다.

⑤ 〈스타〉가 연기한 주역이 반향을 불러 영화는 대성공! 원래 스태프였던 ⑦ 〈신비〉가 대역으로 연기한 역할도 화제가 되어 배우로 전향!

제4장

상대의 마음을 움직이는 13가지 타입 사용설명서

나와는 맞지 않는다. 무얼 생각하는지 알 수 없는 사람이다. 당신에게도 그런 상대가 있을 것이다. 하지만 '역할에서 오는 행동 원리'를 알면 비로소 이해할 수 있다.

이것만 알면 어느 누구와도 원만히 지낼 수 있다

13가지 성격 유형 사용설명서

Instruction manual of 13 people

① '스타터' 사용설명서

①이 소중한 사람인 경우(가족·친구·연인)

칭찬으로 능력을 발휘하게 하자

'칭찬으로 성장'이 키워드인 사람이다. 13가지 성격 유형 가운데 '책임감'이 가장 강하므로 주위의 신뢰가 원동력이 되어 타고난 힘과 영향력으로 사람을 끌어당긴다. 먼저, 당신이 '①에게 끌린 이유'를 생각해본 뒤 '그의 장점'을 인정해주고 상냥하게 말을 걸어주는 것이 좋다. 또한, 보기보다 요령이 없는 만큼 뜻밖에도 스트레스를 안고 있을 때도 잦고 '외로움'도 잘 탄다. 그 점을 이해해주면 관계에 도움이 될 것이다.

①이 상사인 경우

믿고 따를 만한 든든한 존재

제멋대로인 것처럼 보여도 안에는 확고한 의지가 있으므로 그를 믿고 따르자. 도중에 지침이 흔들리지 않으므로 뒤에서 따라가는 사람에게 마음 든든한 존재다.

①이 부하인 경우

목적지에 도달할 때까지 포기하지 않고 도움을 준다

요령이 부족하고 제멋대로인 사람으로 보일 수 있는데, 목적지를 향해 매진하고 있다는 증거다. 무조건 질타하지 말고 옆에서 적절히 궤도 수정해주는 것이 좋다.

'스타터'의 9가지 특징

본심과 행동의 차이로 알 수 있는 심리

- ❑ '매사를 시작하는' 역할을 맡고, 속도감이 있는 만큼 사람에 대한 깊은 이해가 부족하다.
- ❑ 특히 기분이 좋을 때는 주위의 온도 차를 깨닫지 못한다.
- ❑ 명확히 의사를 결정하여 책임을 갖고 주위 사람을 끌어갈 수 있다. 그 역량이 상당하다.
- ❑ 지는 것을 끔찍이도 싫어한다. 궁극의 이기주의가 나올 때도 간혹 있다.
- ❑ 남보다 먼저 새로운 것에 도전하므로 겉으로는 드러나지 않는 '외로움'을 갖고 있다.
- ❑ 구속이나 무조건 하는 잔소리에 고통을 느낀다.
- ❑ 사실은 보기보다 요령이 없다.
- ❑ 독불장군이라는 평을 받기도 하는데, 무엇에도 흔들리지 않는다는 증거이기도 하다.
- ❑ 비판과 반대의견에 민감한 편이다.

② '결단하는 사람' 사용설명서

②가 소중한 사람인 경우(가족·친구·연인)

의사소통을 명확히 할 것

13가지 타입 가운데 가장 '직관력'이 뛰어나므로 선택에서 망설일 때는 ②에게 판단을 맡기면 좋은 결과를 가져온다. 개념에 얽매이지 않는 가치관으로 정확하게 판단할 수 있다. 공동 작업을 할 때는 '결과부터 설명'하면 좋다. ②는 '애매한 것'을 견디지 못하므로 대화가 충분하지 않으면 초조해한다. 머리 회전이 빨라 매사 앞질러 가는 경향도 있으므로 오해가 생기지 않도록 '생각은 말로 하는 것'이 중요하다.

②가 상사인 경우

엄격함에도 배려를

아무 일도 하지 않는 것처럼 보이지만, 뒤에서는 모두를 위해 열심히 움직인다. 때로는 발언이 조금 엄격할 수 있지만, 그것은 빨리 깨닫기를 바라는 마음에서다.

②가 부하인 경우

'그레이 존'도 가르친다

표현이 능숙하지 않아도 그것은 상대에게 기분을 직접 전하고 싶기 때문이다. 때와 장소, 상황에 따라서는 그레이 존에 멈추는 것도 필요하다는 것을 알려주면 대인관계의 폭도 넓어진다.

본심과 행동의 차이로 알 수 있는 심리

- [ ] 아무튼, 좌인지 우인지 확실히 하려는 성향이다. 애매한 것에 대해 결벽증에 가까운 예민함도 갖고 있다.
- [ ] 뜻밖에 생각을 전달하는 데 서툴다.
- [ ] 자신을 매일 업데이트하는 것을 좋아한다. '보이지 않는 노력'을 쉬지 않는다.
- [ ] 뛰어난 직관력은 '단순한 감'이 아니라 '뛰어난 창조성'에서 온다.
- [ ] 분위기에 휩쓸리지 않는다. '자신은 자신, 남은 남'이라는 식.
- [ ] 무엇이든 논리적인 말이 뒷받침되면 바로 이해하는 타입.
- [ ] 드물게 그레이 존의 발언을 했을 때의 갈등은 뜻밖에 크다.
- [ ] 가만히 이야기를 들어주는 상대가 필요한 사람.
- [ ] 보기보다 내적 갈등을 자주 겪는다. 생각 없이 의견을 제시하는 것은 금기.

③ '중매인' 사용설명서

③이 소중한 사람이 경우(가족·친구·연인)

멋진 조정 능력으로 훌륭한 파트너가 되어준다

솔직한 성격에 세심하게 배려할 줄 알며, 13가지 타입 가운데 가장 적극적으로 사람을 이끌어 성장하게 도와주는 타입이다. 그러나 누군가에게 뭔가 부탁을 받으면 거절하지 못하고 끝까지 도와주는 성격이어서 주위 사람이 ③에게 지나치게 의존하여 부담을 주지 않도록 주의하는 것이 좋다. 또, 한 번 믿고 마음을 준 상대에게는 강한 신뢰와 충성심을 갖는 사람이다. ③에게 생각이 전해지면 당신의 능력을 꽃피우는 데 도움을 주고 주위와의 균형을 잡아줄 것이다. 멋진 조정 능력으로 당신에게 기회를 줄 훌륭한 파트너가 되어준다.

③이 상사인 경우

배려하는 마음과 냉정함을

완성된 어른이라서 때로는 냉정하게 느껴질 때도 있다. 하지만 사실은 배려하는 마음을 가진 상냥한 사람이므로 부담을 주지 않도록 주의하자.

③이 부하인 경우

지치지 않도록 배려해주어야

타인을 지나치게 존중하고 배려하다가 자신이 지쳐서 나가떨어지지 않도록 특히 주의하는 것이 좋다. 부탁을 받아도 거절하지 못하므로 '꼭 그렇게까지 해야 해?' 하고 이따금 충고해주어도 좋다.

'중매인'의 9가지 특징

본심과 행동의 차이로 알 수 있는 심리

- ❑ '사람과 사람을 연결하는 것'이 행동 원리다. 무엇이든 자신을 내세우는 '내가, 내가'의 역버전.
- ❑ 매사를 적절히 조절하면 천하일품.
- ❑ 눈앞의 일을 담담하고 요란하지 않게 진행한다.
- ❑ 취미나 삶의 방식이 다른 사람도 이해할 수 있는 '중립형 사고'의 소유자.
- ❑ 자신의 적성 능력을 이해하고 있어서 자신의 힘을 발휘할 수 있는 장소를 찾는다.
- ❑ 자급자족이 가능한 자기 충실형으로 고독감을 느끼는 일이 좀처럼 드물다.
- ❑ '화'에 둔감하다. 모르는 사이에 '인내하는 노력'을 하게 된다.
- ❑ 감정의 기복이 심한 사람에게 피로감을 느낀다.
- ❑ 왕성한 호기심으로 가끔 놀라운 행동력을 보인다.

④ '아이디어' 사용설명서

④가 소중한 사람의 경우(가족·친구·연인)

안정감 있는 장소를 만든다

④아이디어의 언동의 진의가 전해지지 않을 때도 있지만, 주위는 '이해하는 노력'을 아끼지 말 것. 분명 ④는 친절한 말로 표현하려고 하지만, 그 감각이 제대로 공유되지 않아서 슬픔을 느낄 수도 있다. ④는 성실하고 섬세한 사람이므로 '④의 존재가 필요하다'고 느끼게 해줄 것. 남보다 생각을 많이 하는 만큼 부정적인 생각에 빠지기 쉽지만, 속으로는 '안정'을 원한다.

④가 상사인 경우

그의 '고집'을 서포트해주자

지식욕이 크고 독창성을 지닌 상사인데, 0에서 1을 만드는 만큼 '고집' 이 세고 자부심이 강하다. 그가 하고 싶어 하는 것을 보조해준다는 자세로 대하자.

④가 부하인 경우

아이디어를 헤아린다

표현력이 부족할 수 있지만, 멋진 아이디어의 소유자이므로 잘 이해하고 이끌며 도와주면 반드시 기대에 부응할 것이다. 섬세하므로 안정된 환경에서 일하게 해주면 맘껏 능력을 발휘한다.

본심과 행동의 차이로 알 수 있는 심리

- ☐ 0에서 1을 만들어내는 창조자. 무언가를 새롭게 '만드는 일'에 보람을 느낀다.
- ☐ 항상 머리로 생각하므로 사람의 이야기가 들리지 않을 때도 간혹 있다.
- ☐ 뜻밖에도 자신감이 부족한 편이다.
- ☐ 오래전부터 자신이 특별히 관심 두었던 일에서 나중에 크게 성공할 가능성이 있다.
- ☐ 마감일이 정해져 있어도 아이디어가 떠오르지 않으면 실행에 옮기지 못한다.
- ☐ 경제적인 안정보다 자신의 관심분야를 파고들어 성공하는 타입이다.
- ☐ 일과 취미가 일치하면 엄청난 성과와 업적을 세상에 남긴다.
- ☐ 모험심이 있어서 여러 가지에 도전하고 싶어 한다.
- ☐ 놀라운 집중력을 발휘한다.

⑤ '스타' 사용설명서

⑤가 소중한 사람인 경우(가족·친구·연인)

아낌없는 응원으로 사기를 높여준다

⑤는 소극적이고 조심스러워하는 면이 있지만 저력이 있어 마음이 좀처럼 흔들리지 않는 사람이다. 당신도 ⑤의 안정감에 마음이 놓일 것이다. 그러나 당신이 조급한 성격이면 ⑤의 느긋함에 부아가 치밀 수도 있다. ⑤는 목적지향형이라서 목표가 정해지지 않으면 움직일 수 없다. 타인이 설정한 목표 역시 마찬가지다. 스스로 목표를 찾아야 비로소 움직일 마음이 생기므로, 주위 사람은 '응원하는 자세'로 지켜볼 것.

⑤가 상사인 경우

높은 목표를 세워 일한다

실용적인 사고방식을 가진 사람으로, 명예보다 인재를 중시하는 상사다. 높은 목표를 세워 '정중하면서도 섬세'하게 일하므로 부하 직원들도 그와 보조를 맞춰 뜻을 갖고 일할 것을 권한다.

⑤가 부하인 경우

스스로 목표를 설정하게 하라

남이 정해준 목표로는 의욕이 생기지 않으므로 스스로 목표를 설정하게 하는 것이 중요하다. 시간은 좀 걸리지만, 참고 기다려주면 자신에게 주어진 일을 멋지게 해낼 것이다.

'스타'의 9가지 특징

본심과 행동의 차이로 알 수 있는 심리

- [ ] '의욕 스위치'가 있는 사람. 그 버튼은 자신만이 누를 수 있다.
- [ ] 다른 사람이 설정한 목표에는 좀처럼 흥미를 보이지 않는다.
- [ ] 자신이 설정한 목표를 철저히 연구하며 파고든다.
- [ ] 넋 놓고 있는 것처럼 보일 때는 생각 중. 준비 중.
- [ ] 사실은 묵직한 저력이 있다. 위기에 강하고 거기서 본성을 발휘한다.
- [ ] 순종적이라서 상대에게도 순종을 원한다.
- [ ] ON과 OFF를 만들 수 있는 놀이 전문가.
- [ ] 높은 목표를 가질수록 반드시 달성할 수 있는 사람.
- [ ] 이익보다 사람으로서의 가치를 중시한다.

⑥ '평등' 사용설명서

⑥이 소중한 사람의 경우(가족·친구·연인)

균형감각을 중시한다

⑥의 중립적인 가치관은 '사람에게 현혹되지 않는다'는 증거다. ⑥에게 느끼는 '믿음직스러움', '견실함', '평등' 등의 키워드도 그 '부동심'의 증거다. 동요를 겉으로 드러내지 않는 타입이므로 옆에 있는 사람이 ⑥에게 손을 뻗어주면 좋을 것이다. 또, ⑥이 갖는 '부동심' 때문에 자신의 페이스가 흐트러지는 것을 싫어한다. 일, 사랑, 취미 전부 100% 힘을 쏟는 '균형적인 인간'이며, 그렇게 해야 안정을 찾는다.

⑥이 상사인 경우

예의를 중시하므로 실례가 되지 않게

자기 나름의 방식을 갖고 있다. 일이나 사람을 대할 때 넓은 시야를 갖고 있는데, 예의를 중시하므로 특별히 실례가 되지 않도록 주의하자.

⑥이 부하인 경우

팀에 안심감을 가져온다

지나치게 자기 방식대로 하는 것처럼 보일 때가 있지만, 정작 본인은 진지하다. 반대로 초조해 할 때도 있는데, 재능이 있기 때문이다. ⑥은 팀에 안심감을 가져온다.

'평등'의 9가지 특징

본심과 행동의 차이로 알 수 있는 심리

- ☐ 중립적인 가치관을 가진 철저한 평등주의자다.
- ☐ 균형감각이 뛰어난 사람. 자신의 마음도 정돈한다.
- ☐ 그래서 자신의 페이스가 무너지는 '마음의 동요'를 싫어한다.
- ☐ 리더의 재능이 있다. 회사 사장보다는 현장의 리더에 어울린다.
- ☐ 틀에 박힌 일도 완벽하게 해낸다.
- ☐ 가벼운 인간관계를 선호한다.
- ☐ '즐겁게 일하고 즐겁게 놀자'가 생활신조다.
- ☐ 동요하는 마음을 겉으로 드러내지 않지만, 사실은 속으로 상당히 동요한다.
- ☐ 문제가 발생하면 리더십을 발휘한다.

⑦ '신비' 사용설명서

⑦이 소중한 사람의 경우(가족·친구·연인)

주저할 때는 긍정해주자

⑦은 목표가 높고 타협하지 않으므로 자문자답을 자주 반복한다. 주위에서 '종잡을 수 없다'고 느낄 때는 ⑦이 자문자답하고 있을 때다. '자신은 이것으로 될까', '어떻게 해야 할까' 하는 생각이 들기 쉬우므로 주위가 '지금 그대로의 ⑦로도 충분하다'고 긍정해주면 관계가 좋아진다. 또, ⑦에게 '화의 불씨'가 있을 때는 '목적의 불씨'로 바꿔주면 좋을 것이다. 혼자 끙끙거리는 것을 다음 단계로 변환해주는 것이 좋다.

⑦이 상사인 경우

주저할 때는 격려해주어라

큰 지시를 내릴 때는 ⑦도 주저하므로 '괜찮아요!' 하고 격려해준다. '말을 붙이기 어렵다'고 느끼면 ⑦이 자문자답하는 시간이라고 생각할 것을 권한다.

⑦이 부하인 경우

자신감을 심어주면 능력을 꽃피운다

주저하는 듯 보여도 그것은 '자기만족하지 못하는 것'뿐이다. '그것으로 충분하다'고 등을 밀어주면 자신 있게 본래의 능력을 발휘한다.

'신비'의 9가지 특징

본심과 행동의 차이로 알 수 있는 심리

- ❑ 육감을 가진 감성의 사람. 직감적으로 '이거다!' 하는 것을 말로 할 수 있는 재능과 설득력이 있다.
- ❑ 보는 것, 듣는 것, 관찰하는 것을 좋아한다.
- ❑ 논리적이고, 낭비를 싫어한다.
- ❑ 시야가 넓고, 가만히 있어도 정보가 모이는 '전파탑' 같은 사람.
- ❑ 그의 사전에는 '만족'이라는 단어가 없다. 자기 자신을 인정하지 못한다.
- ❑ 사람을 '꿰뚫어보는 눈'을 갖고 있어서 첫 대면만으로도 긍정적·부정적이 확실하다.
- ❑ 친구는 마음 깊이 신뢰할 수 있는 사람으로 몇 명만 있어도 충분하다.
- ❑ 사람의 마음을 세밀하게 어루만질 줄 아는 사람. 심도 있는 상담을 해줄 수 있다.
- ❑ 어른스럽지 않을 때도 종종 있다.

⑧ '교류' 사용설명서

⑧이 소중한 사람의 경우(가족·친구·연인)

정신적 피로를 느끼지 않게 배려해주자

소통 능력이 뛰어나고 배려하는 마음을 가진 ⑧은 '정신적'으로 지치기 쉽다. 자신도 느끼지 못하는 사이에 사람 마음 이면의 이면까지 헤아리므로 방대한 에너지를 사용한다. 다른 사람과 있을 때는 늘 방전 상태다. 따라서 주위 사람은 ⑧에게 '그렇게까지 하지 않아도 된다'고, 잠시 절전하고 쉴 수 있게 조언해주고 배려해주면 좋다. 또, ⑧은 수줍음을 잘 탄다. 사람과 일정한 거리를 유지하며 접하는 것이 마음 편하다.

⑧이 상사인 경우

부담을 분산한다

전달하는 능력이 뛰어난 서포트형 리더다. 그러므로 그를 후원해주는 사람도 필요하다. 후원을 받으면 당신을 지켜주는 존재가 될 것이다.

⑧이 부하인 경우

실력을 발휘할 수 있게 믿고 존중해주자

주위와 교류시키면 저절로 실력을 발휘하므로 사람과 관계하는 현장이 좋다. 또, 사실은 확고한 의지를 갖고 있고 자존심도 강하다. 그러니 믿고 존중해주자.

'교류'의 9가지 특징

본심과 행동의 차이로 알 수 있는 심리

- [ ] 모성애가 강한 사람. 상대를 늘 의식한다.
- [ ] 주위를 보살피는 선배 스타일. 남을 위해 뛰어다니는 상냥한 사람이다.
- [ ] 소통 능력이 뛰어나고 상대의 기분을 헤아릴 줄 안다.
- [ ] 사실은 수줍음이 많다. 사람과 일정한 거리를 유지하는 것이 마음 편하다.
- [ ] 초면인 사람이나 장소에 주저한다.
- [ ] 가치관이 비슷한 사람을 지원하는 역할에는 부담을 느끼지 않는다.
- [ ] 그의 마음속에는 확고한 자존감이 있다.
- [ ] 매사 헤아리기 때문에 여유가 없고 차분하지 않다.
- [ ] 성큼성큼 다가오는 사람은 부담스럽다.

⑨ '바람을 일으키는 사람' 사용설명서

⑨가 소중한 사람의 경우(가족·친구·연인)

좋아하는 일에 매진하도록 도와준다

성격이 밝고, 즐거운 일을 하거나 생각하는 것을 좋아하는 ⑨. 자신이 '즐겁다'고 느끼는 일을 해야 제대로 실력을 발휘한다. '인생 한 번뿐'이 모토라서 주위 사람은 그것을 이해하려 노력하고, 그가 하고 싶은 일에 매진할 수 있게 배려해주자. ⑨는 우울하거나 고민이 있어도 얼굴에 잘 드러내지 않으므로 여간해서 알아채기 어렵다. 옆에 있는 사람들이 관심을 두고 긴장을 풀 수 있게 해주자.

⑨가 상사인 경우

피폐해지지 않게 배려를

모두를 위해 노력하므로 본인이 피폐해지지 않는지 신경 써주어야 한다. 뭔가 한 가지 일에 얽매여 있을 때는 전체를 보며 균형을 유지하고 조율할 수 있도록 지원해주자.

⑨가 부하인 경우

변화 가능성이 있는 일에 집중할 수 있게

한 가지 일을 무작정 파고들기보다 변화 가능성이 있는 일을 잘 선별하여 집중하고 재능을 발휘할 수 있게 도와주자. 새로운 일이나 장소에도 주저하지 않으므로 ⑨가 적극성을 살릴 수 있도록 자극해주자.

본심과 행동의 차이로 알 수 있는 심리

- ☐ 자신의 기분대로 사는, 좋은 의미에서의 '가벼움'이 매력이다.
- ☐ 일을 시작하는 프로페셔널. ⑨바람을 일으키는 사람이 '재미있다!'고 느끼는 것이라면 틀림이 없다.
- ☐ 정체되는 일에 스트레스를 받는 편이다. 항상 움직이고 싶다. 도전하고 싶다.
- ☐ 새로운 것을 도입해 일에 신선함을 유지하면 좋다.
- ☐ 칭찬의 달인으로, 밝은 기운과 용기를 나눠주는 사람이다.
- ☐ 만물박사가 되기 쉽다. 해결책 없는 상담에는 금방 피로감을 느낀다.
- ☐ 자신에게 맞는 것과 맞지 않는 것이 명확히 구분된다. 자신과 주위도 그것을 잘 알고 있다.
- ☐ 옳고 그름을 제대로 이해해 주위에서 판단을 맡길 때가 많다.
- ☐ 미인 (미남)만 좋아한다.

⑩ '프로듀스' 사용설명서

⑩이 소중한 사람의 경우(가족·친구·연인)

원대한 비전을 지지하고 후원해준다

가려진 공로자. 가족 중에 ⑩이 있으면 이 사람의 큰 손으로 보듬어주고 이끌어준다. 매사를 위에서 내려다보듯 조감하는 능력이 뛰어나서 비전을 갖고 행동하는 사람이다. 그런 만큼 다른 사람의 생각까지 파악하지 못하는 부분도 있고, 의외로 수동적인 부분도 있는데, 말한 것은 실행하는 사람이라 걱정할 필요는 없다. ⑩의 노력을 이해하고 서포트해주면 좋다.

⑩이 상사인 경우

손이 닿지 않는 세세한 부분을 잘 챙겨야

원대한 비전으로 매사를 생각하고 형태로 만들므로 손이 닿지 않는 세세한 부분을 잘 챙기면 더 좋은 평가를 받게 된다. 수동적이라서 자꾸 말을 걸어주는 것이 좋다.

⑩이 부하인 경우

보이지 않는 노력을 평가

일이 꼼꼼하지 않은 것처럼 보여도 그것은 전체적인 균형을 생각해 대국을 보고 있다는 증거다. 보이지 않는 곳에서 사람을 위해 힘을 발휘하는 것을 이해해주자.

'프로듀스'의 9가지 특징

본심과 행동의 차이로 알 수 있는 심리

- ☐ 도량이 큰 사람. 늘 대국을 본다.
- ☐ 모든 사물과 상황을 위에서 내려다보듯 조감하므로 ⑩ 특유의 우선순위가 있다.
- ☐ 대충하는 듯하지만 뜻밖에 진중하다.
- ☐ 사람에게 조언은 잘하는데, 셀프 프로듀스에는 약한 편이다.
- ☐ 너그러운 성격으로 인망이 있다.
- ☐ 사람이 갖고 있는 잠재능력을 한순간에 꿰뚫고, 재능을 집어내는 감각이 뛰어나다.
- ☐ 단, 결점도 잘 보이므로 잔소리를 하지 않을 수 없다.
- ☐ 잘못 방향을 잡으면 프로듀스가 아닌 '지배'가 될 수도 있다.
- ☐ 겉모습과 달리 고독감을 갖고 있다.

⑪ '오리지널' 사용설명서

⑪이 소중한 사람의 경우(가족·친구·연인)

독창성을 바탕으로 개혁하는 일에 삶의 보람을

⑪오리지널은 자기 만족할 수 있는 사람이므로 주위 사람과 상의하는 일은 매우 드물다. 자신의 신념에 충실해서 '이해할 수 없다'고 느끼는 경우도 많을 것이다. 그러나 그런 때는 '⑪은 타인과 다른 것을 하는 역할이다'라고 생각하자. ⑪은 자신이 가진 독창성을 바탕으로 개혁하는 일에 삶의 보람을 느끼므로 남을 위한 개혁을 기본으로 두면 '소중한 사람을 위해 최선을 다하는' 방향으로 나아가 강력한 파트너로 변모할 것이다.

⑪이 상사인 경우

시간을 만들어준다

⑪인 상사는 에너지가 강하고 발언에 무게가 있어서 그 발언을 증명하거나, 앞으로 나아갈 수 있도록 후원해주면 서로 윈윈할 수 있다.

⑪이 부하인 경우

혁신성을 격려해주어야

주위와 보조가 맞지 않는 것은 새로운 흐름을 만들어내는 ⑪의 특징이므로 그 부분을 키워준다. 조직에 혁신을 가져오는 것은 바로 이 사람이다.

본심과 행동의 차이로 알 수 있는 심리 분석

- ☐ 틀 안에 갇히지 않고 새로운 흐름을 적극적으로 일으키는 개성파 리더다.
- ☐ 강한 신념과 의지가 있어 프리랜서나 자영업에도 어울린다.
- ☐ 배려하고 살피는 성격으로, 내 편이라고 인정한 사람과 가족을 중시한다.
- ☐ 매우 성실하다. 실적과 신뢰로 후원자를 늘린다.
- ☐ 손익에 따라 움직이지 않는 진짜 개혁자.
- ☐ 활력 있게 일한다. 분위기를 쇄신하거나 활력소를 만들고 싶을 때는 ⑪이 적임자다.
- ☐ 다른 사람과 똑같은 것을 하지 않는다.
- ☐ 자신의 신념을 굽히는 것이 가장 큰 스트레스다.
- ☐ '인내', '어려워도 참고 견딘다'는 금구. '아니면 다음으로!'가 힘이 된다.

⑫ '공명하는 사람' 사용설명서

⑫가 소중한 사람의 경우(가족·친구·연인)

솔직히 속내를 털어놓아라

⑫와 같이 있으면 사람에 대한 배려와 이해심을 느낄 수 있어 마음이 편하다. 그것은 ⑫가 착한 사람이라 타인을 우선하기 때문이다. 주위에서 의지하는 사람은 다른 사람을 의지하지 못하는 경향이 있어서 '타인에게 마음을 주지 못하는' 부분도 있다. 그래서 모호하게 말하고 행동할 때가 있는데, 때로는 솔직히 '진심을 털어놓을' 필요가 있다. 한 걸음 다가가는 것이 ⑫와 신뢰관계를 쌓는 열쇠다.

⑫가 상사인 경우

지배하지 않는 상사

⑫인 상사는 조언하기보다는 당신의 이야기를 듣고 스스로 '거울'이 됨으로써 당신이 성장하기를 기대한다. 당신을 믿어주는 큰 도량에 한 수 배울 것.

⑫가 부하인 경우

자신을 우선시한다

타인을 우선하는 마음은 있지만, 뜻밖에 '좋고 싫음이 분명'한 부분이 있다. 인간관계로 고민하면 '싫어하는 마음을 누그러뜨리는 노력'을 제안해볼 것.

'공명하는 사람'의 9가지 특징

본심과 행동의 차이로 알 수 있는 심리

- ❑ 대인관계가 원만하다.
- ❑ ⑫에게 상의하는 것만으로도 어깨의 짐이 가벼워진다. 문제 해결의 프로.
- ❑ 사고가 명석하고 논리적이다.
- ❑ 타인이 의지하는 만큼 자신이 의지할 수 있는 범위는 좁다.
- ❑ 좋고 싫음이 분명하다. 다만, 그런 감정을 겉으로 잘 드러내지는 않는다.
- ❑ 주위의 존경을 받으며 다른 사람에게 들은 이야기를 비즈니스 기회로 바꿀 수 있다.
- ❑ 마음의 균형이 무너지면 몸의 상태에도 이상이 생긴다.
- ❑ 개인적인 부분을 보완해주는 '신뢰할 수 있는 사람'이 필요하다.
- ❑ 마음이 뜨거워서 지배적이 될 때도 있다.

⑬ '올마이티' 사용설명서

⑬이 소중한 사람의 경우(가족·친구·연인)

순수한 마음으로 대한다

⑬은 매사를 긍정적으로 받아들이는 성격으로, 적극적으로 상대에게 봉사하는 사람이다. 그런 만큼 다른 사람이 거짓말을 하거나 배신하면 크게 마음 아파하고 힘들어한다. ⑬의 인간관계의 기초는 '솔직한 마음으로 상대가 성장하도록 돕고 싶다'는 순수함에서 오는 것이므로 성실하게 대하는 것이 중요하다. 또한, 남에게 부탁받으면 필요 이상으로 열중하는 경향이 있으므로 무엇이든 짐을 지려고 하지 않도록 당신이 '도와주는 역할'을 맡아주면 좋을 것이다.

⑬이 상사인 경우

늘 본심으로 대한다

자기 방식으로 밀고 나가는 것처럼 보이는 것은 흔들리지 않는 일정한 리듬으로 일할 수 있기 때문이다. 사람의 불성실함에 상처 입기 쉬우므로 발언에는 주의를 기울이면서 본심으로 대할 것.

⑬이 부하인 경우

자유로운 시간을 준다

자유 시간을 갖게 하고, 자신의 페이스로 일을 추진할 수 있는 환경을 마련해주면 좋다. 성실한 장거리 주자이므로 초조해 하지 말 것.

'올마이티'의 9가지 특징

본심과 행동의 차이로 알 수 있는 심리

- ❏ 자기가 할 수 있는 것은 특별한 일이 아니라 당연한 일이라고 생각해서 자신의 뛰어난 능력을 깨닫지 못하기 쉽다.
- ❏ 기본적으로 참을성이 강해 그렇게 보이지는 않지만, 다른 사람의 지시를 받아 수동적으로 움직이는 일은 잘하지 못한다.
- ❏ 자기 방식을 뚝심 있게 고수하는 사람. 그러나 주위 사람들이 자연스럽게 보조를 맞춰준다.
- ❏ 긍정적으로, 매사 좋은 방향으로 생각할 수 있는 사람이다.
- ❏ 사람이 요구하는 이상의 일을 이루고 싶으므로 필요 이상으로 일에 몰두한다.
- ❏ 시야가 넓고 사람을 적절히 활용할 줄 안다.
- ❏ 다른 사람에 대해 매우 긍정적으로, 흉금을 털어놓고 대하는 타입이다.
- ❏ 다른 사람이 자신에게 거짓말을 하면 특히 에너지가 다운된다.
- ❏ 사람에게 칭찬을 받아도 사탕발림으로 받아들인다.

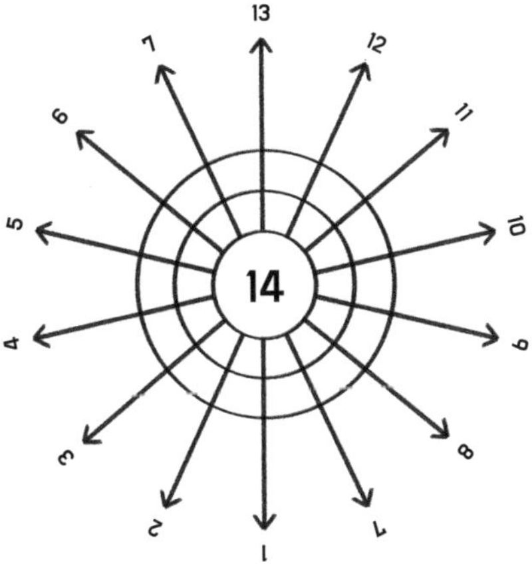
13
12
11
10
9
8
7
1
2
3
4
5
6
7
14

단점은 사람을 평가하는 잣대일 뿐 관점을 바꾸면 '재능'이다

이 책을 끝까지 읽어준 여러분에게 감사한다. 마지막으로 나의 이야기를 간단히 하자. 인간학을 배우기 전, 나는 늘 마음에 화를 담고 있어서 감정 소화불량 상태였다. 부모님이 장사하기도 했지만, 경영진, 종업원, 업자 사이의 커다란 견해 차이를 보며 처지가 비슷한 사람끼리 서로 이해하는 것은 매우 어렵다고 생각했다. 그러나 인간학을 배우고 난 뒤 '사람은 모두 다를 뿐 아니라 어쩌면 그것이 당연하다'고 생각하게 되었다.

이 책을 통해 다시 한 번 '사람은 누구나 장단점을 동시에 갖고 있다'는 점을 이해하기 바란다. 단점은 '사람을 평가하는 작은 잣대'일 뿐이다. 관점을 조금만 바꾸면 다른 사람의 단점이 오히려 장점이자 '재능'으로 보일 수도 있다. 그것만 명확히 알면 처지가 달라도 서로를 이해할 수 있다.

사람은 필요 때문에 만난다. 인생을 살아가면서 당신이 순간순간 만나는 사람도 어떤 특별한 '사인'을 갖고 당신 앞에 나타나는 것일지 모른다. 그런 생각을 하며 부디 모든 만남을 소중히 하자. 그리고 당신이 주위 사람들과 원만한 인간관계를 형성하는 데 이 책이 도움되기를 바란다.

끝으로 책이 나오기까지 내게 많은 도움을 준 가족과 자신의 인생에 관한 풍부한 경험을 제공해준 분들에게 감사의 마음을 전한다.

생년월일 대조표

13가지 타입 & 20가지 잠재능력 주머니

생년월일로 자신의 타입을 알아보는 대조표다. 가령, 1920년 1월 1일에 태어난 사람은 '8 산(山)'이다. 이것은 '⑧교류', '산 주머니'를 갖고 태어난 것을 의미한다.

1920년

	1월		2월		3월		4월		5월		6월		7월		8월		9월		10월		11월		12월	
1일	8	산	13	대지	2	강	7	구름	11	바다	3	흙	7	달	12	우주	4	나무	8	시간	13	잎	4	나비
2일	9	산	1	잎	3	강	8	구름	12	바다	4	흙	8	달	13	우주	5	나무	9	시간	1	돌	5	나비
3일	10	산	2	잎	4	강	9	구름	13	바다	5	흙	9	달	1	소리	6	나무	10	시간	2	돌	6	나비
4일	11	산	3	잎	5	강	10	구름	1	하늘	6	흙	10	달	2	소리	7	나무	11	시간	3	돌	7	나비
5일	12	산	4	잎	6	강	11	구름	2	하늘	7	흙	11	달	3	소리	8	나무	12	시간	4	돌	8	나비
6일	13	산	5	잎	7	강	12	구름	3	하늘	8	흙	12	달	4	소리	9	나무	13	시간	5	돌	9	나비
7일	1	시간	6	잎	8	강	13	구름	4	하늘	9	흙	13	달	5	소리	10	나무	1	대지	6	돌	10	나비
8일	2	시간	7	잎	9	강	1	불	5	하늘	10	흙	1	빛	6	소리	11	나무	2	대지	7	돌	11	나비
9일	3	시간	8	잎	10	강	2	불	6	하늘	11	흙	2	빛	7	소리	12	나무	3	대지	8	돌	12	나비
10일	4	시간	9	잎	11	강	3	불	7	하늘	12	흙	3	빛	8	소리	13	나무	4	대지	9	돌	13	나비
11일	5	시간	10	잎	12	강	4	불	8	하늘	13	흙	4	빛	9	소리	1	산	5	대지	10	돌	1	구름
12일	6	시간	11	잎	13	강	5	불	9	하늘	1	색깔	5	빛	10	소리	2	산	6	대지	11	돌	2	구름
13일	7	시간	12	잎	1	나비	6	불	10	하늘	2	색깔	6	빛	11	소리	3	산	7	대지	12	돌	3	구름
14일	8	시간	13	잎	2	나비	7	불	11	하늘	3	색깔	7	빛	12	소리	4	산	8	대지	13	돌	4	구름
15일	9	시간	1	돌	3	나비	8	불	12	하늘	4	색깔	8	빛	13	소리	5	산	9	대지	1	강	5	구름
16일	10	시간	2	돌	4	나비	9	불	13	하늘	5	색깔	9	빛	1	물	6	산	10	대지	2	강	6	구름
17일	11	시간	3	돌	5	나비	10	불	1	태양	6	색깔	10	빛	2	물	7	산	11	대지	3	강	7	구름
18일	12	시간	4	돌	6	나비	11	불	2	태양	7	색깔	11	빛	3	물	8	산	12	대지	4	강	8	구름
19일	13	시간	5	돌	7	나비	12	불	3	태양	8	색깔	12	빛	4	물	9	산	13	대지	5	강	9	구름
20일	1	대지	6	돌	8	나비	13	불	4	태양	9	색깔	13	빛	5	물	10	산	1	잎	6	강	10	구름
21일	2	대지	7	돌	9	나비	1	바다	5	태양	10	색깔	1	우주	6	물	11	산	2	잎	7	강	11	구름
22일	3	대지	8	돌	10	나비	2	바다	6	태양	11	색깔	2	우주	7	물	12	산	3	잎	8	강	12	구름
23일	4	대지	9	돌	11	나비	3	바다	7	태양	12	색깔	3	우주	8	물	13	산	4	잎	9	강	13	구름
24일	5	대지	10	돌	12	나비	4	바다	8	태양	13	색깔	4	우주	9	물	1	시간	5	잎	10	강	1	불
25일	6	대지	11	돌	13	나비	5	바다	9	태양	1	달	5	우주	10	물	2	시간	6	잎	11	강	2	불
26일	7	대지	12	돌	1	구름	6	바다	10	태양	2	달	6	우주	11	물	3	시간	7	잎	12	강	3	불
27일	8	대지	13	돌	2	구름	7	바다	11	태양	3	달	7	우주	12	물	4	시간	8	잎	13	강	4	불
28일	9	대지	1	강	3	구름	8	바다	12	태양	4	달	8	우주	13	물	5	시간	9	잎	1	나비	5	불
29일	10	대지	2	강	4	구름	9	바다	13	태양	5	달	9	우주	1	나무	6	시간	10	잎	2	나비	6	불
30일	11	대지			5	구름	10	바다	1	흙	6	달	10	우주	2	나무	7	시간	11	잎	3	나비	7	불
31일	12	대지			6	구름			2	흙			11	우주	3	나무			12	잎			8	불

1921년

	1월		2월		3월		4월		5월		6월		7월		8월		9월		10월		11월		12월	
1일	9	불	1	태양	3	색깔	8	빛	12	소리	4	산	8	대지	13	돌	5	구름	9	바다	1	흙	5	달
2일	10	불	2	태양	4	색깔	9	빛	13	소리	5	산	9	대지	1	강	6	구름	10	바다	2	흙	6	달
3일	11	불	3	태양	5	색깔	10	빛	1	물	6	산	10	대지	2	강	7	구름	11	바다	3	흙	7	달
4일	12	불	4	태양	6	색깔	11	빛	2	물	7	산	11	대지	3	강	8	구름	12	바다	4	흙	8	달
5일	13	불	5	태양	7	색깔	12	빛	3	물	8	산	12	대지	4	강	9	구름	13	바다	5	흙	9	달
6일	1	바다	6	태양	8	색깔	13	빛	4	물	9	산	13	대지	5	강	10	구름	1	하늘	6	흙	10	달
7일	2	바다	7	태양	9	색깔	1	우주	5	물	10	산	1	잎	6	강	11	구름	2	하늘	7	흙	11	달
8일	3	바다	8	태양	10	색깔	2	우주	6	물	11	산	2	잎	7	강	12	구름	3	하늘	8	흙	12	달
9일	4	바다	9	태양	11	색깔	3	우주	7	물	12	산	3	잎	8	강	13	구름	4	하늘	9	흙	13	달
10일	5	바다	10	태양	12	색깔	4	우주	8	물	13	산	4	잎	9	강	1	불	5	하늘	10	흙	1	빛
11일	6	바다	11	태양	13	색깔	5	우주	9	물	1	시간	5	잎	10	강	2	불	6	하늘	11	흙	2	빛
12일	7	바다	12	태양	1	달	6	우주	10	물	2	시간	6	잎	11	강	3	불	7	하늘	12	흙	3	빛
13일	8	바다	13	태양	2	달	7	우주	11	물	3	시간	7	잎	12	강	4	불	8	하늘	13	흙	4	빛
14일	9	바다	1	흙	3	달	8	우주	12	물	4	시간	8	잎	13	강	5	불	9	하늘	1	색깔	5	빛
15일	10	바다	2	흙	4	달	9	우주	13	물	5	시간	9	잎	1	나비	6	불	10	하늘	2	색깔	6	빛
16일	11	바다	3	흙	5	달	10	우주	1	나무	6	시간	10	잎	2	나비	7	불	11	하늘	3	색깔	7	빛
17일	12	바다	4	흙	6	달	11	우주	2	나무	7	시간	11	잎	3	나비	8	불	12	하늘	4	색깔	8	빛
18일	13	바다	5	흙	7	달	12	우주	3	나무	8	시간	12	잎	4	나비	9	불	13	하늘	5	색깔	9	빛
19일	1	하늘	6	흙	8	달	13	우주	4	나무	9	시간	13	잎	5	나비	10	불	1	태양	6	색깔	10	빛
20일	2	하늘	7	흙	9	달	1	소리	5	나무	10	시간	1	돌	6	나비	11	불	2	태양	7	색깔	11	빛
21일	3	하늘	8	흙	10	달	2	소리	6	나무	11	시간	2	돌	7	나비	12	불	3	태양	8	색깔	12	빛
22일	4	하늘	9	흙	11	달	3	소리	7	나무	12	시간	3	돌	8	나비	13	불	4	태양	9	색깔	13	빛
23일	5	하늘	10	흙	12	달	4	소리	8	나무	13	시간	4	돌	9	나비	1	바다	5	태양	10	색깔	1	우주
24일	6	하늘	11	흙	13	달	5	소리	9	나무	1	대지	5	돌	10	나비	2	바다	6	태양	11	색깔	2	우주
25일	7	하늘	12	흙	1	빛	6	소리	10	나무	2	대지	6	돌	11	나비	3	바다	7	태양	12	색깔	3	우주
26일	8	하늘	13	흙	2	빛	7	소리	11	나무	3	대지	7	돌	12	나비	4	바다	8	태양	13	색깔	4	우주
27일	9	하늘	1	색깔	3	빛	8	소리	12	나무	4	대지	8	돌	13	나비	5	바다	9	태양	1	달	5	우주
28일	10	하늘	2	색깔	4	빛	9	소리	13	나무	5	대지	9	돌	1	구름	6	바다	10	태양	2	달	6	우주
29일	11	하늘			5	빛	10	소리	1	산	6	대지	10	돌	2	구름	7	바다	11	태양	3	달	7	우주
30일	12	하늘			6	빛	11	소리	2	산	7	대지	11	돌	3	구름	8	바다	12	태양	4	달	8	우주
31일	13	하늘			7	빛			3	산			12	돌	4	구름			13	태양			9	우주

1922년

	1월		2월		3월		4월		5월		6월		7월		8월		9월		10월		11월		12월	
1일	10	우주	2	나무	4	시간	9	잎	13	강	5	불	9	하늘	1	색깔	6	빛	10	소리	2	산	6	대지
2일	11	우주	3	나무	5	시간	10	잎	1	나비	6	불	10	하늘	2	색깔	7	빛	11	소리	3	산	7	대지
3일	12	우주	4	나무	6	시간	11	잎	2	나비	7	불	11	하늘	3	색깔	8	빛	12	소리	4	산	8	대지
4일	13	우주	5	나무	7	시간	12	잎	3	나비	8	불	12	하늘	4	색깔	9	빛	13	소리	5	산	9	대지
5일	1	소리	6	나무	8	시간	13	잎	4	나비	9	불	13	하늘	5	색깔	10	빛	1	물	6	산	10	대지
6일	2	소리	7	나무	9	시간	1	돌	5	나비	10	불	1	태양	6	색깔	11	빛	2	물	7	산	11	대지
7일	3	소리	8	나무	10	시간	2	돌	6	나비	11	불	2	태양	7	색깔	12	빛	3	물	8	산	12	대지
8일	4	소리	9	나무	11	시간	3	돌	7	나비	12	불	3	태양	8	색깔	13	빛	4	물	9	산	13	대지
9일	5	소리	10	나무	12	시간	4	돌	8	나비	13	불	4	태양	9	색깔	1	우주	5	물	10	산	1	잎
10일	6	소리	11	나무	13	시간	5	돌	9	나비	1	바다	5	태양	10	색깔	2	우주	6	물	11	산	2	잎
11일	7	소리	12	나무	1	대지	6	돌	10	나비	2	바다	6	태양	11	색깔	3	우주	7	물	12	산	3	잎
12일	8	소리	13	나무	2	대지	7	돌	11	나비	3	바다	7	태양	12	색깔	4	우주	8	물	13	산	4	잎
13일	9	소리	1	산	3	대지	8	돌	12	나비	4	바다	8	태양	13	색깔	5	우주	9	물	1	시간	5	잎
14일	10	소리	2	산	4	대지	9	돌	13	나비	5	바다	9	태양	1	달	6	우주	10	물	2	시간	6	잎
15일	11	소리	3	산	5	대지	10	돌	1	구름	6	바다	10	태양	2	달	7	우주	11	물	3	시간	7	잎
16일	12	소리	4	산	6	대지	11	돌	2	구름	7	바다	11	태양	3	달	8	우주	12	물	4	시간	8	잎
17일	13	소리	5	산	7	대지	12	돌	3	구름	8	바다	12	태양	4	달	9	우주	13	물	5	시간	9	잎
18일	1	물	6	산	8	대지	13	돌	4	구름	9	바다	13	태양	5	달	10	우주	1	나무	6	시간	10	잎
19일	2	물	7	산	9	대지	1	강	5	구름	10	바다	1	흙	6	달	11	우주	2	나무	7	시간	11	잎
20일	3	물	8	산	10	대지	2	강	6	구름	11	바다	2	흙	7	달	12	우주	3	나무	8	시간	12	잎
21일	4	물	9	산	11	대지	3	강	7	구름	12	바다	3	흙	8	달	13	우주	4	나무	9	시간	13	잎
22일	5	물	10	산	12	대지	4	강	8	구름	13	바다	4	흙	9	달	1	소리	5	나무	10	시간	1	돌
23일	6	물	11	산	13	대지	5	강	9	구름	1	하늘	5	흙	10	달	2	소리	6	나무	11	시간	2	돌
24일	7	물	12	산	1	잎	6	강	10	구름	2	하늘	6	흙	11	달	3	소리	7	나무	12	시간	3	돌
25일	8	물	13	산	2	잎	7	강	11	구름	3	하늘	7	흙	12	달	4	소리	8	나무	13	시간	4	돌
26일	9	물	1	시간	3	잎	8	강	12	구름	4	하늘	8	흙	13	달	5	소리	9	나무	1	대지	5	돌
27일	10	물	2	시간	4	잎	9	강	13	구름	5	하늘	9	흙	1	빛	6	소리	10	나무	2	대지	6	돌
28일	11	물	3	시간	5	잎	10	강	1	불	6	하늘	10	흙	2	빛	7	소리	11	나무	3	대지	7	돌
29일	12	물			6	잎	11	강	2	불	7	하늘	11	흙	3	빛	8	소리	12	나무	4	대지	8	돌
30일	13	물			7	잎	12	강	3	불	8	하늘	12	흙	4	빛	9	소리	13	나무	5	대지	9	돌
31일	1	나무			8	잎			4	불			13	흙	5	빛			1	산			10	돌

1923년

	1월		2월		3월		4월		5월		6월		7월		8월		9월		10월		11월		12월	
1일	11	돌	3	구름	5	바다	10	태양	1	달	6	우주	10	물	2	시간	7	잎	11	강	3	불	7	하늘
2일	12	돌	4	구름	6	바다	11	태양	2	달	7	우주	11	물	3	시간	8	잎	12	강	4	불	8	하늘
3일	13	돌	5	구름	7	바다	12	태양	3	달	8	우주	12	물	4	시간	9	잎	13	강	5	불	9	하늘
4일	1	강	6	구름	8	바다	13	태양	4	달	9	우주	13	물	5	시간	10	잎	1	나비	6	불	10	하늘
5일	2	강	7	구름	9	바다	1	흙	5	달	10	우주	1	나무	6	시간	11	잎	2	나비	7	불	11	하늘
6일	3	강	8	구름	10	바다	2	흙	6	달	11	우주	2	나무	7	시간	12	잎	3	나비	8	불	12	하늘
7일	4	강	9	구름	11	바다	3	흙	7	달	12	우주	3	나무	8	시간	13	잎	4	나비	9	불	13	하늘
8일	5	강	10	구름	12	바다	4	흙	8	달	13	우주	4	나무	9	시간	1	돌	5	나비	10	불	1	태양
9일	6	강	11	구름	13	바다	5	흙	9	달	1	소리	5	나무	10	시간	2	돌	6	나비	11	불	2	태양
10일	7	강	12	구름	1	하늘	6	흙	10	달	2	소리	6	나무	11	시간	3	돌	7	나비	12	불	3	태양
11일	8	강	13	구름	2	하늘	7	흙	11	달	3	소리	7	나무	12	시간	4	돌	8	나비	13	불	4	태양
12일	9	강	1	불	3	하늘	8	흙	12	달	4	소리	8	나무	13	대지	5	돌	9	나비	1	바다	5	태양
13일	10	강	2	불	4	하늘	9	흙	13	달	5	소리	9	나무	1	대지	6	돌	10	나비	2	바다	6	태양
14일	11	강	3	불	5	하늘	10	흙	1	빛	6	소리	10	나무	2	대지	7	돌	11	나비	3	바다	7	태양
15일	12	강	4	불	6	하늘	11	흙	2	빛	7	소리	11	나무	3	대지	8	돌	12	나비	4	바다	8	태양
16일	13	강	5	불	7	하늘	12	흙	3	빛	8	소리	12	나무	4	대지	9	돌	13	나비	5	바다	9	태양
17일	1	나비	6	불	8	하늘	13	흙	4	빛	9	소리	13	나무	5	대지	10	돌	1	구름	6	바다	10	태양
18일	2	나비	7	불	9	하늘	1	색깔	5	빛	10	소리	1	산	6	대지	11	돌	2	구름	7	바다	11	태양
19일	3	나비	8	불	10	하늘	2	색깔	6	빛	11	소리	2	산	7	대지	12	돌	3	구름	8	바다	12	태양
20일	4	나비	9	불	11	하늘	3	색깔	7	빛	12	소리	3	산	8	대지	13	돌	4	구름	9	바다	13	태양
21일	5	나비	10	불	12	하늘	4	색깔	8	빛	13	소리	4	산	9	대지	1	강	5	구름	10	바다	1	흙
22일	6	나비	11	불	13	하늘	5	색깔	9	빛	1	물	5	산	10	대지	2	강	6	구름	11	바다	2	흙
23일	7	나비	12	불	1	태양	6	색깔	10	빛	2	물	6	산	11	대지	3	강	7	구름	12	바다	3	흙
24일	8	나비	13	불	2	태양	7	색깔	11	빛	3	물	7	산	12	대지	4	강	8	구름	13	바다	4	흙
25일	9	나비	1	바다	3	태양	8	색깔	12	빛	4	물	8	산	13	대지	5	강	9	구름	1	하늘	5	흙
26일	10	나비	2	바다	4	태양	9	색깔	13	빛	5	물	9	산	1	잎	6	강	10	구름	2	하늘	6	흙
27일	11	나비	3	바다	5	태양	10	색깔	1	우주	6	물	10	산	2	잎	7	강	11	구름	3	하늘	7	흙
28일	12	나비	4	바다	6	태양	11	색깔	2	우주	7	물	11	산	3	잎	8	강	12	구름	4	하늘	8	흙
29일	13	나비			7	태양	12	색깔	3	우주	8	물	12	산	4	잎	9	강	13	구름	5	하늘	9	흙
30일	1	구름			8	태양	13	색깔	4	우주	9	물	13	산	5	잎	10	강	1	불	6	하늘	10	흙
31일	2	구름			9	태양			5	우주			1	시간	6	잎			2	불			11	흙

1924년

	1월		2월		3월		4월		5월		6월		7월		8월		9월		10월		11월		12월	
1일	12	흙	4	빛	6	소리	11	나무	2	대지	7	돌	11	나비	3	바다	8	태양	12	색깔	4	우주	8	물
2일	13	흙	5	빛	7	소리	12	나무	3	대지	8	돌	12	나비	4	바다	9	태양	13	색깔	5	우주	9	물
3일	1	색깔	6	빛	8	소리	13	나무	4	대지	9	돌	13	나비	5	바다	10	태양	1	달	6	우주	10	물
4일	2	색깔	7	빛	9	소리	1	산	5	대지	10	돌	1	구름	6	바다	11	태양	2	달	7	우주	11	물
5일	3	색깔	8	빛	10	소리	2	산	6	대지	11	돌	2	구름	7	바다	12	태양	3	달	8	우주	12	물
6일	4	색깔	9	빛	11	소리	3	산	7	대지	12	돌	3	구름	8	바다	13	태양	4	달	9	우주	13	물
7일	5	색깔	10	빛	12	소리	4	산	8	대지	13	돌	4	구름	9	바다	1	흙	5	달	10	우주	1	나무
8일	6	색깔	11	빛	13	소리	5	산	9	대지	1	강	5	구름	10	바다	2	흙	6	달	11	우주	2	나무
9일	7	색깔	12	빛	1	물	6	산	10	대지	2	강	6	구름	11	바다	3	흙	7	달	12	우주	3	나무
10일	8	색깔	13	빛	2	물	7	산	11	대지	3	강	7	구름	12	바다	4	흙	8	달	13	우주	4	나무
11일	9	색깔	1	우주	3	물	8	산	12	대지	4	강	8	구름	13	바다	5	흙	9	달	1	소리	5	나무
12일	10	색깔	2	우주	4	물	9	산	13	대지	5	강	9	구름	1	하늘	6	흙	10	달	2	소리	6	나무
13일	11	색깔	3	우주	5	물	10	산	1	잎	6	강	10	구름	2	하늘	7	흙	11	달	3	소리	7	나무
14일	12	색깔	4	우주	6	물	11	산	2	잎	7	강	11	구름	3	하늘	8	흙	12	달	4	소리	8	나무
15일	13	색깔	5	우주	7	물	12	산	3	잎	8	강	12	구름	4	하늘	9	흙	13	달	5	소리	9	나무
16일	1	달	6	우주	8	물	13	산	4	잎	9	강	13	구름	5	하늘	10	흙	1	빛	6	소리	10	나무
17일	2	달	7	우주	9	물	1	시간	5	잎	10	강	1	불	6	하늘	11	흙	2	빛	7	소리	11	나무
18일	3	달	8	우주	10	물	2	시간	6	잎	11	강	2	불	7	하늘	12	흙	3	빛	8	소리	12	나무
19일	4	달	9	우주	11	물	3	시간	7	잎	12	강	3	불	8	하늘	13	흙	4	빛	9	소리	13	나무
20일	5	달	10	우주	12	물	4	시간	8	잎	13	강	4	불	9	하늘	1	색깔	5	빛	10	소리	1	산
21일	6	달	11	우주	13	물	5	시간	9	잎	1	나비	5	불	10	하늘	2	색깔	6	빛	11	소리	2	산
22일	7	달	12	우주	1	나무	6	시간	10	잎	2	나비	6	불	11	하늘	3	색깔	7	빛	12	소리	3	산
23일	8	달	13	우주	2	나무	7	시간	11	잎	3	나비	7	불	12	하늘	4	색깔	8	빛	13	소리	4	산
24일	9	달	1	소리	3	나무	8	시간	12	잎	4	나비	8	불	13	하늘	5	색깔	9	빛	1	물	5	산
25일	10	달	2	소리	4	나무	9	시간	13	잎	5	나비	9	불	1	태양	6	색깔	10	빛	2	물	6	산
26일	11	달	3	소리	5	나무	10	시간	1	돌	6	나비	10	불	2	태양	7	색깔	11	빛	3	물	7	산
27일	12	달	4	소리	6	나무	11	시간	2	돌	7	나비	11	불	3	태양	8	색깔	12	빛	4	물	8	산
28일	13	달	5	소리	7	나무	12	시간	3	돌	8	나비	12	불	4	태양	9	색깔	13	빛	5	물	9	산
29일	1	빛	6	소리	8	나무	13	시간	4	돌	9	나비	13	불	5	태양	10	색깔	1	우주	6	물	10	산
30일	2	빛			9	나무	1	대지	5	돌	10	나비	1	바다	6	태양	11	색깔	2	우주	7	물	11	산
31일	3	빛			10	나무			6	돌			2	바다	7	태양			3	우주			12	산

1925년

	1월		2월		3월		4월		5월		6월		7월		8월		9월		10월		11월		12월	
1일	13	산	5	잎	7	강	12	구름	3	하늘	8	흙	12	달	4	소리	9	나무	13	시간	5	돌	9	나비
2일	1	시간	6	잎	8	강	13	구름	4	하늘	9	흙	13	달	5	소리	10	나무	1	대지	6	돌	10	나비
3일	2	시간	7	잎	9	강	1	불	5	하늘	10	흙	1	빛	6	소리	11	나무	2	대지	7	돌	11	나비
4일	3	시간	8	잎	10	강	2	불	6	하늘	11	흙	2	빛	7	소리	12	나무	3	대지	8	돌	12	나비
5일	4	시간	9	잎	11	강	3	불	7	하늘	12	흙	3	빛	8	소리	13	나무	4	대지	9	돌	13	나비
6일	5	시간	10	잎	12	강	4	불	8	하늘	13	흙	4	빛	9	소리	1	산	5	대지	10	돌	1	구름
7일	6	시간	11	잎	13	강	5	불	9	하늘	1	색깔	5	빛	10	소리	2	산	6	대지	11	돌	2	구름
8일	7	시간	12	잎	1	나비	6	불	10	하늘	2	색깔	6	빛	11	소리	3	산	7	대지	12	돌	3	구름
9일	8	시간	13	잎	2	나비	7	불	11	하늘	3	색깔	7	빛	12	소리	4	산	8	대지	13	돌	4	구름
10일	9	시간	1	돌	3	나비	8	불	12	하늘	4	색깔	8	빛	13	소리	5	산	9	대지	1	강	5	구름
11일	10	시간	2	돌	4	나비	9	불	13	하늘	5	색깔	9	빛	1	물	6	산	10	대지	2	강	6	구름
12일	11	시간	3	돌	5	나비	10	불	1	태양	6	색깔	10	빛	2	물	7	산	11	대지	3	강	7	구름
13일	12	시간	4	돌	6	나비	11	불	2	태양	7	색깔	11	빛	3	물	8	산	12	대지	4	강	8	구름
14일	13	시간	5	돌	7	나비	12	불	3	태양	8	색깔	12	빛	4	물	9	산	13	대지	5	강	9	구름
15일	1	대지	6	돌	8	나비	13	불	4	태양	9	색깔	13	빛	5	물	10	산	1	잎	6	강	10	구름
16일	2	대지	7	돌	9	나비	1	바다	5	태양	10	색깔	1	우주	6	물	11	산	2	잎	7	강	11	구름
17일	3	대지	8	돌	10	나비	2	바다	6	태양	11	색깔	2	우주	7	물	12	산	3	잎	8	강	12	구름
18일	4	대지	9	돌	11	나비	3	바다	7	태양	12	색깔	3	우주	8	물	13	산	4	잎	9	강	13	구름
19일	5	대지	10	돌	12	나비	4	바다	8	태양	13	색깔	4	우주	9	물	1	시간	5	잎	10	강	1	불
20일	6	대지	11	돌	13	나비	5	바다	9	태양	1	달	5	우주	10	물	2	시간	6	잎	11	강	2	불
21일	7	대지	12	돌	1	구름	6	바다	10	태양	2	달	6	우주	11	물	3	시간	7	잎	12	강	3	불
22일	8	대지	13	돌	2	구름	7	바다	11	태양	3	달	7	우주	12	물	4	시간	8	잎	13	강	4	불
23일	9	대지	1	강	3	구름	8	바다	12	태양	4	달	8	우주	13	물	5	시간	9	잎	1	나비	5	불
24일	10	대지	2	강	4	구름	9	바다	13	태양	5	달	9	우주	1	나무	6	시간	10	잎	2	나비	6	불
25일	11	대지	3	강	5	구름	10	바다	1	흙	6	달	10	우주	2	나무	7	시간	11	잎	3	나비	7	불
26일	12	대지	4	강	6	구름	11	바다	2	흙	7	달	11	우주	3	나무	8	시간	12	잎	4	나비	8	불
27일	13	대지	5	강	7	구름	12	바다	3	흙	8	달	12	우주	4	나무	9	시간	13	잎	5	나비	9	불
28일	1	잎	6	강	8	구름	13	바다	4	흙	9	달	13	우주	5	나무	10	시간	1	돌	6	나비	10	불
29일	2	잎			9	구름	1	하늘	5	흙	10	달	1	소리	6	나무	11	시간	2	돌	7	나비	11	불
30일	3	잎			10	구름	2	하늘	6	흙	11	달	2	소리	7	나무	12	시간	3	돌	8	나비	12	불
31일	4	잎			11	구름			7	흙			3	소리	8	나무			4	돌			13	불

1926년

	1월		2월		3월		4월		5월		6월		7월		8월		9월		10월		11월		12월	
1일	1	바다	6	태양	8	색깔	13	빛	4	물	9	산	13	대지	5	강	10	구름	1	하늘	6	흙	10	달
2일	2	바다	7	태양	9	색깔	1	우주	5	물	10	산	1	잎	6	강	11	구름	2	하늘	7	흙	11	달
3일	3	바다	8	태양	10	색깔	2	우주	6	물	11	산	2	잎	7	강	12	구름	3	하늘	8	흙	12	달
4일	4	바다	9	태양	11	색깔	3	우주	7	물	12	산	3	잎	8	강	13	구름	4	하늘	9	흙	13	달
5일	5	바다	10	태양	12	색깔	4	우주	8	물	13	산	4	잎	9	강	1	불	5	하늘	10	흙	1	빛
6일	6	바다	11	태양	13	색깔	5	우주	9	물	1	시간	5	잎	10	강	2	불	6	하늘	11	흙	2	빛
7일	7	바다	12	태양	1	달	6	우주	10	물	2	시간	6	잎	11	강	3	불	7	하늘	12	흙	3	빛
8일	8	바다	13	태양	2	달	7	우주	11	물	3	시간	7	잎	12	강	4	불	8	하늘	13	흙	4	빛
9일	9	바다	1	흙	3	달	8	우주	12	물	4	시간	8	잎	13	강	5	불	9	하늘	1	색깔	5	빛
10일	10	바다	2	흙	4	달	9	우주	13	물	5	시간	9	잎	1	나비	6	불	10	하늘	2	색깔	6	빛
11일	11	바다	3	흙	5	달	10	우주	1	나무	6	시간	10	잎	2	나비	7	불	11	하늘	3	색깔	7	빛
12일	12	바다	4	흙	6	달	11	우주	2	나무	7	시간	11	잎	3	나비	8	불	12	하늘	4	색깔	8	빛
13일	13	바다	5	흙	7	달	12	우주	3	나무	8	시간	12	잎	4	나비	9	불	13	하늘	5	색깔	9	빛
14일	1	하늘	6	흙	8	달	13	우주	4	나무	9	시간	13	잎	5	나비	10	불	1	태양	6	색깔	10	빛
15일	2	하늘	7	흙	9	달	1	소리	5	나무	10	시간	1	돌	6	나비	11	불	2	태양	7	색깔	11	빛
16일	3	하늘	8	흙	10	달	2	소리	6	나무	11	시간	2	돌	7	나비	12	불	3	태양	8	색깔	12	빛
17일	4	하늘	9	흙	11	달	3	소리	7	나무	12	시간	3	돌	8	나비	13	불	4	태양	9	색깔	13	빛
18일	5	하늘	10	흙	12	달	4	소리	8	나무	13	시간	4	돌	9	나비	1	바다	5	태양	10	색깔	1	우주
19일	6	하늘	11	흙	13	달	5	소리	9	나무	1	대지	5	돌	10	나비	2	바다	6	태양	11	색깔	2	우주
20일	7	하늘	12	흙	1	빛	6	소리	10	나무	2	대지	6	돌	11	나비	3	바다	7	태양	12	색깔	3	우주
21일	8	하늘	13	흙	2	빛	7	소리	11	나무	3	대지	7	돌	12	나비	4	바다	8	태양	13	색깔	4	우주
22일	9	하늘	1	색깔	3	빛	8	소리	12	나무	4	대지	8	돌	13	나비	5	바다	9	태양	1	달	5	우주
23일	10	하늘	2	색깔	4	빛	9	소리	13	나무	5	대지	9	돌	1	구름	6	바다	10	태양	2	달	6	우주
24일	11	하늘	3	색깔	5	빛	10	소리	1	산	6	대지	10	돌	2	구름	7	바다	11	태양	3	달	7	우주
25일	12	하늘	4	색깔	6	빛	11	소리	2	산	7	대지	11	돌	3	구름	8	바다	12	태양	4	달	8	우주
26일	13	하늘	5	색깔	7	빛	12	소리	3	산	8	대지	12	돌	4	구름	9	바다	13	태양	5	달	9	우주
27일	1	태양	6	색깔	8	빛	13	소리	4	산	9	대지	13	돌	5	구름	10	바다	1	흙	6	달	10	우주
28일	2	태양	7	색깔	9	빛	1	물	5	산	10	대지	1	강	6	구름	11	바다	2	흙	7	달	11	우주
29일	3	태양			10	빛	2	물	6	산	11	대지	2	강	7	구름	12	바다	3	흙	8	달	12	우주
30일	4	태양			11	빛	3	물	7	산	12	대지	3	강	8	구름	13	바다	4	흙	9	달	13	우주
31일	5	태양			12	빛			8	산			4	강	9	구름			5	흙			1	소리

1927년

	1월		2월		3월		4월		5월		6월		7월		8월		9월		10월		11월		12월	
1일	2	소리	7	나무	9	시간	1	돌	5	나비	10	불	1	태양	6	색깔	11	빛	2	물	7	산	11	대지
2일	3	소리	8	나무	10	시간	2	돌	6	나비	11	불	2	태양	7	색깔	12	빛	3	물	8	산	12	대지
3일	4	소리	9	나무	11	시간	3	돌	7	나비	12	불	3	태양	8	색깔	13	빛	4	물	9	산	13	대지
4일	5	소리	10	나무	12	시간	4	돌	8	나비	13	불	4	태양	9	색깔	1	우주	5	물	10	산	1	잎
5일	6	소리	11	나무	13	시간	5	돌	9	나비	1	바다	5	태양	10	색깔	2	우주	6	물	11	산	2	잎
6일	7	소리	12	나무	1	대지	6	돌	10	나비	2	바다	6	태양	11	색깔	3	우주	7	물	12	산	3	잎
7일	8	소리	13	나무	2	대지	7	돌	11	나비	3	바다	7	태양	12	색깔	4	우주	8	물	13	산	4	잎
8일	9	소리	1	산	3	대지	8	돌	12	나비	4	바다	8	태양	13	색깔	5	우주	9	물	1	시간	5	잎
9일	10	소리	2	산	4	대지	9	돌	13	나비	5	바다	9	태양	1	달	6	우주	10	물	2	시간	6	잎
10일	11	소리	3	산	5	대지	10	돌	1	구름	6	바다	10	태양	2	달	7	우주	11	물	3	시간	7	잎
11일	12	소리	4	산	6	대지	11	돌	2	구름	7	바다	11	태양	3	달	8	우주	12	물	4	시간	8	잎
12일	13	소리	5	산	7	대지	12	돌	3	구름	8	바다	12	태양	4	달	9	우주	13	물	5	시간	9	일
13일	1	물	6	산	8	대지	13	돌	4	구름	9	바다	13	태양	5	달	10	우주	1	나무	6	시간	10	잎
14일	2	물	7	산	9	대지	1	강	5	구름	10	바다	1	흙	6	달	11	우주	2	나무	7	시간	11	잎
15일	3	물	8	산	10	대지	2	강	6	구름	11	바다	2	흙	7	달	12	우주	3	나무	8	시간	12	잎
16일	4	물	9	산	11	대지	3	강	7	구름	12	바다	3	흙	8	달	13	우주	4	나무	9	시간	13	잎
17일	5	물	10	산	12	대지	4	강	8	구름	13	바다	4	흙	9	달	1	소리	5	나무	10	시간	1	돌
18일	6	물	11	산	13	대지	5	강	9	구름	1	하늘	5	흙	10	달	2	소리	6	나무	11	시간	2	돌
19일	7	물	12	산	1	잎	6	강	10	구름	2	하늘	6	흙	11	달	3	소리	7	나무	12	시간	3	돌
20일	8	물	13	산	2	잎	7	강	11	구름	3	하늘	7	흙	12	달	4	소리	8	나무	13	시간	4	돌
21일	9	물	1	시간	3	잎	8	강	12	구름	4	하늘	8	흙	13	달	5	소리	9	나무	1	대지	5	돌
22일	10	물	2	시간	4	잎	9	강	13	구름	5	하늘	9	흙	1	빛	6	소리	10	나무	2	대지	6	돌
23일	11	물	3	시간	5	잎	10	강	1	불	6	하늘	10	흙	2	빛	7	소리	11	나무	3	대지	7	돌
24일	12	물	4	시간	6	잎	11	강	2	불	7	하늘	11	흙	3	빛	8	소리	12	나무	4	대지	8	돌
25일	13	물	5	시간	7	잎	12	강	3	불	8	하늘	12	흙	4	빛	9	소리	13	나무	5	대지	9	돌
26일	1	나무	6	시간	8	잎	13	강	4	불	9	하늘	13	흙	5	빛	10	소리	1	산	6	대지	10	돌
27일	2	나무	7	시간	9	잎	1	나비	5	불	10	하늘	1	색깔	6	빛	11	소리	2	산	7	대지	11	돌
28일	3	나무	8	시간	10	잎	2	나비	6	불	11	하늘	2	색깔	7	빛	12	소리	3	산	8	대지	12	돌
29일	4	나무			11	잎	3	나비	7	불	12	하늘	3	색깔	8	빛	13	소리	4	산	9	대지	13	돌
30일	5	나무			12	잎	4	나비	8	불	13	하늘	4	색깔	9	빛	1	물	5	산	10	대지	1	강
31일	6	나무			13	잎			9	불			5	색깔	10	빛			6	산			2	강

1928년

	1월		2월		3월		4월		5월		6월		7월		8월		9월		10월		11월		12월	
1일	3	강	8	구름	10	바다	2	흙	6	달	11	우주	2	나무	7	시간	12	잎	3	나비	8	불	12	하늘
2일	4	강	9	구름	11	바다	3	흙	7	달	12	우주	3	나무	8	시간	13	잎	4	나비	9	불	13	하늘
3일	5	강	10	구름	12	바다	4	흙	8	달	13	우주	4	나무	9	시간	1	돌	5	나비	10	불	1	태양
4일	6	강	11	구름	13	바다	5	흙	9	달	1	소리	5	나무	10	시간	2	돌	6	나비	11	불	2	태양
5일	7	강	12	구름	1	하늘	6	흙	10	달	2	소리	6	나무	11	시간	3	돌	7	나비	12	불	3	태양
6일	8	강	13	구름	2	하늘	7	흙	11	달	3	소리	7	나무	12	시간	4	돌	8	나비	13	불	4	태양
7일	9	강	1	불	3	하늘	8	흙	12	달	4	소리	8	나무	13	시간	5	돌	9	나비	1	바다	5	태양
8일	10	강	2	불	4	하늘	9	흙	13	달	5	소리	9	나무	1	대지	6	돌	10	나비	2	바다	6	태양
9일	11	강	3	불	5	하늘	10	흙	1	빛	6	소리	10	나무	2	대지	7	돌	11	나비	3	바다	7	태양
10일	12	강	4	불	6	하늘	11	흙	2	빛	7	소리	11	나무	3	대지	8	돌	12	나비	4	바다	8	태양
11일	13	강	5	불	7	하늘	12	흙	3	빛	8	소리	12	나무	4	대지	9	돌	13	나비	5	바다	9	태양
12일	1	나비	6	불	8	하늘	13	흙	4	빛	9	소리	13	나무	5	대지	10	돌	1	구름	6	바다	10	태양
13일	2	나비	7	불	9	하늘	1	색깔	5	빛	10	소리	1	산	6	대지	11	돌	2	구름	7	바다	11	태양
14일	3	나비	8	불	10	하늘	2	색깔	6	빛	11	소리	2	산	7	대지	12	돌	3	구름	8	바다	12	태양
15일	4	나비	9	불	11	하늘	3	색깔	7	빛	12	소리	3	산	8	대지	13	돌	4	구름	9	바다	13	태양
16일	5	나비	10	불	12	하늘	4	색깔	8	빛	13	소리	4	산	9	대지	1	강	5	구름	10	바다	1	흙
17일	6	나비	11	불	13	하늘	5	색깔	9	빛	1	물	5	산	10	대지	2	강	6	구름	11	바다	2	흙
18일	7	나비	12	불	1	태양	6	색깔	10	빛	2	물	6	산	11	대지	3	강	7	구름	12	바다	3	흙
19일	8	나비	13	불	2	태양	7	색깔	11	빛	3	물	7	산	12	대지	4	강	8	구름	13	바다	4	흙
20일	9	나비	1	바다	3	태양	8	색깔	12	빛	4	물	8	산	13	대지	5	강	9	구름	1	하늘	5	흙
21일	10	나비	2	바다	4	태양	9	색깔	13	빛	5	물	9	산	1	잎	6	강	10	구름	2	하늘	6	흙
22일	11	나비	3	바다	5	태양	10	색깔	1	우주	6	물	10	산	2	잎	7	강	11	구름	3	하늘	7	흙
23일	12	나비	4	바다	6	태양	11	색깔	2	우주	7	물	11	산	3	잎	8	강	12	구름	4	하늘	8	흙
24일	13	나비	5	바다	7	태양	12	색깔	3	우주	8	물	12	산	4	잎	9	강	13	구름	5	하늘	9	흙
25일	1	구름	6	바다	8	태양	13	색깔	4	우주	9	물	13	산	5	잎	10	강	1	불	6	하늘	10	흙
26일	2	구름	7	바다	9	태양	1	달	5	우주	10	물	1	시간	6	잎	11	강	2	불	7	하늘	11	흙
27일	3	구름	8	바다	10	태양	2	달	6	우주	11	물	2	시간	7	잎	12	강	3	불	8	하늘	12	흙
28일	4	구름	9	바다	11	태양	3	달	7	우주	12	물	3	시간	8	잎	13	강	4	불	9	하늘	13	흙
29일	5	구름	10	바다	12	태양	4	달	8	우주	13	물	4	시간	9	잎	1	나비	5	불	10	하늘	1	색깔
30일	6	구름			13	태양	5	달	9	우주	1	나무	5	시간	10	잎	2	나비	6	불	11	하늘	2	색깔
31일	7	구름			1	흙			10	우주			6	시간	11	잎			7	불			3	색깔

1929년

	1월		2월		3월		4월		5월		6월		7월		8월		9월		10월		11월		12월	
1일	4	색깔	9	빛	11	소리	3	산	7	대지	12	돌	3	구름	8	바다	13	태양	4	달	9	우주	13	물
2일	5	색깔	10	빛	12	소리	4	산	8	대지	13	돌	4	구름	9	바다	1	흙	5	달	10	우주	1	나무
3일	6	색깔	11	빛	13	소리	5	산	9	대지	1	강	5	구름	10	바다	2	흙	6	달	11	우주	2	나무
4일	7	색깔	12	빛	1	물	6	산	10	대지	2	강	6	구름	11	바다	3	흙	7	달	12	우주	3	나무
5일	8	색깔	13	빛	2	물	7	산	11	대지	3	강	7	구름	12	바다	4	흙	8	달	13	우주	4	나무
6일	9	색깔	1	우주	3	물	8	산	12	대지	4	강	8	구름	13	바다	5	흙	9	달	1	소리	5	나무
7일	10	색깔	2	우주	4	물	9	산	13	대지	5	강	9	구름	1	하늘	6	흙	10	달	2	소리	6	나무
8일	11	색깔	3	우주	5	물	10	산	1	잎	6	강	10	구름	2	하늘	7	흙	11	달	3	소리	7	나무
9일	12	색깔	4	우주	6	물	11	산	2	잎	7	강	11	구름	3	하늘	8	흙	12	달	4	소리	8	나무
10일	13	색깔	5	우주	7	물	12	산	3	잎	8	강	12	구름	4	하늘	9	흙	13	달	5	소리	9	나무
11일	1	달	6	우주	8	물	13	산	4	잎	9	강	13	구름	5	하늘	10	흙	1	빛	6	소리	10	나무
12일	2	달	7	우주	9	물	1	시간	5	잎	10	강	1	불	6	하늘	11	흙	2	빛	7	소리	11	나무
13일	3	달	8	우주	10	물	2	시간	6	잎	11	강	2	불	7	하늘	12	흙	3	빛	8	소리	12	나무
14일	4	달	9	우주	11	물	3	시간	7	잎	12	강	3	불	8	하늘	13	흙	4	빛	9	소리	13	나무
15일	5	달	10	우주	12	물	4	시간	8	잎	13	강	4	불	9	하늘	1	색깔	5	빛	10	소리	1	산
16일	6	달	11	우주	13	물	5	시간	9	잎	1	나비	5	불	10	하늘	2	색깔	6	빛	11	소리	2	산
17일	7	달	12	우주	1	나무	6	시간	10	잎	2	나비	6	불	11	하늘	3	색깔	7	빛	12	소리	3	산
18일	8	달	13	우주	2	나무	7	시간	11	잎	3	나비	7	불	12	하늘	4	색깔	8	빛	13	소리	4	산
19일	9	달	1	소리	3	나무	8	시간	12	잎	4	나비	8	불	13	하늘	5	색깔	9	빛	1	물	5	산
20일	10	달	2	소리	4	나무	9	시간	13	잎	5	나비	9	불	1	태양	6	색깔	10	빛	2	물	6	산
21일	11	달	3	소리	5	나무	10	시간	1	돌	6	나비	10	불	2	태양	7	색깔	11	빛	3	물	7	산
22일	12	달	4	소리	6	나무	11	시간	2	돌	7	나비	11	불	3	태양	8	색깔	12	빛	4	물	8	산
23일	13	달	5	소리	7	나무	12	시간	3	돌	8	나비	12	불	4	태양	9	색깔	13	빛	5	물	9	산
24일	1	빛	6	소리	8	나무	13	시간	4	돌	9	나비	13	불	5	태양	10	색깔	1	우주	6	물	10	산
25일	2	빛	7	소리	9	나무	1	대지	5	돌	10	나비	1	바다	6	태양	11	색깔	2	우주	7	물	11	산
26일	3	빛	8	소리	10	나무	2	대지	6	돌	11	나비	2	바다	7	태양	12	색깔	3	우주	8	물	12	산
27일	4	빛	9	소리	11	나무	3	대지	7	돌	12	나비	3	바다	8	태양	13	색깔	4	우주	9	물	13	산
28일	5	빛	10	소리	12	나무	4	대지	8	돌	13	나비	4	바다	9	태양	1	달	5	우주	10	물	1	시간
29일	6	빛			13	나무	5	대지	9	돌	1	구름	5	바다	10	태양	2	달	6	우주	11	물	2	시간
30일	7	빛			1	산	6	대지	10	돌	2	구름	6	바다	11	태양	3	달	7	우주	12	물	3	시간
31일	8	빛			2	산			11	돌			7	바다	12	태양			8	우주			4	시간

1930년

	1월		2월		3월		4월		5월		6월		7월		8월		9월		10월		11월		12월	
1일	5	시간	10	잎	12	강	4	불	8	하늘	13	흙	4	빛	9	소리	1	산	5	대지	10	돌	1	구름
2일	6	시간	11	잎	13	강	5	불	9	하늘	1	색깔	5	빛	10	소리	2	산	6	대지	11	돌	2	구름
3일	7	시간	12	잎	1	나비	6	불	10	하늘	2	색깔	6	빛	11	소리	3	산	7	대지	12	돌	3	구름
4일	8	시간	13	잎	2	나비	7	불	11	하늘	3	색깔	7	빛	12	소리	4	산	8	대지	13	돌	4	구름
5일	9	시간	1	돌	3	나비	8	불	12	하늘	4	색깔	8	빛	13	소리	5	산	9	대지	1	강	5	구름
6일	10	시간	2	돌	4	나비	9	불	13	하늘	5	색깔	9	빛	1	물	6	산	10	대지	2	강	6	구름
7일	11	시간	3	돌	5	나비	10	불	1	태양	6	색깔	10	빛	2	물	7	산	11	대지	3	강	7	구름
8일	12	시간	4	돌	6	나비	11	불	2	태양	7	색깔	11	빛	3	물	8	산	12	대지	4	강	8	구름
9일	13	시간	5	돌	7	나비	12	불	3	태양	8	색깔	12	빛	4	물	9	산	13	대지	5	강	9	구름
10일	1	대지	6	돌	8	나비	13	불	4	태양	9	색깔	13	빛	5	물	10	산	1	잎	6	강	10	구름
11일	2	대지	7	돌	9	나비	1	바다	5	태양	10	색깔	1	우주	6	물	11	산	2	잎	7	강	11	구름
12일	3	대지	8	돌	10	나비	2	바다	6	태양	11	색깔	2	우주	7	물	12	산	3	잎	8	강	12	구름
13일	4	대지	9	돌	11	나비	3	바다	7	태양	12	색깔	3	우주	8	물	13	산	4	잎	9	강	13	구름
14일	5	대지	10	돌	12	나비	4	바다	8	태양	13	색깔	4	우주	9	물	1	시간	5	잎	10	강	1	불
15일	6	대지	11	돌	13	나비	5	바다	9	태양	1	달	5	우주	10	물	2	시간	6	잎	11	강	2	불
16일	7	대지	12	돌	1	구름	6	바다	10	태양	2	달	6	우주	11	물	3	시간	7	잎	12	강	3	불
17일	8	대지	13	돌	2	구름	7	바다	11	태양	3	달	7	우주	12	물	4	시간	8	잎	13	강	4	불
18일	9	대지	1	강	3	구름	8	바다	12	태양	4	달	8	우주	13	물	5	시간	9	잎	1	나비	5	불
19일	10	대지	2	강	4	구름	9	바다	13	태양	5	달	9	우주	1	나무	6	시간	10	잎	2	나비	6	불
20일	11	대지	3	강	5	구름	10	바다	1	흙	6	달	10	우주	2	나무	7	시간	11	잎	3	나비	7	불
21일	12	대지	4	강	6	구름	11	바다	2	흙	7	달	11	우주	3	나무	8	시간	12	잎	4	나비	8	불
22일	13	대지	5	강	7	구름	12	바다	3	흙	8	달	12	우주	4	나무	9	시간	13	잎	5	나비	9	불
23일	1	잎	6	강	8	구름	13	바다	4	흙	9	달	13	우주	5	나무	10	시간	1	돌	6	나비	10	불
24일	2	잎	7	강	9	구름	1	하늘	5	흙	10	달	1	소리	6	나무	11	시간	2	돌	7	나비	11	불
25일	3	잎	8	강	10	구름	2	하늘	6	흙	11	달	2	소리	7	나무	12	시간	3	돌	8	나비	12	불
26일	4	잎	9	강	11	구름	3	하늘	7	흙	12	달	3	소리	8	나무	13	시간	4	돌	9	나비	13	불
27일	5	잎	10	강	12	구름	4	하늘	8	흙	13	달	4	소리	9	나무	1	대지	5	돌	10	나비	1	바다
28일	6	잎	11	강	13	구름	5	하늘	9	흙	1	빛	5	소리	10	나무	2	대지	6	돌	11	나비	2	바다
29일	7	잎			1	불	6	하늘	10	흙	2	빛	6	소리	11	나무	3	대지	7	돌	12	나비	3	바다
30일	8	잎			2	불	7	하늘	11	흙	3	빛	7	소리	12	나무	4	대지	8	돌	13	나비	4	바다
31일	9	잎			3	불			12	흙			8	소리	13	나무			9	돌			5	바다

1931년

	1월		2월		3월		4월		5월		6월		7월		8월		9월		10월		11월		12월	
1일	6	바다	11	태양	13	색깔	5	우주	9	물	1	시간	5	잎	10	강	2	불	6	하늘	11	흙	2	빛
2일	7	바다	12	태양	1	달	6	우주	10	물	2	시간	6	잎	11	강	3	불	7	하늘	12	흙	3	빛
3일	8	바다	13	태양	2	달	7	우주	11	물	3	시간	7	잎	12	강	4	불	8	하늘	13	흙	4	빛
4일	9	바다	1	흙	3	달	8	우주	12	물	4	시간	8	잎	13	강	5	불	9	하늘	1	색깔	5	빛
5일	10	바다	2	흙	4	달	9	우주	13	물	5	시간	9	잎	1	나비	6	불	10	하늘	2	색깔	6	빛
6일	11	바다	3	흙	5	달	10	우주	1	나무	6	시간	10	잎	2	나비	7	불	11	하늘	3	색깔	7	빛
7일	12	바다	4	흙	6	달	11	우주	2	나무	7	시간	11	잎	3	나비	8	불	12	하늘	4	색깔	8	빛
8일	13	바다	5	흙	7	달	12	우주	3	나무	8	시간	12	잎	4	나비	9	불	13	하늘	5	색깔	9	빛
9일	1	하늘	6	흙	8	달	13	우주	4	나무	9	시간	13	잎	5	나비	10	불	1	태양	6	색깔	10	빛
10일	2	하늘	7	흙	9	달	1	소리	5	나무	10	시간	1	돌	6	나비	11	불	2	태양	7	색깔	11	빛
11일	3	하늘	8	흙	10	달	2	소리	6	나무	11	시간	2	돌	7	나비	12	불	3	태양	8	색깔	12	빛
12일	4	하늘	9	흙	11	달	3	소리	7	나무	12	시간	3	돌	8	나비	13	불	4	태양	9	색깔	13	빛
13일	5	하늘	10	흙	12	달	4	소리	8	나무	13	시간	4	돌	9	나비	1	바다	5	태양	10	색깔	1	우주
14일	6	하늘	11	흙	13	달	5	소리	9	나무	1	대지	5	돌	10	나비	2	바다	6	태양	11	색깔	2	우주
15일	7	하늘	12	흙	1	빛	6	소리	10	나무	2	대지	6	돌	11	나비	3	바다	7	태양	12	색깔	3	우주
16일	8	하늘	13	흙	2	빛	7	소리	11	나무	3	대지	7	돌	12	나비	4	바다	8	태양	13	색깔	4	우주
17일	9	하늘	1	색깔	3	빛	8	소리	12	나무	4	대지	8	돌	13	나비	5	바다	9	태양	1	달	5	우주
18일	10	하늘	2	색깔	4	빛	9	소리	13	나무	5	대지	9	돌	1	구름	6	바다	10	태양	2	달	6	우주
19일	11	하늘	3	색깔	5	빛	10	소리	1	산	6	대지	10	돌	2	구름	7	바다	11	태양	3	달	7	우주
20일	12	하늘	4	색깔	6	빛	11	소리	2	산	7	대지	11	돌	3	구름	8	바다	12	태양	4	달	8	우주
21일	13	하늘	5	색깔	7	빛	12	소리	3	산	8	대지	12	돌	4	구름	9	바다	13	태양	5	달	9	우주
22일	1	태양	6	색깔	8	빛	13	소리	4	산	9	대지	13	돌	5	구름	10	바다	1	흙	6	달	10	우주
23일	2	태양	7	색깔	9	빛	1	물	5	산	10	대지	1	강	6	구름	11	바다	2	흙	7	달	11	우주
24일	3	태양	8	색깔	10	빛	2	물	6	산	11	대지	2	강	7	구름	12	바다	3	흙	8	달	12	우주
25일	4	태양	9	색깔	11	빛	3	물	7	산	12	대지	3	강	8	구름	13	바다	4	흙	9	달	13	우주
26일	5	태양	10	색깔	12	빛	4	물	8	산	13	대지	4	강	9	구름	1	하늘	5	흙	10	달	1	소리
27일	6	태양	11	색깔	13	빛	5	물	9	산	1	잎	5	강	10	구름	2	하늘	6	흙	11	달	2	소리
28일	7	태양	12	색깔	1	우주	6	물	10	산	2	잎	6	강	11	구름	3	하늘	7	흙	12	달	3	소리
29일	8	태양			2	우주	7	물	11	산	3	잎	7	강	12	구름	4	하늘	8	흙	13	달	4	소리
30일	9	태양			3	우주	8	물	12	산	4	잎	8	강	13	구름	5	하늘	9	흙	1	빛	5	소리
31일	10	태양			4	우주			13	산			9	강	1	불			10	흙			6	소리

1932년

	1월		2월		3월		4월		5월		6월		7월		8월		9월		10월		11월		12월	
1일	7	소리	12	나무	1	대지	6	돌	10	나비	2	바다	6	태양	11	색깔	3	우주	7	물	12	산	3	잎
2일	8	소리	13	나무	2	대지	7	돌	11	나비	3	바다	7	테양	12	색깔	4	우주	8	물	13	산	4	잎
3일	9	소리	1	산	3	대지	8	돌	12	나비	4	바다	8	태양	13	색깔	5	우주	9	물	1	시간	5	잎
4일	10	소리	2	산	4	대지	9	돌	13	나비	5	바다	9	태양	1	달	6	우주	10	물	2	시간	6	잎
5일	11	소리	3	산	5	대지	10	돌	1	구름	6	바다	10	태양	2	달	7	우주	11	물	3	시간	7	잎
6일	12	소리	4	산	6	대지	11	돌	2	구름	7	바다	11	태양	3	달	8	우주	12	물	4	시간	8	잎
7일	13	소리	5	산	7	대지	12	돌	3	구름	8	바다	12	태양	4	달	9	우주	13	물	5	시간	9	잎
8일	1	물	6	산	8	대지	13	돌	4	구름	9	바다	13	태양	5	달	10	우주	1	나무	6	시간	10	잎
9일	2	물	7	산	9	대지	1	강	5	구름	10	바다	1	흙	6	달	11	우주	2	나무	7	시간	11	잎
10일	3	물	8	산	10	대지	2	강	6	구름	11	바다	2	흙	7	달	12	우주	3	나무	8	시간	12	잎
11일	4	물	9	산	11	대지	3	강	7	구름	12	바다	3	흙	8	달	13	우주	4	나무	9	시간	13	잎
12일	5	물	10	산	12	대지	4	강	8	구름	13	바다	4	흙	9	달	1	소리	5	나무	10	시간	1	돌
13일	6	물	11	산	13	대지	5	강	9	구름	1	하늘	5	흙	10	달	2	소리	6	나무	11	시간	2	돌
14일	7	물	12	산	1	잎	6	강	10	구름	2	하늘	6	흙	11	달	3	소리	7	나무	12	시간	3	돌
15일	8	물	13	산	2	잎	7	강	11	구름	3	하늘	7	흙	12	달	4	소리	8	나무	13	시간	4	돌
16일	9	물	1	시간	3	잎	8	강	12	구름	4	하늘	8	흙	13	달	5	소리	9	나무	1	대지	5	돌
17일	10	물	2	시간	4	잎	9	강	13	구름	5	하늘	9	흙	1	빛	6	소리	10	나무	2	대지	6	돌
18일	11	물	3	시간	5	잎	10	강	1	불	6	하늘	10	흙	2	빛	7	소리	11	나무	3	대지	7	돌
19일	12	물	4	시간	6	잎	11	강	2	불	7	하늘	11	흙	3	빛	8	소리	12	나무	4	대지	8	돌
20일	13	물	5	시간	7	잎	12	강	3	불	8	하늘	12	흙	4	빛	9	소리	13	나무	5	대지	9	돌
21일	1	나무	6	시간	8	잎	13	강	4	불	9	하늘	13	흙	5	빛	10	소리	1	산	6	대지	10	돌
22일	2	나무	7	시간	9	잎	1	나비	5	불	10	하늘	1	색깔	6	빛	11	소리	2	산	7	대지	11	돌
23일	3	나무	8	시간	10	잎	2	나비	6	불	11	하늘	2	색깔	7	빛	12	소리	3	산	8	대지	12	돌
24일	4	나무	9	시간	11	잎	3	나비	7	불	12	하늘	3	색깔	8	빛	13	소리	4	산	9	대지	13	돌
25일	5	나무	10	시간	12	잎	4	나비	8	불	13	하늘	4	색깔	9	빛	1	물	5	산	10	대지	1	강
26일	6	나무	11	시간	13	잎	5	나비	9	불	1	태양	5	색깔	10	빛	2	물	6	산	11	대지	2	강
27일	7	나무	12	시간	1	돌	6	나비	10	불	2	태양	6	색깔	11	빛	3	물	7	산	12	대지	3	강
28일	8	나무	13	시간	2	돌	7	나비	11	불	3	태양	7	색깔	12	빛	4	물	8	산	13	대지	4	강
29일	9	나무	1	대지	3	돌	8	나비	12	불	4	태양	8	색깔	13	빛	5	물	9	산	1	잎	5	강
30일	10	나무			4	돌	9	나비	13	불	5	태양	9	색깔	1	우주	6	물	10	산	2	잎	6	강
31일	11	나무			5	돌			1	바다			10	색깔	2	우주			11	산			7	강

1933년

	1월		2월		3월		4월		5월		6월		7월		8월		9월		10월		11월		12월	
1일	8	강	13	구름	2	하늘	7	흙	11	달	3	소리	7	나무	12	시간	4	돌	8	나비	13	불	4	태양
2일	9	강	1	불	3	하늘	8	흙	12	달	4	소리	8	나무	13	시간	5	돌	9	나비	1	바다	5	태양
3일	10	강	2	불	4	하늘	9	흙	13	달	5	소리	9	나무	1	대지	6	돌	10	나비	2	바다	6	태양
4일	11	강	3	불	5	하늘	10	흙	1	빛	6	소리	10	나무	2	대지	7	돌	11	나비	3	바다	7	태양
5일	12	강	4	불	6	하늘	11	흙	2	빛	7	소리	11	나무	3	대지	8	돌	12	니비	4	바다	8	태양
6일	13	강	5	불	7	하늘	12	흙	3	빛	8	소리	12	나무	4	대지	9	돌	13	나비	5	바다	9	태양
7일	1	나비	6	불	8	하늘	13	흙	4	빛	9	소리	13	나무	5	대지	10	돌	1	구름	6	바다	10	태양
8일	2	나비	7	불	9	하늘	1	색깔	5	빛	10	소리	1	산	6	대지	11	돌	2	구름	7	바다	11	태양
9일	3	나비	8	불	10	하늘	2	색깔	6	빛	11	소리	2	산	7	대지	12	돌	3	구름	8	바다	12	태양
10일	4	나비	9	불	11	하늘	3	색깔	7	빛	12	소리	3	산	8	대지	13	돌	4	구름	9	바다	13	태양
11일	5	나비	10	불	12	하늘	4	색깔	8	빛	13	소리	4	산	9	대지	1	강	5	구름	10	바다	1	흙
12일	6	나비	11	불	13	하늘	5	색깔	9	빛	1	물	5	산	10	대지	2	강	6	구름	11	바다	2	흙
13일	7	나비	12	불	1	태양	6	색깔	10	빛	2	물	6	산	11	대지	3	강	7	구름	12	바다	3	흙
14일	8	나비	13	불	2	태양	7	색깔	11	빛	3	물	7	산	12	대지	4	강	8	구름	13	바다	4	흙
15일	9	나비	1	바다	3	태양	8	색깔	12	빛	4	물	8	산	13	대지	5	강	9	구름	1	하늘	5	흙
16일	10	나비	2	바다	4	태양	9	색깔	13	빛	5	물	9	산	1	잎	6	강	10	구름	2	하늘	6	흙
17일	11	나비	3	바다	5	태양	10	색깔	1	우주	6	물	10	산	2	잎	7	강	11	구름	3	하늘	7	흙
18일	12	나비	4	바다	6	태양	11	색깔	2	우주	7	물	11	산	3	잎	8	강	12	구름	4	하늘	8	흙
19일	13	나비	5	바다	7	태양	12	색깔	3	우주	8	물	12	산	4	잎	9	강	13	구름	5	하늘	9	흙
20일	1	구름	6	바다	8	태양	13	색깔	4	우주	9	물	13	산	5	잎	10	강	1	불	6	하늘	10	흙
21일	2	구름	7	바다	9	태양	1	달	5	우주	10	물	1	시간	6	잎	11	강	2	불	7	하늘	11	흙
22일	3	구름	8	바다	10	태양	2	달	6	우주	11	물	2	시간	7	잎	12	강	3	불	8	하늘	12	흙
23일	4	구름	9	바다	11	태양	3	달	7	우주	12	물	3	시간	8	잎	13	강	4	불	9	하늘	13	흙
24일	5	구름	10	바다	12	태양	4	달	8	우주	13	물	4	시간	9	잎	1	나비	5	불	10	하늘	1	색깔
25일	6	구름	11	바다	13	태양	5	달	9	우주	1	나무	5	시간	10	잎	2	나비	6	불	11	하늘	2	색깔
26일	7	구름	12	바다	1	흙	6	달	10	우주	2	나무	6	시간	11	잎	3	나비	7	불	12	하늘	3	색깔
27일	8	구름	13	바다	2	흙	7	달	11	우주	3	나무	7	시간	12	잎	4	나비	8	불	13	하늘	4	색깔
28일	9	구름	1	하늘	3	흙	8	달	12	우주	4	나무	8	시간	13	잎	5	나비	9	불	1	태양	5	색깔
29일	10	구름			4	흙	9	달	13	우주	5	나무	9	시간	1	돌	6	나비	10	불	2	태양	6	색깔
30일	11	구름			5	흙	10	달	1	소리	6	나무	10	시간	2	돌	7	나비	11	불	3	태양	7	색깔
31일	12	구름			6	흙			2	소리			11	시간	3	돌			12	불			8	색깔

1934년

	1월		2월		3월		4월		5월		6월		7월		8월		9월		10월		11월		12월	
1일	9	색깔	1	우주	3	물	8	산	12	대지	4	강	8	구름	13	바다	5	흙	9	달	1	소리	5	나무
2일	10	색깔	2	우주	4	물	9	산	13	대지	5	강	9	구름	1	하늘	6	흙	10	달	2	소리	6	나무
3일	11	색깔	3	우주	5	물	10	산	1	잎	6	강	10	구름	2	하늘	7	흙	11	달	3	소리	7	나무
4일	12	색깔	4	우주	6	물	11	산	2	잎	7	강	11	구름	3	하늘	8	흙	12	달	4	소리	8	나무
5일	13	색깔	5	우주	7	물	12	산	3	잎	8	강	12	구름	4	하늘	9	흙	13	달	5	소리	9	나무
6일	1	달	6	우주	8	물	13	산	4	잎	9	강	13	구름	5	하늘	10	흙	1	빛	6	소리	10	나무
7일	2	달	7	우주	9	물	1	시간	5	잎	10	강	1	불	6	하늘	11	흙	2	빛	7	소리	11	나무
8일	3	달	8	우주	10	물	2	시간	6	잎	11	강	2	불	7	하늘	12	흙	3	빛	8	소리	12	나무
9일	4	달	9	우주	11	물	3	시간	7	잎	12	강	3	불	8	하늘	13	흙	4	빛	9	소리	13	나무
10일	5	달	10	우주	12	물	4	시간	8	잎	13	강	4	불	9	하늘	1	색깔	5	빛	10	소리	1	산
11일	6	달	11	우주	13	물	5	시간	9	잎	1	나비	5	불	10	하늘	2	색깔	6	빛	11	소리	2	산
12일	7	달	12	우주	1	나무	6	시간	10	잎	2	나비	6	불	11	하늘	3	색깔	7	빛	12	소리	3	산
13일	8	달	13	우주	2	나무	7	시간	11	잎	3	나비	7	불	12	하늘	4	색깔	8	빛	13	소리	4	산
14일	9	달	1	소리	3	나무	8	시간	12	잎	4	나비	8	불	13	하늘	5	색깔	9	빛	1	물	5	산
15일	10	달	2	소리	4	나무	9	시간	13	잎	5	나비	9	불	1	태양	6	색깔	10	빛	2	물	6	산
16일	11	달	3	소리	5	나무	10	시간	1	돌	6	나비	10	불	2	태양	7	색깔	11	빛	3	물	7	산
17일	12	달	4	소리	6	나무	11	시간	2	돌	7	나비	11	불	3	태양	8	색깔	12	빛	4	물	8	산
18일	13	달	5	소리	7	나무	12	시간	3	돌	8	나비	12	불	4	태양	9	색깔	13	빛	5	물	9	산
19일	1	빛	6	소리	8	나무	13	시간	4	돌	9	나비	13	불	5	태양	10	색깔	1	우주	6	물	10	산
20일	2	빛	7	소리	9	나무	1	대지	5	돌	10	나비	1	바다	6	태양	11	색깔	2	우주	7	물	11	산
21일	3	빛	8	소리	10	나무	2	대지	6	돌	11	나비	2	바다	7	태양	12	색깔	3	우주	8	물	12	산
22일	4	빛	9	소리	11	나무	3	대지	7	돌	12	나비	3	바다	8	태양	13	색깔	4	우주	9	물	13	산
23일	5	빛	10	소리	12	나무	4	대지	8	돌	13	나비	4	바다	9	태양	1	달	5	우주	10	물	1	시간
24일	6	빛	11	소리	13	나무	5	대지	9	돌	1	구름	5	바다	10	태양	2	달	6	우주	11	물	2	시간
25일	7	빛	12	소리	1	산	6	대지	10	돌	2	구름	6	바다	11	태양	3	달	7	우주	12	물	3	시간
26일	8	빛	13	소리	2	산	7	대지	11	돌	3	구름	7	바다	12	태양	4	달	8	우주	13	물	4	시간
27일	9	빛	1	물	3	산	8	대지	12	돌	4	구름	8	바다	13	태양	5	달	9	우주	1	나무	5	시간
28일	10	빛	2	물	4	산	9	대지	13	돌	5	구름	9	바다	1	흙	6	달	10	우주	2	나무	6	시간
29일	11	빛			5	산	10	대지	1	강	6	구름	10	바다	2	흙	7	달	11	우주	3	나무	7	시간
30일	12	빛			6	산	11	대지	2	강	7	구름	11	바다	3	흙	8	달	12	우주	4	나무	8	시간
31일	13	빛			7	산			3	강			12	바다	4	흙			13	우주			9	시간

1935년

	1월		2월		3월		4월		5월		6월		7월		8월		9월		10월		11월		12월	
1일	10	시간	2	돌	4	나비	9	불	13	하늘	5	색깔	9	빛	1	물	6	산	10	대지	2	강	6	구름
2일	11	시간	3	돌	5	나비	10	불	1	태양	6	색깔	10	빛	2	물	7	산	11	대지	3	강	7	구름
3일	12	시간	4	돌	6	나비	11	불	2	태양	7	색깔	11	빛	3	물	8	산	12	대지	4	강	8	구름
4일	13	시간	5	돌	7	나비	12	불	3	태양	8	색깔	12	빛	4	물	9	산	13	대지	5	강	9	구름
5일	1	대지	6	돌	8	나비	13	불	4	태양	9	색깔	13	빛	5	물	10	산	1	잎	6	강	10	구름
6일	2	대지	7	돌	9	나비	1	바다	5	태양	10	색깔	1	우주	6	물	11	산	2	잎	7	강	11	구름
7일	3	대지	8	돌	10	나비	2	바다	6	태양	11	색깔	2	우주	7	물	12	산	3	잎	8	강	12	구름
8일	4	대지	9	돌	11	나비	3	바다	7	태양	12	색깔	3	우주	8	물	13	산	4	잎	9	강	13	구름
9일	5	대지	10	돌	12	나비	4	바다	8	태양	13	색깔	4	우주	9	물	1	시간	5	잎	10	강	1	불
10일	6	대지	11	돌	13	나비	5	바다	9	태양	1	달	5	우주	10	물	2	시간	6	잎	11	강	2	불
11일	7	대지	12	돌	1	구름	6	바다	10	태양	2	달	6	우주	11	물	3	시간	7	잎	12	강	3	불
12일	8	대지	13	돌	2	구름	7	바다	11	태양	3	달	7	우주	12	물	4	시간	8	잎	13	강	4	불
13일	9	대지	1	강	3	구름	8	바다	12	태양	4	달	8	우주	13	물	5	시간	9	잎	1	나비	5	불
14일	10	대지	2	강	4	구름	9	바다	13	태양	5	달	9	우주	1	나무	6	시간	10	잎	2	나비	6	불
15일	11	대지	3	강	5	구름	10	바다	1	흙	6	달	10	우주	2	나무	7	시간	11	잎	3	나비	7	불
16일	12	대지	4	강	6	구름	11	바다	2	흙	7	달	11	우주	3	나무	8	시간	12	잎	4	나비	8	불
17일	13	대지	5	강	7	구름	12	바다	3	흙	8	달	12	우주	4	나무	9	시간	13	잎	5	나비	9	불
18일	1	잎	6	강	8	구름	13	바다	4	흙	9	달	13	우주	5	나무	10	시간	1	돌	6	나비	10	불
19일	2	잎	7	강	9	구름	1	하늘	5	흙	10	달	1	소리	6	나무	11	시간	2	돌	7	나비	11	불
20일	3	잎	8	강	10	구름	2	하늘	6	흙	11	달	2	소리	7	나무	12	시간	3	돌	8	나비	12	불
21일	4	잎	9	강	11	구름	3	하늘	7	흙	12	달	3	소리	8	나무	13	시간	4	돌	9	나비	13	불
22일	5	잎	10	강	12	구름	4	하늘	8	흙	13	달	4	소리	9	나무	1	대지	5	돌	10	나비	1	바다
23일	6	잎	11	강	13	구름	5	하늘	9	흙	1	빛	5	소리	10	나무	2	대지	6	돌	11	나비	2	바다
24일	7	잎	12	강	1	불	6	하늘	10	흙	2	빛	6	소리	11	나무	3	대지	7	돌	12	나비	3	바다
25일	8	잎	13	강	2	불	7	하늘	11	흙	3	빛	7	소리	12	나무	4	대지	8	돌	13	나비	4	바다
26일	9	잎	1	나비	3	불	8	하늘	12	흙	4	빛	8	소리	13	나무	5	대지	9	돌	1	구름	5	바다
27일	10	잎	2	나비	4	불	9	하늘	13	흙	5	빛	9	소리	1	산	6	대지	10	돌	2	구름	6	바다
28일	11	잎	3	나비	5	불	10	하늘	1	색깔	6	빛	10	소리	2	산	7	대지	11	돌	3	구름	7	바다
29일	12	잎			6	불	11	하늘	2	색깔	7	빛	11	소리	3	산	8	대지	12	돌	4	구름	8	바다
30일	13	잎			7	불	12	하늘	3	색깔	8	빛	12	소리	4	산	9	대지	13	돌	5	구름	9	바다
31일	1	돌			8	불			4	색깔			13	소리	5	산			1	강			10	바다

1936년

	1월		2월		3월		4월		5월		6월		7월		8월		9월		10월		11월		12월	
1일	11	바다	3	흙	5	달	10	우주	1	나무	6	시간	10	잎	2	나비	7	불	11	하늘	3	색깔	7	빛
2일	12	바다	4	흙	6	달	11	우주	2	나무	7	시간	11	잎	3	나비	8	불	12	하늘	4	색깔	8	빛
3일	13	바다	5	흙	7	달	12	우주	3	나무	8	시간	12	잎	4	나비	9	불	13	하늘	5	색깔	9	빛
4일	1	하늘	6	흙	8	달	13	우주	4	나무	9	시간	13	잎	5	나비	10	불	1	태양	6	색깔	10	빛
5일	2	하늘	7	흙	9	달	1	소리	5	나무	10	시간	1	돌	6	나비	11	불	2	태양	7	색깔	11	빛
6일	3	하늘	8	흙	10	달	2	소리	6	나무	11	시간	2	돌	7	나비	12	불	3	태양	8	색깔	12	빛
7일	4	하늘	9	흙	11	달	3	소리	7	나무	12	시간	3	돌	8	나비	13	불	4	태양	9	색깔	13	빛
8일	5	하늘	10	흙	12	달	4	소리	8	나무	13	시간	4	돌	9	나비	1	바다	5	태양	10	색깔	1	우주
9일	6	하늘	11	흙	13	달	5	소리	9	나무	1	대지	5	돌	10	나비	2	바다	6	태양	11	색깔	2	우주
10일	7	하늘	12	흙	1	빛	6	소리	10	나무	2	대지	6	돌	11	나비	3	바다	7	태양	12	색깔	3	우주
11일	8	하늘	13	흙	2	빛	7	소리	11	나무	3	대지	7	돌	12	나비	4	바다	8	태양	13	색깔	4	우주
12일	9	하늘	1	색깔	3	빛	8	소리	12	나무	4	대지	8	돌	13	나비	5	바다	9	태양	1	달	5	우주
13일	10	하늘	2	색깔	4	빛	9	소리	13	나무	5	대지	9	돌	1	구름	6	바다	10	태양	2	달	6	우주
14일	11	하늘	3	색깔	5	빛	10	소리	1	산	6	대지	10	돌	2	구름	7	바다	11	태양	3	달	7	우주
15일	12	하늘	4	색깔	6	빛	11	소리	2	산	7	대지	11	돌	3	구름	8	바다	12	태양	4	달	8	우주
16일	13	하늘	5	색깔	7	빛	12	소리	3	산	8	대지	12	돌	4	구름	9	바다	13	태양	5	달	9	우주
17일	1	태양	6	색깔	8	빛	13	소리	4	산	9	대지	13	돌	5	구름	10	바다	1	흙	6	달	10	우주
18일	2	태양	7	색깔	9	빛	1	물	5	산	10	대지	1	강	6	구름	11	바다	2	흙	7	달	11	우주
19일	3	태양	8	색깔	10	빛	2	물	6	산	11	대지	2	강	7	구름	12	바다	3	흙	8	달	12	우주
20일	4	태양	9	색깔	11	빛	3	물	7	산	12	대지	3	강	8	구름	13	바다	4	흙	9	달	13	우주
21일	5	태양	10	색깔	12	빛	4	물	8	산	13	대지	4	강	9	구름	1	하늘	5	흙	10	달	1	소리
22일	6	태양	11	색깔	13	빛	5	물	9	산	1	잎	5	강	10	구름	2	하늘	6	흙	11	달	2	소리
23일	7	태양	12	색깔	1	우주	6	물	10	산	2	잎	6	강	11	구름	3	하늘	7	흙	12	달	3	소리
24일	8	태양	13	색깔	2	우주	7	물	11	산	3	잎	7	강	12	구름	4	하늘	8	흙	13	달	4	소리
25일	9	태양	1	달	3	우주	8	물	12	산	4	잎	8	강	13	구름	5	하늘	9	흙	1	빛	5	소리
26일	10	태양	2	달	4	우주	9	물	13	산	5	잎	9	강	1	불	6	하늘	10	흙	2	빛	6	소리
27일	11	태양	3	달	5	우주	10	물	1	시간	6	잎	10	강	2	불	7	하늘	11	흙	3	빛	7	소리
28일	12	태양	4	달	6	우주	11	물	2	시간	7	잎	11	강	3	불	8	하늘	12	흙	4	빛	8	소리
29일	13	태양	5	달	7	우주	12	물	3	시간	8	잎	12	강	4	불	9	하늘	13	흙	5	빛	9	소리
30일	1	흙			8	우주	13	물	4	시간	9	잎	13	강	5	불	10	하늘	1	색깔	6	빛	10	소리
31일	2	흙			9	우주			5	시간			1	나비	6	불			2	색깔			11	소리

1937년

	1월		2월		3월		4월		5월		6월		7월		8월		9월		10월		11월		12월	
1일	12	소리	4	산	6	대지	11	돌	2	구름	7	바다	11	태양	3	달	8	우주	12	물	4	시간	8	잎
2일	13	소리	5	산	7	대지	12	돌	3	구름	8	바다	12	태양	4	달	9	우주	13	물	5	시간	9	잎
3일	1	물	6	산	8	대지	13	돌	4	구름	9	바다	13	태양	5	달	10	우주	1	나무	6	시간	10	잎
4일	2	물	7	산	9	대지	1	강	5	구름	10	바다	1	흙	6	달	11	우주	2	나무	7	시간	11	잎
5일	3	물	8	산	10	대지	2	강	6	구름	11	바다	2	흙	7	달	12	우주	3	나무	8	시간	12	잎
6일	4	물	9	산	11	대지	3	강	7	구름	12	바다	3	흙	8	달	13	우주	4	나무	9	시간	13	잎
7일	5	물	10	산	12	대지	4	강	8	구름	13	바다	4	흙	9	달	1	소리	5	나무	10	시간	1	돌
8일	6	물	11	산	13	대지	5	강	9	구름	1	하늘	5	흙	10	달	2	소리	6	나무	11	시간	2	돌
9일	7	물	12	산	1	잎	6	강	10	구름	2	하늘	6	흙	11	달	3	소리	7	나무	12	시간	3	돌
10일	8	물	13	산	2	잎	7	강	11	구름	3	하늘	7	흙	12	달	4	소리	8	나무	13	시간	4	돌
11일	9	물	1	시간	3	잎	8	강	12	구름	4	하늘	8	흙	13	달	5	소리	9	나무	1	대지	5	돌
12일	10	물	2	시간	4	잎	9	강	13	구름	5	하늘	9	흙	1	빛	6	소리	10	나무	2	대지	6	돌
13일	11	물	3	시간	5	잎	10	강	1	불	6	하늘	10	흙	2	빛	7	소리	11	나무	3	대지	7	돌
14일	12	물	4	시간	6	잎	11	강	2	불	7	하늘	11	흙	3	빛	8	소리	12	나무	4	대지	8	돌
15일	13	물	5	시간	7	잎	12	강	3	불	8	하늘	12	흙	4	빛	9	소리	13	나무	5	대지	9	돌
16일	1	나무	6	시간	8	잎	13	강	4	불	9	하늘	13	흙	5	빛	10	소리	1	산	6	대지	10	돌
17일	2	나무	7	시간	9	잎	1	나비	5	불	10	하늘	1	색깔	6	빛	11	소리	2	산	7	대지	11	돌
18일	3	나무	8	시간	10	잎	2	나비	6	불	11	하늘	2	색깔	7	빛	12	소리	3	산	8	대지	12	돌
19일	4	나무	9	시간	11	잎	3	나비	7	불	12	하늘	3	색깔	8	빛	13	소리	4	산	9	대지	13	돌
20일	5	나무	10	시간	12	잎	4	나비	8	불	13	하늘	4	색깔	9	빛	1	물	5	산	10	대지	1	강
21일	6	나무	11	시간	13	잎	5	나비	9	불	1	태양	5	색깔	10	빛	2	물	6	산	11	대지	2	강
22일	7	나무	12	시간	1	돌	6	나비	10	불	2	태양	6	색깔	11	빛	3	물	7	산	12	대지	3	강
23일	8	나무	13	시간	2	돌	7	나비	11	불	3	태양	7	색깔	12	빛	4	물	8	산	13	대지	4	강
24일	9	나무	1	대지	3	돌	8	나비	12	불	4	태양	8	색깔	13	빛	5	물	9	산	1	잎	5	강
25일	10	나무	2	대지	4	돌	9	나비	13	불	5	태양	9	색깔	1	우주	6	물	10	산	2	잎	6	강
26일	11	나무	3	대지	5	돌	10	나비	1	바다	6	태양	10	색깔	2	우주	7	물	11	산	3	잎	7	강
27일	12	나무	4	대지	6	돌	11	나비	2	바다	7	태양	11	색깔	3	우주	8	물	12	산	4	잎	8	강
28일	13	나무	5	대지	7	돌	12	나비	3	바다	8	태양	12	색깔	4	우주	9	물	13	산	5	잎	9	강
29일	1	산			8	돌	13	나비	4	바다	9	태양	13	색깔	5	우주	10	물	1	시간	6	잎	10	강
30일	2	산			9	돌	1	구름	5	바다	10	태양	1	달	6	우주	11	물	2	시간	7	잎	11	강
31일	3	산			10	돌			6	바다			2	달	7	우주			3	시간			12	강

1938년

	1월		2월		3월		4월		5월		6월		7월		8월		9월		10월		11월		12월	
1일	13	강	5	불	7	하늘	12	흙	3	빛	8	소리	12	나무	4	대지	9	돌	13	나비	5	바다	9	태양
2일	1	나비	6	불	8	하늘	13	흙	4	빛	9	소리	13	나무	5	대지	10	돌	1	구름	6	바다	10	태양
3일	2	나비	7	불	9	하늘	1	색깔	5	빛	10	소리	1	산	6	대지	11	돌	2	구름	7	바다	11	태양
4일	3	나비	8	불	10	하늘	2	색깔	6	빛	11	소리	2	산	7	대지	12	돌	3	구름	8	바다	12	태양
5일	4	나비	9	불	11	하늘	3	색깔	7	빛	12	소리	3	산	8	대지	13	돌	4	구름	9	바다	13	태양
6일	5	나비	10	불	12	하늘	4	색깔	8	빛	13	소리	4	산	9	대지	1	강	5	구름	10	바다	1	흙
7일	6	나비	11	불	13	하늘	5	색깔	9	빛	1	물	5	산	10	대지	2	강	6	구름	11	바다	2	흙
8일	7	나비	12	불	1	태양	6	색깔	10	빛	2	물	6	산	11	대지	3	강	7	구름	12	바다	3	흙
9일	8	나비	13	불	2	태양	7	색깔	11	빛	3	물	7	산	12	대지	4	강	8	구름	13	바다	4	흙
10일	9	나비	1	바다	3	태양	8	색깔	12	빛	4	물	8	산	13	대지	5	강	9	구름	1	하늘	5	흙
11일	10	나비	2	바다	4	태양	9	색깔	13	빛	5	물	9	산	1	잎	6	강	10	구름	2	하늘	6	흙
12일	11	나비	3	바다	5	태양	10	색깔	1	우주	6	물	10	산	2	잎	7	강	11	구름	3	하늘	7	흙
13일	12	나비	4	바다	6	태양	11	색깔	2	우주	7	물	11	산	3	잎	8	강	12	구름	4	하늘	8	흙
14일	13	나비	5	바다	7	태양	12	색깔	3	우주	8	물	12	산	4	잎	9	강	13	구름	5	하늘	9	흙
15일	1	구름	6	바다	8	태양	13	색깔	4	우주	9	물	13	산	5	잎	10	강	1	불	6	하늘	10	흙
16일	2	구름	7	바다	9	태양	1	달	5	우주	10	물	1	시간	6	잎	11	강	2	불	7	하늘	11	흙
17일	3	구름	8	바다	10	태양	2	달	6	우주	11	물	2	시간	7	잎	12	강	3	불	8	하늘	12	흙
18일	4	구름	9	바다	11	태양	3	달	7	우주	12	물	3	시간	8	잎	13	강	4	불	9	하늘	13	흙
19일	5	구름	10	바다	12	태양	4	달	8	우주	13	물	4	시간	9	잎	1	나비	5	불	10	하늘	1	색깔
20일	6	구름	11	바다	13	태양	5	달	9	우주	1	나무	5	시간	10	잎	2	나비	6	불	11	하늘	2	색깔
21일	7	구름	12	바다	1	흙	6	달	10	우주	2	나무	6	시간	11	잎	3	나비	7	불	12	하늘	3	색깔
22일	8	구름	13	바다	2	흙	7	달	11	우주	3	나무	7	시간	12	잎	4	나비	8	불	13	하늘	4	색깔
23일	9	구름	1	하늘	3	흙	8	달	12	우주	4	나무	8	시간	13	잎	5	나비	9	불	1	태양	5	색깔
24일	10	구름	2	하늘	4	흙	9	달	13	우주	5	나무	9	시간	1	돌	6	나비	10	불	2	태양	6	색깔
25일	11	구름	3	하늘	5	흙	10	달	1	소리	6	나무	10	시간	2	돌	7	나비	11	불	3	태양	7	색깔
26일	12	구름	4	하늘	6	흙	11	달	2	소리	7	나무	11	시간	3	돌	8	나비	12	불	4	태양	8	색깔
27일	13	구름	5	하늘	7	흙	12	달	3	소리	8	나무	12	시간	4	돌	9	나비	13	불	5	태양	9	색깔
28일	1	불	6	하늘	8	흙	13	달	4	소리	9	나무	13	시간	5	돌	10	나비	1	바다	6	태양	10	색깔
29일	2	불			9	흙	1	빛	5	소리	10	나무	1	대지	6	돌	11	나비	2	바다	7	태양	11	색깔
30일	3	불			10	흙	2	빛	6	소리	11	나무	2	대지	7	돌	12	나비	3	바다	8	태양	12	색깔
31일	4	불			11	흙			7	소리			3	대지	8	돌			4	바다			13	색깔

1939년

	1월		2월		3월		4월		5월		6월		7월		8월		9월		10월		11월		12월	
1일	1	달	6	우주	8	물	13	산	4	잎	9	강	13	구름	5	하늘	10	흙	1	빛	6	소리	10	나무
2일	2	달	7	우주	9	물	1	시간	5	잎	10	강	1	불	6	하늘	11	흙	2	빛	7	소리	11	나무
3일	3	달	8	우주	10	물	2	시간	6	잎	11	강	2	불	7	하늘	12	흙	3	빛	8	소리	12	나무
4일	4	달	9	우주	11	물	3	시간	7	잎	12	강	3	불	8	하늘	13	흙	4	빛	9	소리	13	나무
5일	5	달	10	우주	12	물	4	시간	8	잎	13	강	4	불	9	하늘	1	색깔	5	빛	10	소리	1	산
6일	6	달	11	우주	13	물	5	시간	9	잎	1	나비	5	불	10	하늘	2	색깔	6	빛	11	소리	2	산
7일	7	달	12	우주	1	나무	6	시간	10	잎	2	나비	6	불	11	하늘	3	색깔	7	빛	12	소리	3	산
8일	8	달	13	우주	2	나무	7	시간	11	잎	3	나비	7	불	12	하늘	4	색깔	8	빛	13	소리	4	산
9일	9	달	1	소리	3	나무	8	시간	12	잎	4	나비	8	불	13	하늘	5	색깔	9	빛	1	물	5	산
10일	10	달	2	소리	4	나무	9	시간	13	잎	5	나비	9	불	1	태양	6	색깔	10	빛	2	물	6	산
11일	11	달	3	소리	5	나무	10	시간	1	돌	6	나비	10	불	2	태양	7	색깔	11	빛	3	물	7	산
12일	12	달	4	소리	6	나무	11	시간	2	돌	7	나비	11	불	3	태양	8	색깔	12	빛	4	물	8	산
13일	13	달	5	소리	7	나무	12	시간	3	돌	8	나비	12	불	4	태양	9	색깔	13	빛	5	물	9	산
14일	1	빛	6	소리	8	나무	13	시간	4	돌	9	나비	13	불	5	태양	10	색깔	1	우주	6	물	10	산
15일	2	빛	7	소리	9	나무	1	대지	5	돌	10	나비	1	바다	6	태양	11	색깔	2	우주	7	물	11	산
16일	3	빛	8	소리	10	나무	2	대지	6	돌	11	나비	2	바다	7	태양	12	색깔	3	우주	8	물	12	산
17일	4	빛	9	소리	11	나무	3	대지	7	돌	12	나비	3	바다	8	태양	13	색깔	4	우주	9	물	13	산
18일	5	빛	10	소리	12	나무	4	대지	8	돌	13	나비	4	바다	9	태양	1	달	5	우주	10	물	1	시간
19일	6	빛	11	소리	13	나무	5	대지	9	돌	1	구름	5	바다	10	태양	2	달	6	우주	11	물	2	시간
20일	7	빛	12	소리	1	산	6	대지	10	돌	2	구름	6	바다	11	태양	3	달	7	우주	12	물	3	시간
21일	8	빛	13	소리	2	산	7	대지	11	돌	3	구름	7	바다	12	태양	4	달	8	우주	13	물	4	시간
22일	9	빛	1	물	3	산	8	대지	12	돌	4	구름	8	바다	13	태양	5	달	9	우주	1	나무	5	시간
23일	10	빛	2	물	4	산	9	대지	13	돌	5	구름	9	바다	1	흙	6	달	10	우주	2	나무	6	시간
24일	11	빛	3	물	5	산	10	대지	1	강	6	구름	10	바다	2	흙	7	달	11	우주	3	나무	7	시간
25일	12	빛	4	물	6	산	11	대지	2	강	7	구름	11	바다	3	흙	8	달	12	우주	4	나무	8	시간
26일	13	빛	5	물	7	산	12	대지	3	강	8	구름	12	바다	4	흙	9	달	13	우주	5	나무	9	시간
27일	1	우주	6	물	8	산	13	대지	4	강	9	구름	13	바다	5	흙	10	달	1	소리	6	나무	10	시간
28일	2	우주	7	물	9	산	1	잎	5	강	10	구름	1	하늘	6	흙	11	달	2	소리	7	나무	11	시간
29일	3	우주			10	산	2	잎	6	강	11	구름	2	하늘	7	흙	12	달	3	소리	8	나무	12	시간
30일	4	우주			11	산	3	잎	7	강	12	구름	3	하늘	8	흙	13	달	4	소리	9	나무	13	시간
31일	5	우주			12	산			8	강			4	하늘	9	흙			5	소리			1	대지

1940년

	1월		2월		3월		4월		5월		6월		7월		8월		9월		10월		11월		12월	
1일	2	대지	7	돌	9	나비	1	바다	5	태양	10	색깔	1	우주	6	물	11	산	2	잎	7	강	11	구름
2일	3	대지	8	돌	10	나비	2	바다	6	태양	11	색깔	2	우주	7	물	12	산	3	잎	8	강	12	구름
3일	4	대지	9	돌	11	나비	3	바다	7	태양	12	색깔	3	우주	8	물	13	산	4	잎	9	강	13	구름
4일	5	대지	10	돌	12	나비	4	바다	8	태양	13	색깔	4	우주	9	물	1	시간	5	잎	10	강	1	불
5일	6	대지	11	돌	13	나비	5	바다	9	태양	1	달	5	우주	10	물	2	시간	6	잎	11	강	2	불
6일	7	대지	12	돌	1	구름	6	바다	10	태양	2	달	6	우주	11	물	3	시간	7	잎	12	강	3	불
7일	8	대지	13	돌	2	구름	7	바다	11	태양	3	달	7	우주	12	물	4	시간	8	잎	13	강	4	불
8일	9	대지	1	강	3	구름	8	바다	12	태양	4	달	8	우주	13	물	5	시간	9	잎	1	나비	5	불
9일	10	대지	2	강	4	구름	9	바다	13	태양	5	달	9	우주	1	나무	6	시간	10	잎	2	나비	6	불
10일	11	대지	3	강	5	구름	10	바다	1	흙	6	달	10	우주	2	나무	7	시간	11	잎	3	나비	7	불
11일	12	대지	4	강	6	구름	11	바다	2	흙	7	달	11	우주	3	나무	8	시간	12	잎	4	나비	8	불
12일	13	대지	5	강	7	구름	12	바다	3	흙	8	달	12	우주	4	나무	9	시간	13	잎	5	나비	9	불
13일	1	잎	6	강	8	구름	13	바다	4	흙	9	달	13	우주	5	나무	10	시간	1	돌	6	나비	10	불
14일	2	잎	7	강	9	구름	1	하늘	5	흙	10	달	1	소리	6	나무	11	시간	2	돌	7	나비	11	불
15일	3	잎	8	강	10	구름	2	하늘	6	흙	11	달	2	소리	7	나무	12	시간	3	돌	8	나비	12	불
16일	4	잎	9	강	11	구름	3	하늘	7	흙	12	달	3	소리	8	나무	13	시간	4	돌	9	나비	13	불
17일	5	잎	10	강	12	구름	4	하늘	8	흙	13	달	4	소리	9	나무	1	대지	5	돌	10	나비	1	바다
18일	6	잎	11	강	13	구름	5	하늘	9	흙	1	빛	5	소리	10	나무	2	대지	6	돌	11	나비	2	바다
19일	7	잎	12	강	1	불	6	하늘	10	흙	2	빛	6	소리	11	나무	3	대지	7	돌	12	나비	3	바다
20일	8	잎	13	강	2	불	7	하늘	11	흙	3	빛	7	소리	12	나무	4	대지	8	돌	13	나비	4	바다
21일	9	잎	1	나비	3	불	8	하늘	12	흙	4	빛	8	소리	13	나무	5	대지	9	돌	1	구름	5	바다
22일	10	잎	2	나비	4	불	9	하늘	13	흙	5	빛	9	소리	1	산	6	대지	10	돌	2	구름	6	바다
23일	11	잎	3	나비	5	불	10	하늘	1	색깔	6	빛	10	소리	2	산	7	대지	11	돌	3	구름	7	바다
24일	12	잎	4	나비	6	불	11	하늘	2	색깔	7	빛	11	소리	3	산	8	대지	12	돌	4	구름	8	바다
25일	13	잎	5	나비	7	불	12	하늘	3	색깔	8	빛	12	소리	4	산	9	대지	13	돌	5	구름	9	바다
26일	1	돌	6	나비	8	불	13	하늘	4	색깔	9	빛	13	소리	5	산	10	대지	1	강	6	구름	10	바다
27일	2	돌	7	나비	9	불	1	태양	5	색깔	10	빛	1	물	6	산	11	대지	2	강	7	구름	11	바다
28일	3	돌	8	나비	10	불	2	태양	6	색깔	11	빛	2	물	7	산	12	대지	3	강	8	구름	12	바다
29일	4	돌	9	나비	11	불	3	태양	7	색깔	12	빛	3	물	8	산	13	대지	4	강	9	구름	13	바다
30일	5	돌			12	불	4	태양	8	색깔	13	빛	4	물	9	산	1	잎	5	강	10	구름	1	하늘
31일	6	돌			13	불			9	색깔			5	물	10	산			6	강			2	하늘

1941년

	1월		2월		3월		4월		5월		6월		7월		8월		9월		10월		11월		12월	
1일	3	하늘	8	흙	10	달	2	소리	6	나무	11	시간	2	돌	7	나비	12	불	3	태양	8	색깔	12	빛
2일	4	하늘	9	흙	11	달	3	소리	7	나무	12	시간	3	돌	8	나비	13	불	4	태양	9	색깔	13	빛
3일	5	하늘	10	흙	12	달	4	소리	8	나무	13	시간	4	돌	9	나비	1	바다	5	태양	10	색깔	1	우주
4일	6	하늘	11	흙	13	달	5	소리	9	나무	1	대지	5	돌	10	나비	2	바다	6	태양	11	색깔	2	우주
5일	7	하늘	12	흙	1	빛	6	소리	10	나무	2	대지	6	돌	11	나비	3	바다	7	태양	12	색깔	3	우주
6일	8	하늘	13	흙	2	빛	7	소리	11	나무	3	대지	7	돌	12	나비	4	바다	8	태양	13	색깔	4	우주
7일	9	하늘	1	색깔	3	빛	8	소리	12	나무	4	대지	8	돌	13	나비	5	바다	9	태양	1	달	5	우주
8일	10	하늘	2	색깔	4	빛	9	소리	13	나무	5	대지	9	돌	1	구름	6	바다	10	태양	2	달	6	우주
9일	11	하늘	3	색깔	5	빛	10	소리	1	산	6	대지	10	돌	2	구름	7	바다	11	태양	3	달	7	우주
10일	12	하늘	4	색깔	6	빛	11	소리	2	산	7	대지	11	돌	3	구름	8	바다	12	태양	4	달	8	우주
11일	13	하늘	5	색깔	7	빛	12	소리	3	산	8	대지	12	돌	4	구름	9	바다	13	태양	5	달	9	우주
12일	1	태양	6	색깔	8	빛	13	소리	4	산	9	대지	13	돌	5	구름	10	바다	1	흙	6	달	10	우주
13일	2	태양	7	색깔	9	빛	1	물	5	산	10	대지	1	강	6	구름	11	바다	2	흙	7	달	11	우주
14일	3	태양	8	색깔	10	빛	2	물	6	산	11	대지	2	강	7	구름	12	바다	3	흙	8	달	12	우주
15일	4	태양	9	색깔	11	빛	3	물	7	산	12	대지	3	강	8	구름	13	바다	4	흙	9	달	13	우주
16일	5	태양	10	색깔	12	빛	4	물	8	산	13	대지	4	강	9	구름	1	하늘	5	흙	10	달	1	소리
17일	6	태양	11	색깔	13	빛	5	물	9	산	1	잎	5	강	10	구름	2	하늘	6	흙	11	달	2	소리
18일	7	태양	12	색깔	1	우주	6	물	10	산	2	잎	6	강	11	구름	3	하늘	7	흙	12	달	3	소리
19일	8	태양	13	색깔	2	우주	7	물	11	산	3	잎	7	강	12	구름	4	하늘	8	흙	13	달	4	소리
20일	9	태양	1	달	3	우주	8	물	12	산	4	잎	8	강	13	구름	5	하늘	9	흙	1	빛	5	소리
21일	10	태양	2	달	4	우주	9	물	13	산	5	잎	9	강	1	불	6	하늘	10	흙	2	빛	6	소리
22일	11	태양	3	달	5	우주	10	물	1	시간	6	잎	10	강	2	불	7	하늘	11	흙	3	빛	7	소리
23일	12	태양	4	달	6	우주	11	물	2	시간	7	잎	11	강	3	불	8	하늘	12	흙	4	빛	8	소리
24일	13	태양	5	달	7	우주	12	물	3	시간	8	잎	12	강	4	불	9	하늘	13	흙	5	빛	9	소리
25일	1	흙	6	달	8	우주	13	물	4	시간	9	잎	13	강	5	불	10	하늘	1	색깔	6	빛	10	소리
26일	2	흙	7	달	9	우주	1	나무	5	시간	10	잎	1	나비	6	불	11	하늘	2	색깔	7	빛	11	소리
27일	3	흙	8	달	10	우주	2	나무	6	시간	11	잎	2	나비	7	불	12	하늘	3	색깔	8	빛	12	소리
28일	4	흙	9	달	11	우주	3	나무	7	시간	12	잎	3	나비	8	불	13	하늘	4	색깔	9	빛	13	소리
29일	5	흙			12	우주	4	나무	8	시간	13	잎	4	나비	9	불	1	태양	5	색깔	10	빛	1	물
30일	6	흙			13	우주	5	나무	9	시간	1	돌	5	나비	10	불	2	태양	6	색깔	11	빛	2	물
31일	7	흙			1	소리			10	시간			6	나비	11	불			7	색깔			3	물

1942년

	1월		2월		3월		4월		5월		6월		7월		8월		9월		10월		11월		12월	
1일	4	물	9	산	11	대지	3	강	7	구름	12	바다	3	흙	8	달	13	우주	4	나무	9	시간	13	잎
2일	5	물	10	산	12	대지	4	강	8	구름	13	바다	4	흙	9	달	1	소리	5	나무	10	시간	1	돌
3일	6	물	11	산	13	대지	5	강	9	구름	1	하늘	5	흙	10	달	2	소리	6	나무	11	시간	2	돌
4일	7	물	12	산	1	잎	6	강	10	구름	2	하늘	6	흙	11	달	3	소리	7	나무	12	시간	3	돌
5일	8	물	13	산	2	잎	7	강	11	구름	3	하늘	7	흙	12	달	4	소리	8	나무	13	시간	4	돌
6일	9	물	1	시간	3	잎	8	강	12	구름	4	하늘	8	흙	13	달	5	소리	9	나무	1	대지	5	돌
7일	10	물	2	시간	4	잎	9	강	13	구름	5	하늘	9	흙	1	빛	6	소리	10	나무	2	대지	6	돌
8일	11	물	3	시간	5	잎	10	강	1	불	6	하늘	10	흙	2	빛	7	소리	11	나무	3	대지	7	돌
9일	12	물	4	시간	6	잎	11	강	2	불	7	하늘	11	흙	3	빛	8	소리	12	나무	4	대지	8	돌
10일	13	물	5	시간	7	잎	12	강	3	불	8	하늘	12	흙	4	빛	9	소리	13	나무	5	대지	9	돌
11일	1	나무	6	시간	8	잎	13	강	4	불	9	하늘	13	흙	5	빛	10	소리	1	산	6	대지	10	돌
12일	2	나무	7	시간	9	잎	1	나비	5	불	10	하늘	1	색깔	6	빛	11	소리	2	산	7	대지	11	돌
13일	3	나무	8	시간	10	잎	2	나비	6	불	11	하늘	2	색깔	7	빛	12	소리	3	산	8	대지	12	돌
14일	4	나무	9	시간	11	잎	3	나비	7	불	12	하늘	3	색깔	8	빛	13	소리	4	산	9	대지	13	돌
15일	5	나무	10	시간	12	잎	4	나비	8	불	13	하늘	4	색깔	9	빛	1	물	5	산	10	대지	1	강
16일	6	나무	11	시간	13	잎	5	나비	9	불	1	태양	5	색깔	10	빛	2	물	6	산	11	대지	2	강
17일	7	나무	12	시간	1	돌	6	나비	10	불	2	태양	6	색깔	11	빛	3	물	7	산	12	대지	3	강
18일	8	나무	13	시간	2	돌	7	나비	11	불	3	태양	7	색깔	12	빛	4	물	8	산	13	대지	4	강
19일	9	나무	1	대지	3	돌	8	나비	12	불	4	태양	8	색깔	13	빛	5	물	9	산	1	잎	5	강
20일	10	나무	2	대지	4	돌	9	나비	13	불	5	태양	9	색깔	1	우주	6	물	10	산	2	잎	6	강
21일	11	나무	3	대지	5	돌	10	나비	1	바다	6	태양	10	색깔	2	우주	7	물	11	산	3	잎	7	강
22일	12	나무	4	대지	6	돌	11	나비	2	바다	7	태양	11	색깔	3	우주	8	물	12	산	4	잎	8	강
23일	13	나무	5	대지	7	돌	12	나비	3	바다	8	태양	12	색깔	4	우주	9	물	13	산	5	잎	9	강
24일	1	산	6	대지	8	돌	13	나비	4	바다	9	태양	13	색깔	5	우주	10	물	1	시간	6	잎	10	강
25일	2	산	7	대지	9	돌	1	구름	5	바다	10	태양	1	달	6	우주	11	물	2	시간	7	잎	11	강
26일	3	산	8	대지	10	돌	2	구름	6	바다	11	태양	2	달	7	우주	12	물	3	시간	8	잎	12	강
27일	4	산	9	대지	11	돌	3	구름	7	바다	12	태양	3	달	8	우주	13	물	4	시간	9	잎	13	강
28일	5	산	10	대지	12	돌	4	구름	8	바다	13	태양	4	달	9	우주	1	나무	5	시간	10	잎	1	나비
29일	6	산			13	돌	5	구름	9	바다	1	흙	5	달	10	우주	2	나무	6	시간	11	잎	2	나비
30일	7	산			1	강	6	구름	10	바다	2	흙	6	달	11	우주	3	나무	7	시간	12	잎	3	나비
31일	8	산			2	강			11	바다			7	달	12	우주			8	시간			4	나비

1943년

	1월		2월		3월		4월		5월		6월		7월		8월		9월		10월		11월		12월	
1일	5	나비	10	불	12	하늘	4	색깔	8	빛	13	소리	4	산	9	대지	1	강	5	구름	10	바다	1	흙
2일	6	나비	11	불	13	하늘	5	색깔	9	빛	1	물	5	산	10	대지	2	강	6	구름	11	바다	2	흙
3일	7	나비	12	불	1	태양	6	색깔	10	빛	2	물	6	산	11	대지	3	강	7	구름	12	바다	3	흙
4일	8	나비	13	불	2	태양	7	색깔	11	빛	3	물	7	산	12	대지	4	강	8	구름	13	바다	4	흙
5일	9	나비	1	바다	3	태양	8	색깔	12	빛	4	물	8	산	13	대지	5	강	9	구름	1	하늘	5	흙
6일	10	나비	2	바다	4	태양	9	색깔	13	빛	5	물	9	산	1	잎	6	강	10	구름	2	하늘	6	흙
7일	11	나비	3	바다	5	태양	10	색깔	1	우주	6	물	10	산	2	잎	7	강	11	구름	3	하늘	7	흙
8일	12	나비	4	바다	6	태양	11	색깔	2	우주	7	물	11	산	3	잎	8	강	12	구름	4	하늘	8	흙
9일	13	나비	5	바다	7	태양	12	색깔	3	우주	8	물	12	산	4	잎	9	강	13	구름	5	하늘	9	흙
10일	1	구름	6	바다	8	태양	13	색깔	4	우주	9	물	13	산	5	잎	10	강	1	불	6	하늘	10	흙
11일	2	구름	7	바다	9	태양	1	달	5	우주	10	물	1	시간	6	잎	11	강	2	불	7	하늘	11	흙
12일	3	구름	8	바다	10	태양	2	달	6	우주	11	물	2	시간	7	잎	12	강	3	불	8	하늘	12	흙
13일	4	구름	9	바다	11	태양	3	달	7	우주	12	물	3	시간	8	잎	13	강	4	불	9	하늘	13	흙
14일	5	구름	10	바다	12	태양	4	달	8	우주	13	물	4	시간	9	잎	1	나비	5	불	10	하늘	1	색깔
15일	6	구름	11	바다	13	태양	5	달	9	우주	1	나무	5	시간	10	잎	2	나비	6	불	11	하늘	2	색깔
16일	7	구름	12	바다	1	흙	6	달	10	우주	2	나무	6	시간	11	잎	3	나비	7	불	12	하늘	3	색깔
17일	8	구름	13	바다	2	흙	7	달	11	우주	3	나무	7	시간	12	잎	4	나비	8	불	13	하늘	4	색깔
18일	9	구름	1	하늘	3	흙	8	달	12	우주	4	나무	8	시간	13	잎	5	나비	9	불	1	태양	5	색깔
19일	10	구름	2	하늘	4	흙	9	달	13	우주	5	나무	9	시간	1	돌	6	나비	10	불	2	태양	6	색깔
20일	11	구름	3	하늘	5	흙	10	달	1	소리	6	나무	10	시간	2	돌	7	나비	11	불	3	태양	7	색깔
21일	12	구름	4	하늘	6	흙	11	달	2	소리	7	나무	11	시간	3	돌	8	나비	12	불	4	태양	8	색깔
22일	13	구름	5	하늘	7	흙	12	달	3	소리	8	나무	12	시간	4	돌	9	나비	13	불	5	태양	9	색깔
23일	1	불	6	하늘	8	흙	13	달	4	소리	9	나무	13	시간	5	돌	10	나비	1	바다	6	태양	10	색깔
24일	2	불	7	하늘	9	흙	1	빛	5	소리	10	나무	1	대지	6	돌	11	나비	2	바다	7	태양	11	색깔
25일	3	불	8	하늘	10	흙	2	빛	6	소리	11	나무	2	대지	7	돌	12	나비	3	바다	8	태양	12	색깔
26일	4	불	9	하늘	11	흙	3	빛	7	소리	12	나무	3	대지	8	돌	13	나비	4	바다	9	태양	13	색깔
27일	5	불	10	하늘	12	흙	4	빛	8	소리	13	나무	4	대지	9	돌	1	구름	5	바다	10	태양	1	달
28일	6	불	11	하늘	13	흙	5	빛	9	소리	1	산	5	대지	10	돌	2	구름	6	바다	11	태양	2	달
29일	7	불			1	색깔	6	빛	10	소리	2	산	6	대지	11	돌	3	구름	7	바다	12	태양	3	달
30일	8	불			2	색깔	7	빛	11	소리	3	산	7	대지	12	돌	4	구름	8	바다	13	태양	4	달
31일	9	불			3	색깔			12	소리			8	대지	13	돌			9	바다			5	달

1944년

	1월		2월		3월		4월		5월		6월		7월		8월		9월		10월		11월		12월	
1일	6	달	11	우주	13	물	5	시간	9	잎	1	나비	5	불	10	하늘	2	색깔	6	빛	11	소리	2	산
2일	7	달	12	우주	1	나무	6	시간	10	잎	2	나비	6	불	11	하늘	3	색깔	7	빛	12	소리	3	산
3일	8	달	13	우주	2	나무	7	시간	11	잎	3	나비	7	불	12	하늘	4	색깔	8	빛	13	소리	4	산
4일	9	달	1	소리	3	나무	8	시간	12	잎	4	나비	8	불	13	하늘	5	색깔	9	빛	1	물	5	산
5일	10	달	2	소리	4	나무	9	시간	13	잎	5	나비	9	불	1	태양	6	색깔	10	빛	2	물	6	산
6일	11	달	3	소리	5	나무	10	시간	1	돌	6	나비	10	불	2	태양	7	색깔	11	빛	3	물	7	산
7일	12	달	4	소리	6	나무	11	시간	2	돌	7	나비	11	불	3	태양	8	색깔	12	빛	4	물	8	산
8일	13	달	5	소리	7	나무	12	시간	3	돌	8	나비	12	불	4	태양	9	색깔	13	빛	5	물	9	산
9일	1	빛	6	소리	8	나무	13	시간	4	돌	9	나비	13	불	5	태양	10	색깔	1	우주	6	물	10	산
10일	2	빛	7	소리	9	나무	1	대지	5	돌	10	나비	1	바다	6	태양	11	색깔	2	우주	7	물	11	산
11일	3	빛	8	소리	10	나무	2	대지	6	돌	11	나비	2	바다	7	태양	12	색깔	3	우주	8	물	12	산
12일	4	빛	9	소리	11	나무	3	대지	7	돌	12	나비	3	바다	8	태양	13	색깔	4	우주	9	물	13	산
13일	5	빛	10	소리	12	나무	4	대지	8	돌	13	나비	4	바다	9	태양	1	달	5	우주	10	물	1	시간
14일	6	빛	11	소리	13	나무	5	대지	9	돌	1	구름	5	바다	10	태양	2	달	6	우주	11	물	2	시간
15일	7	빛	12	소리	1	산	6	대지	10	돌	2	구름	6	바다	11	태양	3	달	7	우주	12	물	3	시간
16일	8	빛	13	소리	2	산	7	대지	11	돌	3	구름	7	바다	12	태양	4	달	8	우주	13	물	4	시간
17일	9	빛	1	물	3	산	8	대지	12	돌	4	구름	8	바다	13	태양	5	달	9	우주	1	나무	5	시간
18일	10	빛	2	물	4	산	9	대지	13	돌	5	구름	9	바다	1	흙	6	달	10	우주	2	나무	6	시간
19일	11	빛	3	물	5	산	10	대지	1	강	6	구름	10	바다	2	흙	7	달	11	우주	3	나무	7	시간
20일	12	빛	4	물	6	산	11	대지	2	강	7	구름	11	바다	3	흙	8	달	12	우주	4	나무	8	시간
21일	13	빛	5	물	7	산	12	대지	3	강	8	구름	12	바다	4	흙	9	달	13	우주	5	나무	9	시간
22일	1	우주	6	물	8	산	13	대지	4	강	9	구름	13	바다	5	흙	10	달	1	소리	6	나무	10	시간
23일	2	우주	7	물	9	산	1	잎	5	강	10	구름	1	하늘	6	흙	11	달	2	소리	7	나무	11	시간
24일	3	우주	8	물	10	산	2	잎	6	강	11	구름	2	하늘	7	흙	12	달	3	소리	8	나무	12	시간
25일	4	우주	9	물	11	산	3	잎	7	강	12	구름	3	하늘	8	흙	13	달	4	소리	9	나무	13	시간
26일	5	우주	10	물	12	산	4	잎	8	강	13	구름	4	하늘	9	흙	1	빛	5	소리	10	나무	1	대지
27일	6	우주	11	물	13	산	5	잎	9	강	1	불	5	하늘	10	흙	2	빛	6	소리	11	나무	2	대지
28일	7	우주	12	물	1	시간	6	잎	10	강	2	불	6	하늘	11	흙	3	빛	7	소리	12	나무	3	대지
29일	8	우주	13	물	2	시간	7	잎	11	강	3	불	7	하늘	12	흙	4	빛	8	소리	13	나무	4	대지
30일	9	우주			3	시간	8	잎	12	강	4	불	8	하늘	13	흙	5	빛	9	소리	1	산	5	대지
31일	10	우주			4	시간			13	강			9	하늘	1	색깔			10	소리			6	대지

1945년

	1월		2월		3월		4월		5월		6월		7월		8월		9월		10월		11월		12월	
1일	7	대지	12	돌	1	구름	6	바다	10	태양	2	달	6	우주	11	물	3	시간	7	잎	12	강	3	불
2일	8	대지	13	돌	2	구름	7	바다	11	태양	3	달	7	우주	12	물	4	시간	8	잎	13	강	4	불
3일	9	대지	1	강	3	구름	8	바다	12	태양	4	달	8	우주	13	물	5	시간	9	잎	1	나비	5	불
4일	10	대지	2	강	4	구름	9	바다	13	태양	5	달	9	우주	1	나무	6	시간	10	잎	2	나비	6	불
5일	11	대지	3	강	5	구름	10	바다	1	흙	6	달	10	우주	2	나무	7	시간	11	잎	3	나비	7	불
6일	12	대지	4	강	6	구름	11	바다	2	흙	7	달	11	우주	3	나무	8	시간	12	잎	4	나비	8	불
7일	13	대지	5	강	7	구름	12	바다	3	흙	8	달	12	우주	4	나무	9	시간	13	잎	5	나비	9	불
8일	1	잎	6	강	8	구름	13	바다	4	흙	9	달	13	우주	5	나무	10	시간	1	돌	6	나비	10	불
9일	2	잎	7	강	9	구름	1	하늘	5	흙	10	달	1	소리	6	나무	11	시간	2	돌	7	나비	11	불
10일	3	잎	8	강	10	구름	2	하늘	6	흙	11	달	2	소리	7	나무	12	시간	3	돌	8	나비	12	불
11일	4	잎	9	강	11	구름	3	하늘	7	흙	12	달	3	소리	8	나무	13	시간	4	돌	9	나비	13	불
12일	5	잎	10	강	12	구름	4	하늘	8	흙	13	달	4	소리	9	나무	1	대지	5	돌	10	나비	1	바다
13일	6	잎	11	강	13	구름	5	하늘	9	흙	1	빛	5	소리	10	나무	2	대지	6	돌	11	나비	2	바다
14일	7	잎	12	강	1	불	6	하늘	10	흙	2	빛	6	소리	11	나무	3	대지	7	돌	12	나비	3	바다
15일	8	잎	13	강	2	불	7	하늘	11	흙	3	빛	7	소리	12	나무	4	대지	8	돌	13	나비	4	바다
16일	9	잎	1	나비	3	불	8	하늘	12	흙	4	빛	8	소리	13	나무	5	대지	9	돌	1	구름	5	바다
17일	10	잎	2	나비	4	불	9	하늘	13	흙	5	빛	9	소리	1	산	6	대지	10	돌	2	구름	6	바다
18일	11	잎	3	나비	5	불	10	하늘	1	색깔	6	빛	10	소리	2	산	7	대지	11	돌	3	구름	7	바다
19일	12	잎	4	나비	6	불	11	하늘	2	색깔	7	빛	11	소리	3	산	8	대지	12	돌	4	구름	8	바다
20일	13	잎	5	나비	7	불	12	하늘	3	색깔	8	빛	12	소리	4	산	9	대지	13	돌	5	구름	9	바다
21일	1	돌	6	나비	8	불	13	하늘	4	색깔	9	빛	13	소리	5	산	10	대지	1	강	6	구름	10	바다
22일	2	돌	7	나비	9	불	1	태양	5	색깔	10	빛	1	물	6	산	11	대지	2	강	7	구름	11	바다
23일	3	돌	8	나비	10	불	2	태양	6	색깔	11	빛	2	물	7	산	12	대지	3	강	8	구름	12	바다
24일	4	돌	9	나비	11	불	3	태양	7	색깔	12	빛	3	물	8	산	13	대지	4	강	9	구름	13	바다
25일	5	돌	10	나비	12	불	4	태양	8	색깔	13	빛	4	물	9	산	1	잎	5	강	10	구름	1	하늘
26일	6	돌	11	나비	13	불	5	태양	9	색깔	1	우주	5	물	10	산	2	잎	6	강	11	구름	2	하늘
27일	7	돌	12	나비	1	바다	6	태양	10	색깔	2	우주	6	물	11	산	3	잎	7	강	12	구름	3	하늘
28일	8	돌	13	나비	2	바다	7	태양	11	색깔	3	우주	7	물	12	산	4	잎	8	강	13	구름	4	하늘
29일	9	돌			3	바다	8	태양	12	색깔	4	우주	8	물	13	산	5	잎	9	강	1	불	5	하늘
30일	10	돌			4	바다	9	태양	13	색깔	5	우주	9	물	1	시간	6	잎	10	강	2	불	6	하늘
31일	11	돌			5	바다			1	달			10	물	2	시간			11	강			7	하늘

1946년

	1월		2월		3월		4월		5월		6월		7월		8월		9월		10월		11월		12월	
1일	8	하늘	13	흙	2	빛	7	소리	11	나무	3	대지	7	돌	12	나비	4	바다	8	태양	13	색깔	4	우주
2일	9	하늘	1	색깔	3	빛	8	소리	12	나무	4	대지	8	돌	13	나비	5	바다	9	태양	1	달	5	우주
3일	10	하늘	2	색깔	4	빛	9	소리	13	나무	5	대지	9	돌	1	구름	6	바다	10	태양	2	달	6	우주
4일	11	하늘	3	색깔	5	빛	10	소리	1	산	6	대지	10	돌	2	구름	7	바다	11	태양	3	달	7	우주
5일	12	하늘	4	색깔	6	빛	11	소리	2	산	7	대지	11	돌	3	구름	8	바다	12	태양	4	달	8	우주
6일	13	하늘	5	색깔	7	빛	12	소리	3	산	8	대지	12	돌	4	구름	9	바다	13	태양	5	달	9	우주
7일	1	태양	6	색깔	8	빛	13	소리	4	산	9	대지	13	돌	5	구름	10	바다	1	흙	6	달	10	우주
8일	2	태양	7	색깔	9	빛	1	물	5	산	10	대지	1	강	6	구름	11	바다	2	흙	7	달	11	우주
9일	3	태양	8	색깔	10	빛	2	물	6	산	11	대지	2	강	7	구름	12	바다	3	흙	8	달	12	우주
10일	4	태양	9	색깔	11	빛	3	물	7	산	12	대지	3	강	8	구름	13	바다	4	흙	9	달	13	우주
11일	5	태양	10	색깔	12	빛	4	물	8	산	13	대지	4	강	9	구름	1	하늘	5	흙	10	달	1	소리
12일	6	태양	11	색깔	13	빛	5	물	9	산	1	잎	5	강	10	구름	2	하늘	6	흙	11	달	2	소리
13일	7	태양	12	색깔	1	우주	6	물	10	산	2	잎	6	강	11	구름	3	하늘	7	흙	12	달	3	소리
14일	8	태양	13	색깔	2	우주	7	물	11	산	3	잎	7	강	12	구름	4	하늘	8	흙	13	달	4	소리
15일	9	태양	1	달	3	우주	8	물	12	산	4	잎	8	강	13	구름	5	하늘	9	흙	1	빛	5	소리
16일	10	태양	2	달	4	우주	9	물	13	산	5	잎	9	강	1	불	6	하늘	10	흙	2	빛	6	소리
17일	11	태양	3	달	5	우주	10	물	1	시간	6	잎	10	강	2	불	7	하늘	11	흙	3	빛	7	소리
18일	12	태양	4	달	6	우주	11	물	2	시간	7	잎	11	강	3	불	8	하늘	12	흙	4	빛	8	소리
19일	13	태양	5	달	7	우주	12	물	3	시간	8	잎	12	강	4	불	9	하늘	13	흙	5	빛	9	소리
20일	1	흙	6	달	8	우주	13	물	4	시간	9	잎	13	강	5	불	10	하늘	1	색깔	6	빛	10	소리
21일	2	흙	7	달	9	우주	1	나무	5	시간	10	잎	1	나비	6	불	11	하늘	2	색깔	7	빛	11	소리
22일	3	흙	8	달	10	우주	2	나무	6	시간	11	잎	2	나비	7	불	12	하늘	3	색깔	8	빛	12	소리
23일	4	흙	9	달	11	우주	3	나무	7	시간	12	잎	3	나비	8	불	13	하늘	4	색깔	9	빛	13	소리
24일	5	흙	10	달	12	우주	4	나무	8	시간	13	잎	4	나비	9	불	1	태양	5	색깔	10	빛	1	물
25일	6	흙	11	달	13	우주	5	나무	9	시간	1	돌	5	나비	10	불	2	태양	6	색깔	11	빛	2	물
26일	7	흙	12	달	1	소리	6	나무	10	시간	2	돌	6	나비	11	불	3	태양	7	색깔	12	빛	3	물
27일	8	흙	13	달	2	소리	7	나무	11	시간	3	돌	7	나비	12	불	4	태양	8	색깔	13	빛	4	물
28일	9	흙	1	빛	3	소리	8	나무	12	시간	4	돌	8	나비	13	불	5	태양	9	색깔	1	우주	5	물
29일	10	흙			4	소리	9	나무	13	시간	5	돌	9	나비	1	바다	6	태양	10	색깔	2	우주	6	물
30일	11	흙			5	소리	10	나무	1	대지	6	돌	10	나비	2	바다	7	태양	11	색깔	3	우주	7	물
31일	12	흙			6	소리			2	대지			11	나비	3	바다			12	색깔			8	물

1947년

	1월		2월		3월		4월		5월		6월		7월		8월		9월		10월		11월		12월	
1일	9	물	1	시간	3	잎	8	강	12	구름	4	하늘	8	흙	13	달	5	소리	9	나무	1	대지	5	돌
2일	10	물	2	시간	4	잎	9	강	13	구름	5	하늘	9	흙	1	빛	6	소리	10	나무	2	대지	6	돌
3일	11	물	3	시간	5	잎	10	강	1	불	6	하늘	10	흙	2	빛	7	소리	11	나무	3	대지	7	돌
4일	12	물	4	시간	6	잎	11	강	2	불	7	하늘	11	흙	3	빛	8	소리	12	나무	4	대지	8	돌
5일	13	물	5	시간	7	잎	12	강	3	불	8	하늘	12	흙	4	빛	9	소리	13	나무	5	대지	9	돌
6일	1	나무	6	시간	8	잎	13	강	4	불	9	하늘	13	흙	5	빛	10	소리	1	산	6	대지	10	돌
7일	2	나무	7	시간	9	잎	1	나비	5	불	10	하늘	1	색깔	6	빛	11	소리	2	산	7	대지	11	돌
8일	3	나무	8	시간	10	잎	2	나비	6	불	11	하늘	2	색깔	7	빛	12	소리	3	산	8	대지	12	돌
9일	4	나무	9	시간	11	잎	3	나비	7	불	12	하늘	3	색깔	8	빛	13	소리	4	산	9	대지	13	돌
10일	5	나무	10	시간	12	잎	4	나비	8	불	13	하늘	4	색깔	9	빛	1	물	5	산	10	대지	1	강
11일	6	나무	11	시간	13	잎	5	나비	9	불	1	태양	5	색깔	10	빛	2	물	6	산	11	대지	2	강
12일	7	나무	12	시간	1	돌	6	나비	10	불	2	태양	6	색깔	11	빛	3	물	7	산	12	대지	3	강
13일	8	나무	13	시간	2	돌	7	나비	11	불	3	태양	7	색깔	12	빛	4	물	8	산	13	대지	4	강
14일	9	나무	1	대지	3	돌	8	나비	12	불	4	태양	8	색깔	13	빛	5	물	9	산	1	잎	5	강
15일	10	나무	2	대지	4	돌	9	나비	13	불	5	태양	9	색깔	1	우주	6	물	10	산	2	잎	6	강
16일	11	나무	3	대지	5	돌	10	나비	1	바다	6	태양	10	색깔	2	우주	7	물	11	산	3	잎	7	강
17일	12	나무	4	대지	6	돌	11	나비	2	바다	7	태양	11	색깔	3	우주	8	물	12	산	4	잎	8	강
18일	13	나무	5	대지	7	돌	12	나비	3	바다	8	태양	12	색깔	4	우주	9	물	13	산	5	잎	9	강
19일	1	산	6	대지	8	돌	13	나비	4	바다	9	태양	13	색깔	5	우주	10	물	1	시간	6	잎	10	강
20일	2	산	7	대지	9	돌	1	구름	5	바다	10	태양	1	달	6	우주	11	물	2	시간	7	잎	11	강
21일	3	산	8	대지	10	돌	2	구름	6	바다	11	태양	2	달	7	우주	12	물	3	시간	8	잎	12	강
22일	4	산	9	대지	11	돌	3	구름	7	바다	12	태양	3	달	8	우주	13	물	4	시간	9	잎	13	강
23일	5	산	10	대지	12	돌	4	구름	8	바다	13	태양	4	달	9	우주	1	나무	5	시간	10	잎	1	나비
24일	6	산	11	대지	13	돌	5	구름	9	바다	1	흙	5	달	10	우주	2	나무	6	시간	11	잎	2	나비
25일	7	산	12	대지	1	강	6	구름	10	바다	2	흙	6	달	11	우주	3	나무	7	시간	12	잎	3	나비
26일	8	산	13	대지	2	강	7	구름	11	바다	3	흙	7	달	12	우주	4	나무	8	시간	13	잎	4	나비
27일	9	산	1	잎	3	강	8	구름	12	바다	4	흙	8	달	13	우주	5	나무	9	시간	1	돌	5	나비
28일	10	산	2	잎	4	강	9	구름	13	바다	5	흙	9	달	1	소리	6	나무	10	시간	2	돌	6	나비
29일	11	산			5	강	10	구름	1	하늘	6	흙	10	달	2	소리	7	나무	11	시간	3	돌	7	나비
30일	12	산			6	강	11	구름	2	하늘	7	흙	11	달	3	소리	8	나무	12	시간	4	돌	8	나비
31일	13	산			7	강			3	하늘			12	달	4	소리			13	시간			9	나비

1948년

	1월		2월		3월		4월		5월		6월		7월		8월		9월		10월		11월		12월	
1일	10	나비	2	바다	4	태양	9	색깔	13	빛	5	물	9	산	1	잎	6	강	10	구름	2	하늘	6	흙
2일	11	나비	3	바다	5	태양	10	색깔	1	우주	6	물	10	산	2	잎	7	강	11	구름	3	하늘	7	흙
3일	12	나비	4	바다	6	태양	11	색깔	2	우주	7	물	11	산	3	잎	8	강	12	구름	4	하늘	8	흙
4일	13	나비	5	바다	7	태양	12	색깔	3	우주	8	물	12	산	4	잎	9	강	13	구름	5	하늘	9	흙
5일	1	구름	6	바다	8	태양	13	색깔	4	우주	9	물	13	산	5	잎	10	강	1	불	6	하늘	10	흙
6일	2	구름	7	바다	9	태양	1	달	5	우주	10	물	1	시간	6	잎	11	강	2	불	7	하늘	11	흙
7일	3	구름	8	바다	10	태양	2	달	6	우주	11	물	2	시간	7	잎	12	강	3	불	8	하늘	12	흙
8일	4	구름	9	바다	11	태양	3	달	7	우주	12	물	3	시간	8	잎	13	강	4	불	9	하늘	13	흙
9일	5	구름	10	바다	12	태양	4	달	8	우주	13	물	4	시간	9	잎	1	나비	5	불	10	하늘	1	색깔
10일	6	구름	11	바다	13	태양	5	달	9	우주	1	나무	5	시간	10	잎	2	나비	6	불	11	하늘	2	색깔
11일	7	구름	12	바다	1	흙	6	달	10	우주	2	나무	6	시간	11	잎	3	나비	7	불	12	하늘	3	색깔
12일	8	구름	13	바다	2	흙	7	달	11	우주	3	나무	7	시간	12	잎	4	나비	8	불	13	하늘	4	색깔
13일	9	구름	1	하늘	3	흙	8	달	12	우주	4	나무	8	시간	13	잎	5	나비	9	불	1	태양	5	색깔
14일	10	구름	2	하늘	4	흙	9	달	13	우주	5	나무	9	시간	1	돌	6	나비	10	불	2	태양	6	색깔
15일	11	구름	3	하늘	5	흙	10	달	1	소리	6	나무	10	시간	2	돌	7	나비	11	불	3	태양	7	색깔
16일	12	구름	4	하늘	6	흙	11	달	2	소리	7	나무	11	시간	3	돌	8	나비	12	불	4	태양	8	색깔
17일	13	구름	5	하늘	7	흙	12	달	3	소리	8	나무	12	시간	4	돌	9	나비	13	불	5	태양	9	색깔
18일	1	불	6	하늘	8	흙	13	달	4	소리	9	나무	13	시간	5	돌	10	나비	1	바다	6	태양	10	색깔
19일	2	불	7	하늘	9	흙	1	빛	5	소리	10	나무	1	대지	6	돌	11	나비	2	바다	7	태양	11	색깔
20일	3	불	8	하늘	10	흙	2	빛	6	소리	11	나무	2	대지	7	돌	12	나비	3	바다	8	태양	12	색깔
21일	4	불	9	하늘	11	흙	3	빛	7	소리	12	나무	3	대지	8	돌	13	나비	4	바다	9	태양	13	색깔
22일	5	불	10	하늘	12	흙	4	빛	8	소리	13	나무	4	대지	9	돌	1	구름	5	바다	10	태양	1	달
23일	6	불	11	하늘	13	흙	5	빛	9	소리	1	산	5	대지	10	돌	2	구름	6	바다	11	태양	2	달
24일	7	불	12	하늘	1	색깔	6	빛	10	소리	2	산	6	대지	11	돌	3	구름	7	바다	12	태양	3	달
25일	8	불	13	하늘	2	색깔	7	빛	11	소리	3	산	7	대지	12	돌	4	구름	8	바다	13	태양	4	달
26일	9	불	1	태양	3	색깔	8	빛	12	소리	4	산	8	대지	13	돌	5	구름	9	바다	1	흙	5	달
27일	10	불	2	태양	4	색깔	9	빛	13	소리	5	산	9	대지	1	강	6	구름	10	바다	2	흙	6	달
28일	11	불	3	태양	5	색깔	10	빛	1	물	6	산	10	대지	2	강	7	구름	11	바다	3	흙	7	달
29일	12	불	4	태양	6	색깔	11	빛	2	물	7	산	11	대지	3	강	8	구름	12	바다	4	흙	8	달
30일	13	불			7	색깔	12	빛	3	물	8	산	12	대지	4	강	9	구름	13	바다	5	흙	9	달
31일	1	바다			8	색깔			4	물			13	대지	5	강			1	하늘			10	달

1949년

	1월		2월		3월		4월		5월		6월		7월		8월		9월		10월		11월		12월	
1일	11	달	3	소리	5	나무	10	시간	1	돌	6	나비	10	불	2	태양	7	색깔	11	빛	3	물	7	산
2일	12	달	4	소리	6	나무	11	시간	2	돌	7	나비	11	불	3	태양	8	색깔	12	빛	4	물	8	산
3일	13	달	5	소리	7	나무	12	시간	3	돌	8	나비	12	불	4	태양	9	색깔	13	빛	5	물	9	산
4일	1	빛	6	소리	8	나무	13	시간	4	돌	9	나비	13	불	5	태양	10	색깔	1	우주	6	물	10	산
5일	2	빛	7	소리	9	나무	1	대지	5	돌	10	나비	1	바다	6	태양	11	색깔	2	우주	7	물	11	산
6일	3	빛	8	소리	10	나무	2	대지	6	돌	11	나비	2	바다	7	태양	12	색깔	3	우주	8	물	12	산
7일	4	빛	9	소리	11	나무	3	대지	7	돌	12	나비	3	바다	8	태양	13	색깔	4	우주	9	물	13	산
8일	5	빛	10	소리	12	나무	4	대지	8	돌	13	나비	4	바다	9	태양	1	달	5	우주	10	물	1	시간
9일	6	빛	11	소리	13	나무	5	대지	9	돌	1	구름	5	바다	10	태양	2	달	6	우주	11	물	2	시간
10일	7	빛	12	소리	1	산	6	대지	10	돌	2	구름	6	바다	11	태양	3	달	7	우주	12	물	3	시간
11일	8	빛	13	소리	2	산	7	대지	11	돌	3	구름	7	바다	12	태양	4	달	8	우주	13	물	4	시간
12일	9	빛	1	물	3	산	8	대지	12	돌	4	구름	8	바다	13	태양	5	달	9	우주	1	나무	5	시간
13일	10	빛	2	물	4	산	9	대지	13	돌	5	구름	9	바다	1	흙	6	달	10	우주	2	나무	6	시간
14일	11	빛	3	물	5	산	10	대지	1	강	6	구름	10	바다	2	흙	7	달	11	우주	3	나무	7	시간
15일	12	빛	4	물	6	산	11	대지	2	강	7	구름	11	바다	3	흙	8	달	12	우주	4	나무	8	시간
16일	13	빛	5	물	7	산	12	대지	3	강	8	구름	12	바다	4	흙	9	달	13	우주	5	나무	9	시간
17일	1	우주	6	물	8	산	13	대지	4	강	9	구름	13	바다	5	흙	10	달	1	소리	6	나무	10	시간
18일	2	우주	7	물	9	산	1	잎	5	강	10	구름	1	하늘	6	흙	11	달	2	소리	7	나무	11	시간
19일	3	우주	8	물	10	산	2	잎	6	강	11	구름	2	하늘	7	흙	12	달	3	소리	8	나무	12	시간
20일	4	우주	9	물	11	산	3	잎	7	강	12	구름	3	하늘	8	흙	13	달	4	소리	9	나무	13	시간
21일	5	우주	10	물	12	산	4	잎	8	강	13	구름	4	하늘	9	흙	1	빛	5	소리	10	나무	1	대지
22일	6	우주	11	물	13	산	5	잎	9	강	1	불	5	하늘	10	흙	2	빛	6	소리	11	나무	2	대지
23일	7	우주	12	물	1	시간	6	잎	10	강	2	불	6	하늘	11	흙	3	빛	7	소리	12	나무	3	대지
24일	8	우주	13	물	2	시간	7	잎	11	강	3	불	7	하늘	12	흙	4	빛	8	소리	13	나무	4	대지
25일	9	우주	1	나무	3	시간	8	잎	12	강	4	불	8	하늘	13	흙	5	빛	9	소리	1	산	5	대지
26일	10	우주	2	나무	4	시간	9	잎	13	강	5	불	9	하늘	1	색깔	6	빛	10	소리	2	산	6	대지
27일	11	우주	3	나무	5	시간	10	잎	1	나비	6	불	10	하늘	2	색깔	7	빛	11	소리	3	산	7	대지
28일	12	우주	4	나무	6	시간	11	잎	2	나비	7	불	11	하늘	3	색깔	8	빛	12	소리	4	산	8	대지
29일	13	우주			7	시간	12	잎	3	나비	8	불	12	하늘	4	색깔	9	빛	13	소리	5	산	9	대지
30일	1	소리			8	시간	13	잎	4	나비	9	불	13	하늘	5	색깔	10	빛	1	물	6	산	10	대지
31일	2	소리			9	시간			5	나비			1	태양	6	색깔			2	물			11	대지

1950년

	1월		2월		3월		4월		5월		6월		7월		8월		9월		10월		11월		12월	
1일	12	대지	4	강	6	구름	11	바다	2	흙	7	달	11	우주	3	나무	8	시간	12	잎	4	나비	8	불
2일	13	대지	5	강	7	구름	12	바다	3	흙	8	달	12	우주	4	나무	9	시간	13	잎	5	나비	9	불
3일	1	잎	6	강	8	구름	13	바다	4	흙	9	달	13	우주	5	나무	10	시간	1	돌	6	나비	10	불
4일	2	잎	7	강	9	구름	1	하늘	5	흙	10	달	1	소리	6	나무	11	시간	2	돌	7	나비	11	불
5일	3	잎	8	강	10	구름	2	하늘	6	흙	11	달	2	소리	7	나무	12	시간	3	돌	8	나비	12	불
6일	4	잎	9	강	11	구름	3	하늘	7	흙	12	달	3	소리	8	나무	13	시간	4	돌	9	나비	13	불
7일	5	잎	10	강	12	구름	4	하늘	8	흙	13	달	4	소리	9	나무	1	대지	5	돌	10	나비	1	바다
8일	6	잎	11	강	13	구름	5	하늘	9	흙	1	빛	5	소리	10	나무	2	대지	6	돌	11	나비	2	바다
9일	7	잎	12	강	1	불	6	하늘	10	흙	2	빛	6	소리	11	나무	3	대지	7	돌	12	나비	3	바다
10일	8	잎	13	강	2	불	7	하늘	11	흙	3	빛	7	소리	12	나무	4	대지	8	돌	13	나비	4	바다
11일	9	잎	1	나비	3	불	8	하늘	12	흙	4	빛	8	소리	13	나무	5	대지	9	돌	1	구름	5	바다
12일	10	잎	2	나비	4	불	9	하늘	13	흙	5	빛	9	소리	1	산	6	대지	10	돌	2	구름	6	바다
13일	11	잎	3	나비	5	불	10	하늘	1	색깔	6	빛	10	소리	2	산	7	대지	11	돌	3	구름	7	바다
14일	12	잎	4	나비	6	불	11	하늘	2	색깔	7	빛	11	소리	3	산	8	대지	12	돌	4	구름	8	바다
15일	13	잎	5	나비	7	불	12	하늘	3	색깔	8	빛	12	소리	4	산	9	대지	13	돌	5	구름	9	바다
16일	1	돌	6	나비	8	불	13	하늘	4	색깔	9	빛	13	소리	5	산	10	대지	1	강	6	구름	10	바다
17일	2	돌	7	나비	9	불	1	태양	5	색깔	10	빛	1	물	6	산	11	대지	2	강	7	구름	11	바다
18일	3	돌	8	나비	10	불	2	태양	6	색깔	11	빛	2	물	7	산	12	대지	3	강	8	구름	12	바다
19일	4	돌	9	나비	11	불	3	태양	7	색깔	12	빛	3	물	8	산	13	대지	4	강	9	구름	13	바다
20일	5	돌	10	나비	12	불	4	태양	8	색깔	13	빛	4	물	9	산	1	잎	5	강	10	구름	1	하늘
21일	6	돌	11	나비	13	불	5	태양	9	색깔	1	우주	5	물	10	산	2	잎	6	강	11	구름	2	하늘
22일	7	돌	12	나비	1	바다	6	태양	10	색깔	2	우주	6	물	11	산	3	잎	7	강	12	구름	3	하늘
23일	8	돌	13	나비	2	바다	7	태양	11	색깔	3	우주	7	물	12	산	4	잎	8	강	13	구름	4	하늘
24일	9	돌	1	구름	3	바다	8	태양	12	색깔	4	우주	8	물	13	산	5	잎	9	강	1	불	5	하늘
25일	10	돌	2	구름	4	바다	9	태양	13	색깔	5	우주	9	물	1	시간	6	잎	10	강	2	불	6	하늘
26일	11	돌	3	구름	5	바다	10	태양	1	달	6	우주	10	물	2	시간	7	잎	11	강	3	불	7	하늘
27일	12	돌	4	구름	6	바다	11	태양	2	달	7	우주	11	물	3	시간	8	잎	12	강	4	불	8	하늘
28일	13	돌	5	구름	7	바다	12	태양	3	달	8	우주	12	물	4	시간	9	잎	13	강	5	불	9	하늘
29일	1	강			8	바다	13	태양	4	달	9	우주	13	물	5	시간	10	잎	1	나비	6	불	10	하늘
30일	2	강			9	바다	1	흙	5	달	10	우주	1	나무	6	시간	11	잎	2	나비	7	불	11	하늘
31일	3	강			10	바다			6	달			2	나무	7	시간			3	나비			12	하늘

1951년

	1월		2월		3월		4월		5월		6월		7월		8월		9월		10월		11월		12월	
1일	13	하늘	5	색깔	7	빛	12	소리	3	산	8	대지	12	돌	4	구름	9	바다	13	태양	5	달	9	우주
2일	1	태양	6	색깔	8	빛	13	소리	4	산	9	대지	13	돌	5	구름	10	바다	1	흙	6	달	10	우주
3일	2	태양	7	색깔	9	빛	1	물	5	산	10	대지	1	강	6	구름	11	바다	2	흙	7	달	11	우주
4일	3	태양	8	색깔	10	빛	2	물	6	산	11	대지	2	강	7	구름	12	바다	3	흙	8	달	12	우주
5일	4	태양	9	색깔	11	빛	3	물	7	산	12	대지	3	강	8	구름	13	바다	4	흙	9	달	13	우주
6일	5	태양	10	색깔	12	빛	4	물	8	산	13	대지	4	강	9	구름	1	하늘	5	흙	10	달	1	소리
7일	6	태양	11	색깔	13	빛	5	물	9	산	1	잎	5	강	10	구름	2	하늘	6	흙	11	달	2	소리
8일	7	태양	12	색깔	1	우주	6	물	10	산	2	잎	6	강	11	구름	3	하늘	7	흙	12	달	3	소리
9일	8	태양	13	색깔	2	우주	7	물	11	산	3	잎	7	강	12	구름	4	하늘	8	흙	13	달	4	소리
10일	9	태양	1	달	3	우주	8	물	12	산	4	잎	8	강	13	구름	5	하늘	9	흙	1	빛	5	소리
11일	10	태양	2	달	4	우주	9	물	13	산	5	잎	7	강	1	불	6	하늘	10	흙	2	빛	6	소리
12일	11	태양	3	달	5	우주	10	물	1	시간	6	잎	10	강	2	불	7	하늘	11	흙	3	빛	7	소리
13일	12	태양	4	달	6	우주	11	물	2	시간	7	잎	11	강	3	불	8	하늘	12	흙	4	빛	8	소리
14일	13	태양	5	달	7	우주	12	물	3	시간	8	잎	12	강	4	불	9	하늘	13	흙	5	빛	9	소리
15일	1	흙	6	달	8	우주	13	물	4	시간	9	잎	13	강	5	불	10	하늘	1	색깔	6	빛	10	소리
16일	2	흙	7	달	9	우주	1	나무	5	시간	10	잎	1	나비	6	불	11	하늘	2	색깔	7	빛	11	소리
17일	3	흙	8	달	10	우주	2	나무	6	시간	11	잎	2	나비	7	불	12	하늘	3	색깔	8	빛	12	소리
18일	4	흙	9	달	11	우주	3	나무	7	시간	12	잎	3	나비	8	불	13	하늘	4	색깔	9	빛	13	소리
19일	5	흙	10	달	12	우주	4	나무	8	시간	13	잎	4	나비	9	불	1	태양	5	색깔	10	빛	1	물
20일	6	흙	11	달	13	우주	5	나무	9	시간	1	돌	5	나비	10	불	2	태양	6	색깔	11	빛	2	물
21일	7	흙	12	달	1	소리	6	나무	10	시간	2	돌	6	나비	11	불	3	태양	7	색깔	12	빛	3	물
22일	8	흙	13	달	2	소리	7	나무	11	시간	3	돌	7	나비	12	불	4	태양	8	색깔	13	빛	4	물
23일	9	흙	1	빛	3	소리	8	나무	12	시간	4	돌	8	나비	13	불	5	태양	9	색깔	1	우주	5	물
24일	10	흙	2	빛	4	소리	9	나무	13	시간	5	돌	9	나비	1	바다	6	태양	10	색깔	2	우주	6	물
25일	11	흙	3	빛	5	소리	10	나무	1	대지	6	돌	10	나비	2	바다	7	태양	11	색깔	3	우주	7	물
26일	12	흙	4	빛	6	소리	11	나무	2	대지	7	돌	11	나비	3	바다	8	태양	12	색깔	4	우주	8	물
27일	13	흙	5	빛	7	소리	12	나무	3	대지	8	돌	12	나비	4	바다	9	태양	13	색깔	5	우주	9	물
28일	1	색깔	6	빛	8	소리	13	나무	4	대지	9	돌	13	나비	5	바다	10	태양	1	달	6	우주	10	물
29일	2	색깔			9	소리	1	산	5	대지	10	돌	1	구름	6	바다	11	태양	2	달	7	우주	11	물
30일	3	색깔			10	소리	2	산	6	대지	11	돌	2	구름	7	바다	12	태양	3	달	8	우주	12	물
31일	4	색깔			11	소리			7	대지			3	구름	8	바다			4	달			13	물

1952년

	1월		2월		3월		4월		5월		6월		7월		8월		9월		10월		11월		12월	
1일	1	나무	6	시간	8	잎	13	강	4	불	9	하늘	13	흙	5	빛	10	소리	1	산	6	대지	10	돌
2일	2	나무	7	시간	9	잎	1	나비	5	불	10	하늘	1	색깔	6	빛	11	소리	2	산	7	대지	11	돌
3일	3	나무	8	시간	10	잎	2	나비	6	불	11	하늘	2	색깔	7	빛	12	소리	3	산	8	대지	12	돌
4일	4	나무	9	시간	11	잎	3	나비	7	불	12	하늘	3	색깔	8	빛	13	소리	4	산	9	대지	13	돌
5일	5	나무	10	시간	12	잎	4	나비	8	불	13	하늘	4	색깔	9	빛	1	물	5	산	10	대지	1	강
6일	6	나무	11	시간	13	잎	5	나비	9	불	1	태양	5	색깔	10	빛	2	물	6	산	11	대지	2	강
7일	7	나무	12	시간	1	돌	6	나비	10	불	2	태양	6	색깔	11	빛	3	물	7	산	12	대지	3	강
8일	8	나무	13	시간	2	돌	7	나비	11	불	3	태양	7	색깔	12	빛	4	물	8	산	13	대지	4	강
9일	9	나무	1	대지	3	돌	8	나비	12	불	4	태양	8	색깔	13	빛	5	물	9	산	1	잎	5	강
10일	10	나무	2	대지	4	돌	9	나비	13	불	5	태양	9	색깔	1	우주	6	물	10	산	2	잎	6	강
11일	11	나무	3	대지	5	돌	10	나비	1	바다	6	태양	10	색깔	2	우주	7	물	11	산	3	잎	7	강
12일	12	나무	4	대지	6	돌	11	나비	2	바다	7	태양	11	색깔	3	우주	8	물	12	산	4	잎	8	강
13일	13	나무	5	대지	7	돌	12	나비	3	바다	8	태양	12	색깔	4	우주	9	물	13	산	5	잎	9	강
14일	1	산	6	대지	8	돌	13	나비	4	바다	9	태양	13	색깔	5	우주	10	물	1	시간	6	잎	10	강
15일	2	산	7	대지	9	돌	1	구름	5	바다	10	태양	1	달	6	우주	11	물	2	시간	7	잎	11	강
16일	3	산	8	대지	10	돌	2	구름	6	바다	11	태양	2	달	7	우주	12	물	3	시간	8	잎	12	강
17일	4	산	9	대지	11	돌	3	구름	7	바다	12	태양	3	달	8	우주	13	물	4	시간	9	잎	13	강
18일	5	산	10	대지	12	돌	4	구름	8	바다	13	태양	4	달	9	우주	1	나무	5	시간	10	잎	1	나비
19일	6	산	11	대지	13	돌	5	구름	9	바다	1	흙	5	달	10	우주	2	나무	6	시간	11	잎	2	나비
20일	7	산	12	대지	1	강	6	구름	10	바다	2	흙	6	달	11	우주	3	나무	7	시간	12	잎	3	나비
21일	8	산	13	대지	2	강	7	구름	11	바다	3	흙	7	달	12	우주	4	나무	8	시간	13	잎	4	나비
22일	9	산	1	잎	3	강	8	구름	12	바다	4	흙	8	달	13	우주	5	나무	9	시간	1	돌	5	나비
23일	10	산	2	잎	4	강	9	구름	13	바다	5	흙	9	달	1	소리	6	나무	10	시간	2	돌	6	나비
24일	11	산	3	잎	5	강	10	구름	1	하늘	6	흙	10	달	2	소리	7	나무	11	시간	3	돌	7	나비
25일	12	산	4	잎	6	강	11	구름	2	하늘	7	흙	11	달	3	소리	8	나무	12	시간	4	돌	8	나비
26일	13	산	5	잎	7	강	12	구름	3	하늘	8	흙	12	달	4	소리	9	나무	13	시간	5	돌	9	나비
27일	1	시간	6	잎	8	강	13	구름	4	하늘	9	흙	13	달	5	소리	10	나무	1	대지	6	돌	10	나비
28일	2	시간	7	잎	9	강	1	불	5	하늘	10	흙	1	빛	6	소리	11	나무	2	대지	7	돌	11	나비
29일	3	시간	8	잎	10	강	2	불	6	하늘	11	흙	2	빛	7	소리	12	나무	3	대지	8	돌	12	나비
30일	4	시간			11	강	3	불	7	하늘	12	흙	3	빛	8	소리	13	나무	4	대지	9	돌	13	나비
31일	5	시간			12	강			8	하늘			4	빛	9	소리			5	대지			1	구름

1953년

	1월		2월		3월		4월		5월		6월		7월		8월		9월		10월		11월		12월	
1일	2	구름	7	바다	9	태양	1	달	5	우주	10	물	1	시간	6	잎	11	강	2	불	7	하늘	11	흙
2일	3	구름	8	바다	10	태양	2	달	6	우주	11	물	2	시간	7	잎	12	강	3	불	8	하늘	12	흙
3일	4	구름	9	바다	11	태양	3	달	7	우주	12	물	3	시간	8	잎	13	강	4	불	9	하늘	13	흙
4일	5	구름	10	바다	12	태양	4	달	8	우주	13	물	4	시간	9	잎	1	나비	5	불	10	하늘	1	색깔
5일	6	구름	11	바다	13	태양	5	달	9	우주	1	나무	5	시간	10	잎	2	나비	6	불	11	하늘	2	색깔
6일	7	구름	12	바다	1	흙	6	달	10	우주	2	나무	6	시간	11	잎	3	나비	7	불	12	하늘	3	색깔
7일	8	구름	13	바다	2	흙	7	달	11	우주	3	나무	7	시간	12	잎	4	나비	8	불	13	하늘	4	색깔
8일	9	구름	1	하늘	3	흙	8	달	12	우주	4	나무	8	시간	13	잎	5	나비	9	불	1	태양	5	색깔
9일	10	구름	2	하늘	4	흙	9	달	13	우주	5	나무	9	시간	1	돌	6	나비	10	불	2	태양	6	색깔
10일	11	구름	3	하늘	5	흙	10	달	1	소리	6	나무	10	시간	2	돌	7	나비	11	불	3	태양	7	색깔
11일	12	구름	4	하늘	6	흙	11	달	2	소리	7	나무	11	시간	3	돌	8	나비	12	불	4	태양	8	색깔
12일	13	구름	5	하늘	7	흙	12	달	3	소리	8	나무	12	시간	4	돌	9	나비	13	불	5	태양	9	색깔
13일	1	불	6	하늘	8	흙	13	달	4	소리	9	나무	13	시간	5	돌	10	나비	1	바다	6	태양	10	색깔
14일	2	불	7	하늘	9	흙	1	빛	5	소리	10	나무	1	대지	6	돌	11	나비	2	바다	7	태양	11	색깔
15일	3	불	8	하늘	10	흙	2	빛	6	소리	11	나무	2	대지	7	돌	12	나비	3	바다	8	태양	12	색깔
16일	4	불	9	하늘	11	흙	3	빛	7	소리	12	나무	3	대지	8	돌	13	나비	4	바다	9	태양	13	색깔
17일	5	불	10	하늘	12	흙	4	빛	8	소리	13	나무	4	대지	9	돌	1	구름	5	바다	10	태양	1	달
18일	6	불	11	하늘	13	흙	5	빛	9	소리	1	산	5	대지	10	돌	2	구름	6	바다	11	태양	2	달
19일	7	불	12	하늘	1	색깔	6	빛	10	소리	2	산	6	대지	11	돌	3	구름	7	바다	12	태양	3	달
20일	8	불	13	하늘	2	색깔	7	빛	11	소리	3	산	7	대지	12	돌	4	구름	8	바다	13	태양	4	달
21일	9	불	1	태양	3	색깔	8	빛	12	소리	4	산	8	대지	13	돌	5	구름	9	바다	1	흙	5	달
22일	10	불	2	태양	4	색깔	9	빛	13	소리	5	산	9	대지	1	강	6	구름	10	바다	2	흙	6	달
23일	11	불	3	태양	5	색깔	10	빛	1	물	6	산	10	대지	2	강	7	구름	11	바다	3	흙	7	달
24일	12	불	4	태양	6	색깔	11	빛	2	물	7	산	11	대지	3	강	8	구름	12	바다	4	흙	8	달
25일	13	불	5	태양	7	색깔	12	빛	3	물	8	산	12	대지	4	강	9	구름	13	바다	5	흙	9	달
26일	1	바다	6	태양	8	색깔	13	빛	4	물	9	산	13	대지	5	강	10	구름	1	하늘	6	흙	10	달
27일	2	바다	7	태양	9	색깔	1	우주	5	물	10	산	1	잎	6	강	11	구름	2	하늘	7	흙	11	달
28일	3	바다	8	태양	10	색깔	2	우주	6	물	11	산	2	잎	7	강	12	구름	3	하늘	8	흙	12	달
29일	4	바다			11	색깔	3	우주	7	물	12	산	3	잎	8	강	13	구름	4	하늘	9	흙	13	달
30일	5	바다			12	색깔	4	우주	8	물	13	산	4	잎	9	강	1	불	5	하늘	10	흙	1	빛
31일	6	바다			13	색깔			9	물			5	잎	10	강			6	하늘			2	빛

1954년

	1월		2월		3월		4월		5월		6월		7월		8월		9월		10월		11월		12월	
1일	3	빛	8	소리	10	나무	2	대지	6	돌	11	나비	2	바다	7	태양	12	색깔	3	우주	8	물	12	산
2일	4	빛	9	소리	11	나무	3	대지	7	돌	12	나비	3	바다	8	태양	13	색깔	4	우주	9	물	13	산
3일	5	빛	10	소리	12	나무	4	대지	8	돌	13	나비	4	바다	9	태양	1	달	5	우주	10	물	1	시간
4일	6	빛	11	소리	13	나무	5	대지	9	돌	1	구름	5	바다	10	태양	2	달	6	우주	11	물	2	시간
5일	7	빛	12	소리	1	산	6	대지	10	돌	2	구름	6	바다	11	태양	3	달	7	우주	12	물	3	시간
6일	8	빛	13	소리	2	산	7	대지	11	돌	3	구름	7	바다	12	태양	4	달	8	우주	13	물	4	시간
7일	9	빛	1	물	3	산	8	대지	12	돌	4	구름	8	바다	13	태양	5	달	9	우주	1	나무	5	시간
8일	10	빛	2	물	4	산	9	대지	13	돌	5	구름	9	바다	1	흙	6	달	10	우주	2	나무	6	시간
9일	11	빛	3	물	5	산	10	대지	1	강	6	구름	10	바다	2	흙	7	달	11	우주	3	나무	7	시간
10일	12	빛	4	물	6	산	11	대지	2	강	7	구름	11	바다	3	흙	8	달	12	우주	4	나무	8	시간
11일	13	빛	5	물	7	산	12	대지	3	강	8	구름	12	바다	4	흙	9	달	13	우주	5	나무	9	시간
12일	1	우주	6	물	8	산	13	대지	4	강	9	구름	13	바다	5	흙	10	달	1	소리	6	나무	10	시간
13일	2	우주	7	물	9	산	1	잎	5	강	10	구름	1	하늘	6	흙	11	달	2	소리	7	나무	11	시간
14일	3	우주	8	물	10	산	2	잎	6	강	11	구름	2	하늘	7	흙	12	달	3	소리	8	나무	12	시간
15일	4	우주	9	물	11	산	3	잎	7	강	12	구름	3	하늘	8	흙	13	달	4	소리	9	나무	13	시간
16일	5	우주	10	물	12	산	4	잎	8	강	13	구름	4	하늘	9	흙	1	빛	5	소리	10	나무	1	대지
17일	6	우주	11	물	13	산	5	잎	9	강	1	불	5	하늘	10	흙	2	빛	6	소리	11	나무	2	대지
18일	7	우주	12	물	1	시간	6	잎	10	강	2	불	6	하늘	11	흙	3	빛	7	소리	12	나무	3	대지
19일	8	우주	13	물	2	시간	7	잎	11	강	3	불	7	하늘	12	흙	4	빛	8	소리	13	나무	4	대지
20일	9	우주	1	나무	3	시간	8	잎	12	강	4	불	8	하늘	13	흙	5	빛	9	소리	1	산	5	대지
21일	10	우주	2	나무	4	시간	9	잎	13	강	5	불	9	하늘	1	색깔	6	빛	10	소리	2	산	6	대지
22일	11	우주	3	나무	5	시간	10	잎	1	나비	6	불	10	하늘	2	색깔	7	빛	11	소리	3	산	7	대지
23일	12	우주	4	나무	6	시간	11	잎	2	나비	7	불	11	하늘	3	색깔	8	빛	12	소리	4	산	8	대지
24일	13	우주	5	나무	7	시간	12	잎	3	나비	8	불	12	하늘	4	색깔	9	빛	13	소리	5	산	9	대지
25일	1	소리	6	나무	8	시간	13	잎	4	나비	9	불	13	하늘	5	색깔	10	빛	1	물	6	산	10	대지
26일	2	소리	7	나무	9	시간	1	돌	5	나비	10	불	1	태양	6	색깔	11	빛	2	물	7	산	11	대지
27일	3	소리	8	나무	10	시간	2	돌	6	나비	11	불	2	태양	7	색깔	12	빛	3	물	8	산	12	대지
28일	4	소리	9	나무	11	시간	3	돌	7	나비	12	불	3	태양	8	색깔	13	빛	4	물	9	산	13	대지
29일	5	소리			12	시간	4	돌	8	나비	13	불	4	태양	9	색깔	1	우주	5	물	10	산	1	잎
30일	6	소리			13	시간	5	돌	9	나비	1	바다	5	태양	10	색깔	2	우주	6	물	11	산	2	잎
31일	7	소리			1	대지			10	나비			6	태양	11	색깔			7	물			3	잎

1955년

	1월		2월		3월		4월		5월		6월		7월		8월		9월		10월		11월		12월	
1일	4	잎	9	강	11	구름	3	하늘	7	흙	12	달	3	소리	8	나무	13	시간	4	돌	9	나비	13	불
2일	5	잎	10	강	12	구름	4	하늘	8	흙	13	달	4	소리	9	나무	1	대지	5	돌	10	나비	1	바다
3일	6	잎	11	강	13	구름	5	하늘	9	흙	1	빛	5	소리	10	나무	2	대지	6	돌	11	나비	2	바다
4일	7	잎	12	강	1	불	6	하늘	10	흙	2	빛	6	소리	11	나무	3	대지	7	돌	12	나비	3	바다
5일	8	잎	13	강	2	불	7	하늘	11	흙	3	빛	7	소리	12	나무	4	대지	8	돌	13	나비	4	바다
6일	9	잎	1	나비	3	불	8	하늘	12	흙	4	빛	8	소리	13	나무	5	대지	9	돌	1	구름	5	바다
7일	10	잎	2	나비	4	불	9	하늘	13	흙	5	빛	9	소리	1	산	6	대지	10	돌	2	구름	6	바다
8일	11	잎	3	나비	5	불	10	하늘	1	색깔	6	빛	10	소리	2	산	7	대지	11	돌	3	구름	7	바다
9일	12	잎	4	나비	6	불	11	하늘	2	색깔	7	빛	11	소리	3	산	8	대지	12	돌	4	구름	8	바다
10일	13	잎	5	나비	7	불	12	하늘	3	색깔	8	빛	12	소리	4	산	9	대지	13	돌	5	구름	9	바다
11일	1	돌	6	나비	8	불	13	하늘	4	색깔	9	빛	13	소리	5	산	10	대지	1	강	6	구름	10	바다
12일	2	돌	7	나비	9	불	1	태양	5	색깔	10	빛	1	물	6	산	11	대지	2	강	7	구름	11	바다
13일	3	돌	8	나비	10	불	2	태양	6	색깔	11	빛	2	물	7	산	12	대지	3	강	8	구름	12	바다
14일	4	돌	9	나비	11	불	3	태양	7	색깔	12	빛	3	물	8	산	13	대지	4	강	9	구름	13	바다
15일	5	돌	10	나비	12	불	4	태양	8	색깔	13	빛	4	물	9	산	1	잎	5	강	10	구름	1	하늘
16일	6	돌	11	나비	13	불	5	태양	9	색깔	1	우주	5	물	10	산	2	잎	6	강	11	구름	2	하늘
17일	7	돌	12	나비	1	바다	6	태양	10	색깔	2	우주	6	물	11	산	3	잎	7	강	12	구름	3	하늘
18일	8	돌	13	나비	2	바다	7	태양	11	색깔	3	우주	7	물	12	산	4	잎	8	강	13	구름	4	하늘
19일	9	돌	1	구름	3	바다	8	태양	12	색깔	4	우주	8	물	13	산	5	잎	9	강	1	불	5	하늘
20일	10	돌	2	구름	4	바다	9	태양	13	색깔	5	우주	9	물	1	시간	6	잎	10	강	2	불	6	하늘
21일	11	돌	3	구름	5	바다	10	태양	1	달	6	우주	10	물	2	시간	7	잎	11	강	3	불	7	하늘
22일	12	돌	4	구름	6	바다	11	태양	2	달	7	우주	11	물	3	시간	8	잎	12	강	4	불	8	하늘
23일	13	돌	5	구름	7	바다	12	태양	3	달	8	우주	12	물	4	시간	9	잎	13	강	5	불	9	하늘
24일	1	강	6	구름	8	바다	13	태양	4	달	9	우주	13	물	5	시간	10	잎	1	나비	6	불	10	하늘
25일	2	강	7	구름	9	바다	1	흙	5	달	10	우주	1	나무	6	시간	11	잎	2	나비	7	불	11	하늘
26일	3	강	8	구름	10	바다	2	흙	6	달	11	우주	2	나무	7	시간	12	잎	3	나비	8	불	12	하늘
27일	4	강	9	구름	11	바다	3	흙	7	달	12	우주	3	나무	8	시간	13	잎	4	나비	9	불	13	하늘
28일	5	강	10	구름	12	바다	4	흙	8	달	13	우주	4	나무	9	시간	1	돌	5	나비	10	불	1	태양
29일	6	강			13	바다	5	흙	9	달	1	소리	5	나무	10	시간	2	돌	6	나비	11	불	2	태양
30일	7	강			1	하늘	6	흙	10	달	2	소리	6	나무	11	시간	3	돌	7	나비	12	불	3	태양
31일	8	강			2	하늘			11	달			7	나무	12	시간			8	나비			4	태양

1956년

	1월		2월		3월		4월		5월		6월		7월		8월		9월		10월		11월		12월	
1일	5	태양	10	색깔	12	빛	4	물	8	산	13	대지	4	강	9	구름	1	하늘	5	흙	10	달	1	소리
2일	6	태양	11	색깔	13	빛	5	물	9	산	1	잎	5	강	10	구름	2	하늘	6	흙	11	달	2	소리
3일	7	태양	12	색깔	1	우주	6	물	10	산	2	잎	6	강	11	구름	3	하늘	7	흙	12	달	3	소리
4일	8	태양	13	색깔	2	우주	7	물	11	산	3	잎	7	강	12	구름	4	하늘	8	흙	13	달	4	소리
5일	9	태양	1	달	3	우주	8	물	12	산	4	잎	8	강	13	구름	5	하늘	9	흙	1	빛	5	소리
6일	10	태양	2	달	4	우주	9	물	13	산	5	잎	9	강	1	불	6	하늘	10	흙	2	빛	6	소리
7일	11	태양	3	달	5	우주	10	물	1	시간	6	잎	10	강	2	불	7	하늘	11	흙	3	빛	7	소리
8일	12	태양	4	달	6	우주	11	물	2	시간	7	잎	11	강	3	불	8	하늘	12	흙	4	빛	8	소리
9일	13	태양	5	달	7	우주	12	물	3	시간	8	잎	12	강	4	불	9	하늘	13	흙	5	빛	9	소리
10일	1	흙	6	달	8	우주	13	물	4	시간	9	잎	13	강	5	불	10	하늘	1	색깔	6	빛	10	소리
11일	2	흙	7	달	9	우주	1	나무	5	시간	10	잎	1	나비	6	불	11	하늘	2	색깔	7	빛	11	소리
12일	3	흙	8	달	10	우주	2	나무	6	시간	11	잎	2	나비	7	불	12	하늘	3	색깔	8	빛	12	소리
13일	4	흙	9	달	11	우주	3	나무	7	시간	12	잎	3	나비	8	불	13	하늘	4	색깔	9	빛	13	소리
14일	5	흙	10	달	12	우주	4	나무	8	시간	13	잎	4	나비	9	불	1	태양	5	색깔	10	빛	1	물
15일	6	흙	11	달	13	우주	5	나무	9	시간	1	돌	5	나비	10	불	2	태양	6	색깔	11	빛	2	물
16일	7	흙	12	달	1	소리	6	나무	10	시간	2	돌	6	나비	11	불	3	태양	7	색깔	12	빛	3	물
17일	8	흙	13	달	2	소리	7	나무	11	시간	3	돌	7	나비	12	불	4	태양	8	색깔	13	빛	4	물
18일	9	흙	1	빛	3	소리	8	나무	12	시간	4	돌	8	나비	13	불	5	태양	9	색깔	1	우주	5	물
19일	10	흙	2	빛	4	소리	9	나무	13	시간	5	돌	9	나비	1	바다	6	태양	10	색깔	2	우주	6	물
20일	11	흙	3	빛	5	소리	10	나무	1	대지	6	돌	10	나비	2	바다	7	태양	11	색깔	3	우주	7	물
21일	12	흙	4	빛	6	소리	11	나무	2	대지	7	돌	11	나비	3	바다	8	태양	12	색깔	4	우주	8	물
22일	13	흙	5	빛	7	소리	12	나무	3	대지	8	돌	12	나비	4	바다	9	태양	13	색깔	5	우주	9	물
23일	1	색깔	6	빛	8	소리	13	나무	4	대지	9	돌	13	나비	5	바다	10	태양	1	달	6	우주	10	물
4일	2	색깔	7	빛	9	소리	1	산	5	대지	10	돌	1	구름	6	바다	11	태양	2	달	7	우주	11	물
25일	3	색깔	8	빛	10	소리	2	산	6	대지	11	돌	2	구름	7	바다	12	태양	3	달	8	우주	12	물
26일	4	색깔	9	빛	11	소리	3	산	7	대지	12	돌	3	구름	8	바다	13	태양	4	달	9	우주	13	물
27일	5	색깔	10	빛	12	소리	4	산	8	대지	13	돌	4	구름	9	바다	1	흙	5	달	10	우주	1	나무
28일	6	색깔	11	빛	13	소리	5	산	9	대지	1	강	5	구름	10	바다	2	흙	6	달	11	우주	2	나무
29일	7	색깔	12	빛	1	물	6	산	10	대지	2	강	6	구름	11	바다	3	흙	7	달	12	우주	3	나무
30일	8	색깔			2	물	7	산	11	대지	3	강	7	구름	12	바다	4	흙	8	달	13	우주	4	나무
31일	9	색깔			3	물			12	대지			8	구름	13	바다			9	달			5	나무

1957년

	1월		2월		3월		4월		5월		6월		7월		8월		9월		10월		11월		12월	
1일	6	나무	11	시간	13	잎	5	나비	9	불	1	태양	5	색깔	10	빛	2	물	6	산	11	대지	2	강
2일	7	나무	12	시간	1	돌	6	나비	10	불	2	태양	6	색깔	11	빛	3	물	7	산	12	대지	3	강
3일	8	나무	13	시간	2	돌	7	나비	11	불	3	태양	7	색깔	12	빛	4	물	8	산	13	대지	4	강
4일	9	나무	1	대지	3	돌	8	나비	12	불	4	태양	8	색깔	13	빛	5	물	9	산	1	잎	5	강
5일	10	나무	2	대지	4	돌	9	나비	13	불	5	태양	9	색깔	1	우주	6	물	10	산	2	잎	6	강
6일	11	나무	3	대지	5	돌	10	나비	1	바다	6	태양	10	색깔	2	우주	7	물	11	산	3	잎	7	강
7일	12	나무	4	대지	6	돌	11	나비	2	바다	7	태양	11	색깔	3	우주	8	물	12	산	4	잎	8	강
8일	13	나무	5	대지	7	돌	12	나비	3	바다	8	태양	12	색깔	4	우주	9	물	13	산	5	잎	9	강
9일	1	산	6	대지	8	돌	13	나비	4	바다	9	태양	13	색깔	5	우주	10	물	1	시간	6	잎	10	강
10일	2	산	7	대지	9	돌	1	구름	5	바다	10	태양	1	달	6	우주	11	물	2	시간	7	잎	11	강
11일	3	산	8	대지	10	돌	2	구름	6	바다	11	태양	2	달	7	우주	12	물	3	시간	8	잎	12	강
12일	4	산	9	대지	11	돌	3	구름	7	바다	12	태양	3	달	8	우주	13	물	4	시간	9	잎	13	강
13일	5	산	10	대지	12	돌	4	구름	8	바다	13	태양	4	달	9	우주	1	나무	5	시간	10	잎	1	나비
14일	6	산	11	대지	13	돌	5	구름	9	바다	1	흙	5	달	10	우주	2	나무	6	시간	11	잎	2	나비
15일	7	산	12	대지	1	강	6	구름	10	바다	2	흙	6	달	11	우주	3	나무	7	시간	12	잎	3	나비
16일	8	산	13	대지	2	강	7	구름	11	바다	3	흙	7	달	12	우주	4	나무	8	시간	13	잎	4	나비
17일	9	산	1	잎	3	강	8	구름	12	바다	4	흙	8	달	13	우주	5	나무	9	시간	1	돌	5	나비
18일	10	산	2	잎	4	강	9	구름	13	바다	5	흙	9	달	1	소리	6	나무	10	시간	2	돌	6	나비
19일	11	산	3	잎	5	강	10	구름	1	하늘	6	흙	10	달	2	소리	7	나무	11	시간	3	돌	7	나비
20일	12	산	4	잎	6	강	11	구름	2	하늘	7	흙	11	달	3	소리	8	나무	12	시간	4	돌	8	나비
21일	13	산	5	잎	7	강	12	구름	3	하늘	8	흙	12	달	4	소리	9	나무	13	시간	5	돌	9	나비
22일	1	시간	6	잎	8	강	13	구름	4	하늘	9	흙	13	달	5	소리	10	나무	1	대지	6	돌	10	나비
23일	2	시간	7	잎	9	강	1	불	5	하늘	10	흙	1	빛	6	소리	11	나무	2	대지	7	돌	11	나비
24일	3	시간	8	잎	10	강	2	불	6	하늘	11	흙	2	빛	7	소리	12	나무	3	대지	8	돌	12	나비
25일	4	시간	9	잎	11	강	3	불	7	하늘	12	흙	3	빛	8	소리	13	나무	4	대지	9	돌	13	나비
26일	5	시간	10	잎	12	강	4	불	8	하늘	13	흙	4	빛	9	소리	1	산	5	대지	10	돌	1	구름
27일	6	시간	11	잎	13	강	5	불	9	하늘	1	색깔	5	빛	10	소리	2	산	6	대지	11	돌	2	구름
28일	7	시간	12	잎	1	나비	6	불	10	하늘	2	색깔	6	빛	11	소리	3	산	7	대지	12	돌	3	구름
29일	8	시간			2	나비	7	불	11	하늘	3	색깔	7	빛	12	소리	4	산	8	대지	13	돌	4	구름
30일	9	시간			3	나비	8	불	12	하늘	4	색깔	8	빛	13	소리	5	산	9	대지	1	강	5	구름
31일	10	시간			4	나비			13	하늘			9	빛	1	물			10	대지			6	구름

1958년

	1월		2월		3월		4월		5월		6월		7월		8월		9월		10월		11월		12월	
1일	7	구름	12	바다	1	흙	6	달	10	우주	2	나무	6	시간	11	잎	3	나비	7	불	12	하늘	3	색깔
2일	8	구름	13	바다	2	흙	7	달	11	우주	3	나무	7	시간	12	잎	4	나비	8	불	13	하늘	4	색깔
3일	9	구름	1	하늘	3	흙	8	달	12	우주	4	나무	8	시간	13	잎	5	나비	9	불	1	태양	5	색깔
4일	10	구름	2	하늘	4	흙	9	달	13	우주	5	나무	9	시간	1	돌	6	나비	10	불	2	태양	6	색깔
5일	11	구름	3	하늘	5	흙	10	달	1	소리	6	나무	10	시간	2	돌	7	나비	11	불	3	태양	7	색깔
6일	12	구름	4	하늘	6	흙	11	달	2	소리	7	나무	11	시간	3	돌	8	나비	12	불	4	태양	8	색깔
7일	13	구름	5	하늘	7	흙	12	달	3	소리	8	나무	12	시간	4	돌	9	나비	13	불	5	태양	9	색깔
8일	1	불	6	하늘	8	흙	13	달	4	소리	9	나무	13	시간	5	돌	10	나비	1	바다	6	태양	10	색깔
9일	2	불	7	하늘	9	흙	1	빛	5	소리	10	나무	1	대지	6	돌	11	나비	2	바다	7	태양	11	색깔
10일	3	불	8	하늘	10	흙	2	빛	6	소리	11	나무	2	대지	7	돌	12	나비	3	바다	8	태양	12	색깔
11일	4	불	9	하늘	11	흙	3	빛	7	소리	12	나무	3	대지	8	돌	13	구름	4	바다	9	태양	13	색깔
12일	5	불	10	하늘	12	흙	4	빛	8	소리	13	나무	4	대지	9	돌	1	구름	5	바다	10	태양	1	달
13일	6	불	11	하늘	13	흙	5	빛	9	소리	1	산	5	대지	10	돌	2	구름	6	바다	11	태양	2	달
14일	7	불	12	하늘	1	색깔	6	빛	10	소리	2	산	6	대지	11	돌	3	구름	7	바다	12	태양	3	달
15일	8	불	13	하늘	2	색깔	7	빛	11	소리	3	산	7	대지	12	돌	4	구름	8	바다	13	태양	4	달
16일	9	불	1	태양	3	색깔	8	빛	12	소리	4	산	8	대지	13	돌	5	구름	9	바다	1	흙	5	달
17일	10	불	2	태양	4	색깔	9	빛	13	소리	5	산	9	대지	1	강	6	구름	10	바다	2	흙	6	달
18일	11	불	3	태양	5	색깔	10	빛	1	물	6	산	10	대지	2	강	7	구름	11	바다	3	흙	7	달
19일	12	불	4	태양	6	색깔	11	빛	2	물	7	산	11	대지	3	강	8	구름	12	바다	4	흙	8	달
20일	13	불	5	태양	7	색깔	12	빛	3	물	8	산	12	대지	4	강	9	구름	13	바다	5	흙	9	달
21일	1	바다	6	태양	8	색깔	13	빛	4	물	9	산	13	대지	5	강	10	구름	1	하늘	6	흙	10	달
22일	2	바다	7	태양	9	색깔	1	우주	5	물	10	산	1	잎	6	강	11	구름	2	하늘	7	흙	11	달
23일	3	바다	8	태양	10	색깔	2	우주	6	물	11	산	2	잎	7	강	12	구름	3	하늘	8	흙	12	달
24일	4	바다	9	태양	11	색깔	3	우주	7	물	12	산	3	잎	8	강	13	구름	4	하늘	9	흙	13	달
25일	5	바다	10	태양	12	색깔	4	우주	8	물	13	산	4	잎	9	강	1	불	5	하늘	10	흙	1	빛
26일	6	바다	11	태양	13	색깔	5	우주	9	물	1	시간	5	잎	10	강	2	불	6	하늘	11	흙	2	빛
27일	7	바다	12	태양	1	달	6	우주	10	물	2	시간	6	잎	11	강	3	불	7	하늘	12	흙	3	빛
28일	8	바다	13	태양	2	달	7	우주	11	물	3	시간	7	잎	12	강	4	불	8	하늘	13	흙	4	빛
29일	9	바다			3	달	8	우주	12	물	4	시간	8	잎	13	강	5	불	9	하늘	1	색깔	5	빛
30일	10	바다			4	달	9	우주	13	물	5	시간	9	잎	1	나비	6	불	10	하늘	2	색깔	6	빛
31일	11	바다			5	달			1	나무			10	잎	2	나비			11	하늘			7	빛

1959년

	1월		2월		3월		4월		5월		6월		7월		8월		9월		10월		11월		12월	
1일	8	빛	13	소리	2	산	7	대지	11	돌	3	구름	7	바다	12	태양	4	달	8	우주	13	물	4	시간
2일	9	빛	1	물	3	산	8	대지	12	돌	4	구름	8	바다	13	태양	5	달	9	우주	1	나무	5	시간
3일	10	빛	2	물	4	산	9	대지	13	돌	5	구름	9	바다	1	흙	6	달	10	우주	2	나무	6	시간
4일	11	빛	3	물	5	산	10	대지	1	강	6	구름	10	바다	2	흙	7	달	11	우주	3	나무	7	시간
5일	12	빛	4	물	6	산	11	대지	2	강	7	구름	11	바다	3	흙	8	달	12	우주	4	나무	8	시간
6일	13	빛	5	물	7	산	12	대지	3	강	8	구름	12	바다	4	흙	9	달	13	우주	5	나무	9	시간
7일	1	우주	6	물	8	산	13	대지	4	강	9	구름	13	바다	5	흙	10	달	1	소리	6	나무	10	시간
8일	2	우주	7	물	9	산	1	잎	5	강	10	구름	1	하늘	6	흙	11	달	2	소리	7	나무	11	시간
9일	3	우주	8	물	10	산	2	잎	6	강	11	구름	2	하늘	7	흙	12	달	3	소리	8	나무	12	시간
10일	4	우주	9	물	11	산	3	잎	7	강	12	구름	3	하늘	8	흙	13	달	4	소리	9	나무	13	시간
11일	5	우주	10	물	12	산	4	잎	8	강	13	구름	4	하늘	9	흙	1	빛	5	소리	10	나무	1	대지
12일	6	우주	11	물	13	산	5	잎	9	강	1	불	5	하늘	10	흙	2	빛	6	소리	11	나무	2	대지
13일	7	우주	12	물	1	시간	6	잎	10	강	2	불	6	하늘	11	흙	3	빛	7	소리	12	나무	3	대지
14일	8	우주	13	물	2	시간	7	잎	11	강	3	불	7	하늘	12	흙	4	빛	8	소리	13	나무	4	대지
15일	9	우주	1	나무	3	시간	8	잎	12	강	4	불	8	하늘	13	흙	5	빛	9	소리	1	산	5	대지
16일	10	우주	2	나무	4	시간	9	잎	13	강	5	불	9	하늘	1	색깔	6	빛	10	소리	2	산	6	대지
17일	11	우주	3	나무	5	시간	10	잎	1	나비	6	불	10	하늘	2	색깔	7	빛	11	소리	3	산	7	대지
18일	12	우주	4	나무	6	시간	11	잎	2	나비	7	불	11	하늘	3	색깔	8	빛	12	소리	4	산	8	대지
19일	13	우주	5	나무	7	시간	12	잎	3	나비	8	불	12	하늘	4	색깔	9	빛	13	소리	5	산	9	대지
20일	1	소리	6	나무	8	시간	13	잎	4	나비	9	불	13	하늘	5	색깔	10	빛	1	물	6	산	10	대지
21일	2	소리	7	나무	9	시간	1	돌	5	나비	10	불	1	태양	6	색깔	11	빛	2	물	7	산	11	대지
22일	3	소리	8	나무	10	시간	2	돌	6	나비	11	불	2	태양	7	색깔	12	빛	3	물	8	산	12	대지
23일	4	소리	9	나무	11	시간	3	돌	7	나비	12	불	3	태양	8	색깔	13	빛	4	물	9	산	13	대지
24일	5	소리	10	나무	12	시간	4	돌	8	나비	13	불	4	태양	9	색깔	1	우주	5	물	10	산	1	잎
25일	6	소리	11	나무	13	시간	5	돌	9	나비	1	바다	5	태양	10	색깔	2	우주	6	물	11	산	2	잎
26일	7	소리	12	나무	1	대지	6	돌	10	나비	2	바다	6	태양	11	색깔	3	우주	7	물	12	산	3	잎
27일	8	소리	13	나무	2	대지	7	돌	11	나비	3	바다	7	태양	12	색깔	4	우주	8	물	13	산	4	잎
28일	9	소리	1	산	3	대지	8	돌	12	나비	4	바다	8	태양	13	색깔	5	우주	9	물	1	시간	5	잎
29일	10	소리			4	대지	9	돌	13	나비	5	바다	9	태양	1	달	6	우주	10	물	2	시간	6	잎
30일	11	소리			5	대지	10	돌	1	구름	6	바다	10	태양	2	달	7	우주	11	물	3	시간	7	잎
31일	12	소리			6	대지			2	구름			11	태양	3	달			12	물			8	잎

1960년

	1월		2월		3월		4월		5월		6월		7월		8월		9월		10월		11월		12월	
1일	9	잎	1	나비	3	불	8	하늘	12	흙	4	빛	8	소리	13	나무	5	대지	9	돌	1	구름	5	바다
2일	10	잎	2	나비	4	불	9	하늘	13	흙	5	빛	9	소리	1	산	6	대지	10	돌	2	구름	6	바다
3일	11	잎	3	나비	5	불	10	하늘	1	색깔	6	빛	10	소리	2	산	7	대지	11	돌	3	구름	7	바다
4일	12	잎	4	나비	6	불	11	하늘	2	색깔	7	빛	11	소리	3	산	8	대지	12	돌	4	구름	8	바다
5일	13	잎	5	나비	7	불	12	하늘	3	색깔	8	빛	12	소리	4	산	9	대지	13	돌	5	구름	9	바다
6일	1	돌	6	나비	8	불	13	하늘	4	색깔	9	빛	13	소리	5	산	10	대지	1	강	6	구름	10	바다
7일	2	돌	7	나비	9	불	1	태양	5	색깔	10	빛	1	물	6	산	11	대지	2	강	7	구름	11	바다
8일	3	돌	8	나비	10	불	2	태양	6	색깔	11	빛	2	물	7	산	12	대지	3	강	8	구름	12	바다
9일	4	돌	9	나비	11	불	3	태양	7	색깔	12	빛	3	물	8	산	13	대지	4	강	9	구름	13	바다
10일	5	돌	10	나비	12	불	4	태양	8	색깔	13	빛	4	물	9	산	1	잎	5	강	10	구름	1	하늘
11일	6	돌	11	나비	13	불	5	태양	9	색깔	1	우주	5	물	10	산	2	잎	6	강	11	구름	2	하늘
12일	7	돌	12	나비	1	바다	6	태양	10	색깔	2	우주	6	물	11	산	3	잎	7	강	12	구름	3	하늘
13일	8	돌	13	나비	2	바다	7	태양	11	색깔	3	우주	7	물	12	산	4	잎	8	강	13	구름	4	하늘
14일	9	돌	1	구름	3	바다	8	태양	12	색깔	4	우주	8	물	13	산	5	잎	9	강	1	불	5	하늘
15일	10	돌	2	구름	4	바다	9	태양	13	색깔	5	우주	9	물	1	시간	6	잎	10	강	2	불	6	하늘
16일	11	돌	3	구름	5	바다	10	태양	1	달	6	우주	10	물	2	시간	7	잎	11	강	3	불	7	하늘
17일	12	돌	4	구름	6	바다	11	태양	2	달	7	우주	11	물	3	시간	8	잎	12	강	4	불	8	하늘
18일	13	돌	5	구름	7	바다	12	태양	3	달	8	우주	12	물	4	시간	9	잎	13	강	5	불	9	하늘
19일	1	강	6	구름	8	바다	13	태양	4	달	9	우주	13	물	5	시간	10	잎	1	나비	6	불	10	하늘
20일	2	강	7	구름	9	바다	1	흙	5	달	10	우주	1	나무	6	시간	11	잎	2	나비	7	불	11	하늘
21일	3	강	8	구름	10	바다	2	흙	6	달	11	우주	2	나무	7	시간	12	잎	3	나비	8	불	12	하늘
22일	4	강	9	구름	11	바다	3	흙	7	달	12	우주	3	나무	8	시간	13	잎	4	나비	9	불	13	하늘
23일	5	강	10	구름	12	바다	4	흙	8	달	13	우주	4	나무	9	시간	1	돌	5	나비	10	불	1	태양
24일	6	강	11	구름	13	바다	5	흙	9	달	1	소리	5	나무	10	시간	2	돌	6	나비	11	불	2	태양
25일	7	강	12	구름	1	하늘	6	흙	10	달	2	소리	6	나무	11	시간	3	돌	7	나비	12	불	3	태양
26일	8	강	13	구름	2	하늘	7	흙	11	달	3	소리	7	나무	12	시간	4	돌	8	나비	13	불	4	태양
27일	9	강	1	불	3	하늘	8	흙	12	달	4	소리	8	나무	13	시간	5	돌	9	나비	1	바다	5	태양
28일	10	강	2	불	4	하늘	9	흙	13	달	5	소리	9	나무	1	대지	6	돌	10	나비	2	바다	6	태양
29일	11	강	3	불	5	하늘	10	흙	1	빛	6	소리	10	나무	2	대지	7	돌	11	나비	3	바다	7	태양
30일	12	강			6	하늘	11	흙	2	빛	7	소리	11	나무	3	대지	8	돌	12	나비	4	바다	8	태양
31일	13	강			7	하늘			3	빛			12	나무	4	대지			13	나비			9	태양

1961년

	1월		2월		3월		4월		5월		6월		7월		8월		9월		10월		11월		12월	
1일	10	태양	2	달	4	우주	9	물	13	산	5	잎	9	강	1	불	6	하늘	10	흙	2	빛	6	소리
2일	11	태양	3	달	5	우주	10	물	1	시간	6	잎	10	강	2	불	7	하늘	11	흙	3	빛	7	소리
3일	12	태양	4	달	6	우주	11	물	2	시간	7	잎	11	강	3	불	8	하늘	12	흙	4	빛	8	소리
4일	13	흙	5	달	7	우주	12	물	3	시간	8	잎	12	강	4	불	9	하늘	13	흙	5	빛	9	소리
5일	1	흙	6	달	8	우주	13	물	4	시간	9	잎	13	강	5	불	10	하늘	1	색깔	6	빛	10	소리
6일	2	흙	7	달	9	우주	1	나무	5	시간	10	잎	1	나비	6	불	11	하늘	2	색깔	7	빛	11	소리
7일	3	흙	8	달	10	우주	2	나무	6	시간	11	잎	2	나비	7	불	12	하늘	3	색깔	8	빛	12	소리
8일	4	흙	9	달	11	우주	3	나무	7	시간	12	잎	3	나비	8	불	13	하늘	4	색깔	9	빛	13	소리
9일	5	흙	10	달	12	우주	4	나무	8	시간	13	잎	4	나비	9	불	1	태양	5	색깔	10	빛	1	물
10일	6	흙	11	달	13	우주	5	나무	9	시간	1	돌	5	나비	10	불	2	태양	6	색깔	11	빛	2	물
11일	7	흙	12	달	1	소리	6	나무	10	시간	2	돌	6	나비	11	불	3	태양	7	색깔	12	빛	3	물
12일	8	흙	13	달	2	소리	7	나무	11	시간	3	돌	7	나비	12	불	4	태양	8	색깔	13	빛	4	물
13일	9	흙	1	빛	3	소리	8	나무	12	시간	4	돌	8	나비	13	불	5	태양	9	색깔	1	우주	5	물
14일	10	흙	2	빛	4	소리	9	나무	13	시간	5	돌	9	나비	1	바다	6	태양	10	색깔	2	우주	6	물
15일	11	흙	3	빛	5	소리	10	나무	1	대지	6	돌	10	나비	2	바다	7	태양	11	색깔	3	우주	7	물
16일	12	흙	4	빛	6	소리	11	나무	2	대지	7	돌	11	나비	3	바다	8	태양	12	색깔	4	우주	8	물
17일	13	흙	5	빛	7	소리	12	나무	3	대지	8	돌	12	나비	4	바다	9	태양	13	색깔	5	우주	9	물
18일	1	색깔	6	빛	8	소리	13	나무	4	대지	9	돌	13	나비	5	바다	10	태양	1	달	6	우주	10	물
19일	2	색깔	7	빛	9	소리	1	산	5	대지	10	돌	1	구름	6	바다	11	태양	2	달	7	우주	11	물
20일	3	색깔	8	빛	10	소리	2	산	6	대지	11	돌	2	구름	7	바다	12	태양	3	달	8	우주	12	물
21일	4	색깔	9	빛	11	소리	3	산	7	대지	12	돌	3	구름	8	바다	13	태양	4	달	9	우주	13	물
22일	5	색깔	10	빛	12	소리	4	산	8	대지	13	돌	4	구름	9	바다	1	흙	5	달	10	우주	1	나무
23일	6	색깔	11	빛	13	소리	5	산	9	대지	1	강	5	구름	10	바다	2	흙	6	달	11	우주	2	나무
24일	7	색깔	12	빛	1	물	6	산	10	대지	2	강	6	구름	11	바다	3	흙	7	달	12	우주	3	나무
25일	8	색깔	13	빛	2	물	7	산	11	대지	3	강	7	구름	12	바다	4	흙	8	달	13	우주	4	나무
26일	9	색깔	1	우주	3	물	8	산	12	대지	4	강	8	구름	13	바다	5	흙	9	달	1	소리	5	나무
27일	10	색깔	2	우주	4	물	9	산	13	대지	5	강	9	구름	1	하늘	6	흙	10	달	2	소리	6	나무
28일	11	색깔	3	우주	5	물	10	산	1	잎	6	강	10	구름	2	하늘	7	흙	11	달	3	소리	7	나무
29일	12	색깔			6	물	11	산	2	잎	7	강	11	구름	3	하늘	8	흙	12	달	4	소리	8	나무
30일	13	색깔			7	물	12	산	3	잎	8	강	12	구름	4	하늘	9	흙	13	달	5	소리	9	나무
31일	1	달			8	물			4	잎			13	구름	5	하늘			1	빛			10	나무

1962년

	1월		2월		3월		4월		5월		6월		7월		8월		9월		10월		11월		12월	
1일	11	나무	3	대지	5	돌	10	나비	1	바다	6	태양	10	색깔	2	우주	7	물	11	산	3	잎	7	강
2일	12	나무	4	대지	6	돌	11	나비	2	바다	7	태양	11	색깔	3	우주	8	물	12	산	4	잎	8	강
3일	13	나무	5	대지	7	돌	12	나비	3	바다	8	태양	12	색깔	4	우주	9	물	13	산	5	잎	9	강
4일	1	산	6	대지	8	돌	13	나비	4	바다	9	태양	13	색깔	5	우주	10	물	1	시간	6	잎	10	강
5일	2	산	7	대지	9	돌	1	구름	5	바다	10	태양	1	달	6	우주	11	물	2	시간	7	잎	11	강
6일	3	산	8	대지	10	돌	2	구름	6	바다	11	태양	2	달	7	우주	12	물	3	시간	8	잎	12	강
7일	4	산	9	대지	11	돌	3	구름	7	바다	12	태양	3	달	8	우주	13	물	4	시간	9	잎	13	강
8일	5	산	10	대지	12	돌	4	구름	8	바다	13	태양	4	달	9	우주	1	나무	5	시간	10	잎	1	나비
9일	6	산	11	대지	13	돌	5	구름	9	바다	1	흙	5	달	10	우주	2	나무	6	시간	11	잎	2	나비
10일	7	산	12	대지	1	강	6	구름	10	바다	2	흙	6	달	11	우주	3	나무	7	시간	12	잎	3	나비
11일	8	산	13	대지	2	강	7	구름	11	바다	3	흙	7	달	12	우주	4	나무	8	시간	13	잎	4	나비
12일	9	산	1	잎	3	강	8	구름	12	바다	4	흙	8	달	13	우주	5	나무	9	시간	1	돌	5	나비
13일	10	산	2	잎	4	강	9	구름	13	바다	5	흙	9	달	1	소리	6	나무	10	시간	2	돌	6	나비
14일	11	산	3	잎	5	강	10	구름	1	하늘	6	흙	10	달	2	소리	7	나무	11	시간	3	돌	7	나비
15일	12	산	4	잎	6	강	11	구름	2	하늘	7	흙	11	달	3	소리	8	나무	12	시간	4	돌	8	나비
16일	13	산	5	잎	7	강	12	구름	3	하늘	8	흙	12	달	4	소리	9	나무	13	시간	5	돌	9	나비
17일	1	시간	6	잎	8	강	13	구름	4	하늘	9	흙	13	달	5	소리	10	나무	1	대지	6	돌	10	나비
18일	2	시간	7	잎	9	강	1	불	5	하늘	10	흙	1	빛	6	소리	11	나무	2	대지	7	돌	11	나비
19일	3	시간	8	잎	10	강	2	불	6	하늘	11	흙	2	빛	7	소리	12	나무	3	대지	8	돌	12	나비
20일	4	시간	9	잎	11	강	3	불	7	하늘	12	흙	3	빛	8	소리	13	나무	4	대지	9	돌	13	나비
21일	5	시간	10	잎	12	강	4	불	8	하늘	13	흙	4	빛	9	소리	1	산	5	대지	10	돌	1	구름
22일	6	시간	11	잎	13	강	5	불	9	하늘	1	색깔	5	빛	10	소리	2	산	6	대지	11	돌	2	구름
23일	7	시간	12	잎	1	나비	6	불	10	하늘	2	색깔	6	빛	11	소리	3	산	7	대지	12	돌	3	구름
24일	8	시간	13	잎	2	나비	7	불	11	하늘	3	색깔	7	빛	12	소리	4	산	8	대지	13	돌	4	구름
25일	9	시간	1	돌	3	나비	8	불	12	하늘	4	색깔	8	빛	13	소리	5	산	9	대지	1	강	5	구름
26일	10	시간	2	돌	4	나비	9	불	13	하늘	5	색깔	9	빛	1	물	6	산	10	대지	2	강	6	구름
27일	11	시간	3	돌	5	나비	10	불	1	태양	6	색깔	10	빛	2	물	7	산	11	대지	3	강	7	구름
28일	12	시간	4	돌	6	나비	11	불	2	태양	7	색깔	11	빛	3	물	8	산	12	대지	4	강	8	구름
29일	13	시간			7	나비	12	불	3	태양	8	색깔	12	빛	4	물	9	산	13	대지	5	강	9	구름
30일	1	대지			8	나비	13	불	4	태양	9	색깔	13	빛	5	물	10	산	1	잎	6	강	10	구름
31일	2	대지			9	나비			5	태양			1	우주	6	물			2	잎			11	구름

1963년

	1월		2월		3월		4월		5월		6월		7월		8월		9월		10월		11월		12월	
1일	12	구름	4	하늘	6	흙	11	달	2	소리	7	나무	11	시간	3	돌	8	나비	12	불	4	태양	8	색깔
2일	13	구름	5	하늘	7	흙	12	달	3	소리	8	나무	12	시간	4	돌	9	나비	13	불	5	태양	9	색깔
3일	1	불	6	하늘	8	흙	13	달	4	소리	9	나무	13	시간	5	돌	10	나비	1	바다	6	태양	10	색깔
4일	2	불	7	하늘	9	흙	1	빛	5	소리	10	나무	1	대지	6	돌	11	나비	2	바다	7	태양	11	색깔
5일	3	불	8	하늘	10	흙	2	빛	6	소리	11	나무	2	대지	7	돌	12	나비	3	바다	8	태양	12	색깔
6일	4	불	9	하늘	11	흙	3	빛	7	소리	12	나무	3	대지	8	돌	13	나비	4	바다	9	태양	13	색깔
7일	5	불	10	하늘	12	흙	4	빛	8	소리	13	나무	4	대지	9	돌	1	구름	5	바다	10	태양	1	달
8일	6	불	11	하늘	13	흙	5	빛	9	소리	1	산	5	대지	10	돌	2	구름	6	바다	11	태양	2	달
9일	7	불	12	하늘	1	색깔	6	빛	10	소리	2	산	6	대지	11	돌	3	구름	7	바다	12	태양	3	달
10일	8	불	13	하늘	2	색깔	7	빛	11	소리	3	산	7	대지	12	돌	4	구름	8	바다	13	태양	4	달
11일	9	불	1	태양	3	색깔	8	빛	12	소리	4	산	8	대지	13	돌	5	구름	9	바다	1	흙	5	달
12일	10	불	2	태양	4	색깔	9	빛	13	소리	5	산	9	대지	1	강	6	구름	10	바다	2	흙	6	달
13일	11	불	3	태양	5	색깔	10	빛	1	물	6	산	10	대지	2	강	7	구름	11	바다	3	흙	7	달
14일	12	불	4	태양	6	색깔	11	빛	2	물	7	산	11	대지	3	강	8	구름	12	바다	4	흙	8	달
15일	13	불	5	태양	7	색깔	12	빛	3	물	8	산	12	대지	4	강	9	구름	13	바다	5	흙	9	달
16일	1	바다	6	태양	8	색깔	13	빛	4	물	9	산	13	대지	5	강	10	구름	1	하늘	6	흙	10	달
17일	2	바다	7	태양	9	색깔	1	우주	5	물	10	산	1	잎	6	강	11	구름	2	하늘	7	흙	11	달
18일	3	바다	8	태양	10	색깔	2	우주	6	물	11	산	2	잎	7	강	12	구름	3	하늘	8	흙	12	달
19일	4	바다	9	태양	11	색깔	3	우주	7	물	12	산	3	잎	8	강	13	구름	4	하늘	9	흙	13	달
20일	5	바다	10	태양	12	색깔	4	우주	8	물	13	산	4	잎	9	강	1	불	5	하늘	10	흙	1	빛
21일	6	바다	11	태양	13	색깔	5	우주	9	물	1	시간	5	잎	10	강	2	불	6	하늘	11	흙	2	빛
22일	7	바다	12	태양	1	달	6	우주	10	물	2	시간	6	잎	11	강	3	불	7	하늘	12	흙	3	빛
23일	8	바다	13	태양	2	달	7	우주	11	물	3	시간	7	잎	12	강	4	불	8	하늘	13	흙	4	빛
24일	9	바다	1	흙	3	달	8	우주	12	물	4	시간	8	잎	13	강	5	불	9	하늘	1	색깔	5	빛
25일	10	바다	2	흙	4	달	9	우주	13	물	5	시간	9	잎	1	나비	6	불	10	하늘	2	색깔	6	빛
26일	11	바다	3	흙	5	달	10	우주	1	나무	6	시간	10	잎	2	나비	7	불	11	하늘	3	색깔	7	빛
27일	12	바다	4	흙	6	달	11	우주	2	나무	7	시간	11	잎	3	나비	8	불	12	하늘	4	색깔	8	빛
28일	13	바다	5	흙	7	달	12	우주	3	나무	8	시간	12	잎	4	나비	9	불	13	하늘	5	색깔	9	빛
29일	1	하늘			8	달	13	우주	4	나무	9	시간	13	잎	5	나비	10	불	1	태양	6	색깔	10	빛
30일	2	하늘			9	달	1	소리	5	나무	10	시간	1	돌	6	나비	11	불	2	태양	7	색깔	11	빛
31일	3	하늘			10	달			6	나무			2	돌	7	나비			3	태양			12	빛

1964년

	1월		2월		3월		4월		5월		6월		7월		8월		9월		10월		11월		12월	
1일	13	빛	5	물	7	산	12	대지	3	강	8	구름	12	바다	4	흙	9	달	13	우주	5	나무	9	시간
2일	1	우주	6	물	8	산	13	대지	4	강	9	구름	13	바다	5	흙	10	달	1	소리	6	나무	10	시간
3일	2	우주	7	물	9	산	1	잎	5	강	10	구름	1	하늘	6	흙	11	달	2	소리	7	나무	11	시간
4일	3	우주	8	물	10	산	2	잎	6	강	11	구름	2	하늘	7	흙	12	달	3	소리	8	나무	12	시간
5일	4	우주	9	물	11	산	3	잎	7	강	12	구름	3	하늘	8	흙	13	달	4	소리	9	나무	13	시간
6일	5	우주	10	물	12	산	4	잎	8	강	13	구름	4	하늘	9	흙	1	빛	5	소리	10	나무	1	대지
7일	6	우주	11	물	13	산	5	잎	9	강	1	불	5	하늘	10	흙	2	빛	6	소리	11	나무	2	대지
8일	7	우주	12	물	1	시간	6	잎	10	강	2	불	6	하늘	11	흙	3	빛	7	소리	12	나무	3	대지
9일	8	우주	13	물	2	시간	7	잎	11	강	3	불	7	하늘	12	흙	4	빛	8	소리	13	나무	4	대지
10일	9	우주	1	나무	3	시간	8	잎	12	강	4	불	8	하늘	13	흙	5	빛	9	소리	1	산	5	대지
11일	10	우주	2	나무	4	시간	9	잎	13	강	5	불	9	하늘	1	색깔	6	빛	10	소리	2	산	6	대지
12일	11	우주	3	나무	5	시간	10	잎	1	나비	6	불	10	하늘	2	색깔	7	빛	11	소리	3	산	7	대지
13일	12	우주	4	나무	6	시간	11	잎	2	나비	7	불	11	하늘	3	색깔	8	빛	12	소리	4	산	8	대지
14일	13	우주	5	나무	7	시간	12	잎	3	나비	8	불	12	하늘	4	색깔	9	빛	13	소리	5	산	9	대지
15일	1	소리	6	나무	8	시간	13	잎	4	나비	9	불	13	하늘	5	색깔	10	빛	1	물	6	산	10	대지
16일	2	소리	7	나무	9	시간	1	돌	5	나비	10	불	1	태양	6	색깔	11	빛	2	물	7	산	11	대지
17일	3	소리	8	나무	10	시간	2	돌	6	나비	11	불	2	태양	7	색깔	12	빛	3	물	8	산	12	대지
18일	4	소리	9	나무	11	시간	3	돌	7	나비	12	불	3	태양	8	색깔	13	빛	4	물	9	산	13	대지
19일	5	소리	10	나무	12	시간	4	돌	8	나비	13	불	4	태양	9	색깔	1	우주	5	물	10	산	1	잎
20일	6	소리	11	나무	13	시간	5	돌	9	나비	1	바다	5	태양	10	색깔	2	우주	6	물	11	산	2	잎
21일	7	소리	12	나무	1	대지	6	돌	10	나비	2	바다	6	태양	11	색깔	3	우주	7	물	12	산	3	잎
22일	8	소리	13	나무	2	대지	7	돌	11	나비	3	바다	7	태양	12	색깔	4	우주	8	물	13	산	4	잎
23일	9	소리	1	산	3	대지	8	돌	12	나비	4	바다	8	태양	13	색깔	5	우주	9	물	1	시간	5	잎
24일	10	소리	2	산	4	대지	9	돌	13	나비	5	바다	9	태양	1	달	6	우주	10	물	2	시간	6	잎
25일	11	소리	3	산	5	대지	10	돌	1	구름	6	바다	10	태양	2	달	7	우주	11	물	3	시간	7	잎
26일	12	소리	4	산	6	대지	11	돌	2	구름	7	바다	11	태양	3	달	8	우주	12	물	4	시간	8	잎
27일	13	소리	5	산	7	대지	12	돌	3	구름	8	바다	12	태양	4	달	9	우주	13	물	5	시간	9	잎
28일	1	물	6	산	8	대지	13	돌	4	구름	9	바다	13	태양	5	달	10	우주	1	나무	6	시간	10	잎
29일	2	물	7	산	9	대지	1	강	5	구름	10	바다	1	흙	6	달	11	우주	2	나무	7	시간	11	잎
30일	3	물			10	대지	2	강	6	구름	11	바다	2	흙	7	달	12	우주	3	나무	8	시간	12	잎
31일	4	물			11	대지			7	구름			3	흙	8	달			4	나무			13	잎

1965년

	1월		2월		3월		4월		5월		6월		7월		8월		9월		10월		11월		12월	
1일	1	돌	6	나비	8	불	13	하늘	4	색깔	9	빛	13	소리	5	산	10	대지	1	강	6	구름	10	바다
2일	2	돌	7	나비	9	불	1	태양	5	색깔	10	빛	1	물	6	산	11	대지	2	강	7	구름	11	바다
3일	3	돌	8	나비	10	불	2	태양	6	색깔	11	빛	2	물	7	산	12	대지	3	강	8	구름	12	바다
4일	4	돌	9	나비	11	불	3	태양	7	색깔	12	빛	3	물	8	산	13	잎	4	강	9	구름	13	바다
5일	5	돌	10	나비	12	불	4	태양	8	색깔	13	빛	4	물	9	산	1	잎	5	강	10	구름	1	하늘
6일	6	돌	11	나비	13	불	5	태양	9	색깔	1	우주	5	물	10	산	2	잎	6	강	11	구름	2	하늘
7일	7	돌	12	나비	1	바다	6	태양	10	색깔	2	우주	6	물	11	산	3	잎	7	강	12	구름	3	하늘
8일	8	돌	13	나비	2	바다	7	태양	11	색깔	3	우주	7	물	12	산	4	잎	8	강	13	구름	4	하늘
9일	9	돌	1	구름	3	바다	8	태양	12	색깔	4	우주	8	물	13	산	5	잎	9	강	1	불	5	하늘
10일	10	돌	2	구름	4	바다	9	태양	13	색깔	5	우주	9	물	1	시간	6	잎	10	강	2	불	6	하늘
11일	11	돌	3	구름	5	바다	10	태양	1	달	6	우주	10	물	2	시간	7	잎	11	강	3	불	7	하늘
12일	12	돌	4	구름	6	바다	11	태양	2	달	7	우주	11	물	3	시간	8	잎	12	강	4	불	8	하늘
13일	13	돌	5	구름	7	바다	12	태양	3	달	8	우주	12	물	4	시간	9	잎	13	강	5	불	9	하늘
14일	1	강	6	구름	8	바다	13	태양	4	달	9	우주	13	물	5	시간	10	잎	1	나비	6	불	10	하늘
15일	2	강	7	구름	9	바다	1	흙	5	달	10	우주	1	나무	6	시간	11	잎	2	나비	7	불	11	하늘
16일	3	강	8	구름	10	바다	2	흙	6	달	11	우주	2	나무	7	시간	12	잎	3	나비	8	불	12	하늘
17일	4	강	9	구름	11	바다	3	흙	7	달	12	우주	3	나무	8	시간	13	잎	4	나비	9	불	13	하늘
18일	5	강	10	구름	12	바다	4	흙	8	달	13	우주	4	나무	9	시간	1	돌	5	나비	10	불	1	태양
19일	6	강	11	구름	13	바다	5	흙	9	달	1	소리	5	나무	10	시간	2	돌	6	나비	11	불	2	태양
20일	7	강	12	구름	1	하늘	6	흙	10	달	2	소리	6	나무	11	시간	3	돌	7	나비	12	불	3	태양
21일	8	강	13	구름	2	하늘	7	흙	11	달	3	소리	7	나무	12	시간	4	돌	8	나비	13	불	4	태양
22일	9	강	1	불	3	하늘	8	흙	12	달	4	소리	8	나무	13	시간	5	돌	9	나비	1	바다	5	태양
23일	10	강	2	불	4	하늘	9	흙	13	달	5	소리	9	나무	1	대지	6	돌	10	나비	2	바다	6	태양
24일	11	강	3	불	5	하늘	10	흙	1	빛	6	소리	10	나무	2	대지	7	돌	11	나비	3	바다	7	태양
25일	12	강	4	불	6	하늘	11	흙	2	빛	7	소리	11	나무	3	대지	8	돌	12	나비	4	바다	8	태양
26일	13	강	5	불	7	하늘	12	흙	3	빛	8	소리	12	나무	4	대지	9	돌	13	나비	5	바다	9	태양
27일	1	나비	6	불	8	하늘	13	흙	4	빛	9	소리	13	나무	5	대지	10	돌	1	구름	6	바다	10	태양
28일	2	나비	7	불	9	하늘	1	색깔	5	빛	10	소리	1	산	6	대지	11	돌	2	구름	7	바다	11	태양
29일	3	나비			10	하늘	2	색깔	6	빛	11	소리	2	산	7	대지	12	돌	3	구름	8	바다	12	태양
30일	4	나비			11	하늘	3	색깔	7	빛	12	소리	3	산	8	대지	13	돌	4	구름	9	바다	13	태양
31일	5	나비			12	하늘		색깔	8	빛			4	산	9	대지			5	구름			1	흙

1966년

	1월		2월		3월		4월		5월		6월		7월		8월		9월		10월		11월		12월	
1일	2	흙	7	달	9	우주	1	나무	5	시간	10	잎	1	나비	6	불	11	하늘	2	색깔	7	빛	11	소리
2일	3	흙	8	달	10	우주	2	나무	6	시간	11	잎	2	나비	7	불	12	하늘	3	색깔	8	빛	12	소리
3일	4	흙	9	달	11	우주	3	나무	7	시간	12	잎	3	나비	8	불	13	하늘	4	색깔	9	빛	13	소리
4일	5	흙	10	달	12	우주	4	나무	8	시간	13	잎	4	나비	9	불	1	태양	5	색깔	10	빛	1	물
5일	6	흙	11	달	13	우주	5	나무	9	시간	1	돌	5	나비	10	불	2	태양	6	색깔	11	빛	2	물
6일	7	흙	12	달	1	소리	6	나무	10	시간	2	돌	6	나비	11	불	3	태양	7	색깔	12	빛	3	물
7일	8	흙	13	달	2	소리	7	나무	11	시간	3	돌	7	나비	12	불	4	태양	8	색깔	13	빛	4	물
8일	9	흙	1	빛	3	소리	8	나무	12	시간	4	돌	8	나비	13	불	5	태양	9	색깔	1	우주	5	물
9일	10	흙	2	빛	4	소리	9	나무	13	시간	5	돌	9	나비	1	바다	6	태양	10	색깔	2	우주	6	물
10일	11	흙	3	빛	5	소리	10	나무	1	대지	6	돌	10	나비	2	바다	7	태양	11	색깔	3	우주	7	물
11일	12	흙	4	빛	6	소리	11	나무	2	대지	7	돌	11	나비	3	바다	8	태양	12	색깔	4	우주	8	물
12일	13	흙	5	빛	7	소리	12	나무	3	대지	8	돌	12	나비	4	바다	9	태양	13	색깔	5	우주	9	물
13일	1	색깔	6	빛	8	소리	13	나무	4	대지	9	돌	13	나비	5	바다	10	태양	1	달	6	우주	10	물
14일	2	색깔	7	빛	9	소리	1	산	5	대지	10	돌	1	구름	6	바다	11	태양	2	달	7	우주	11	물
15일	3	색깔	8	빛	10	소리	2	산	6	대지	11	돌	2	구름	7	바다	12	태양	3	달	8	우주	12	물
16일	4	색깔	9	빛	11	소리	3	산	7	대지	12	돌	3	구름	8	바다	13	태양	4	달	9	우주	13	물
17일	5	색깔	10	빛	12	소리	4	산	8	대지	13	돌	4	구름	9	바다	1	흙	5	달	10	우주	1	나무
18일	6	색깔	11	빛	13	소리	5	산	9	대지	1	강	5	구름	10	바다	2	흙	6	달	11	우주	2	나무
19일	7	색깔	12	빛	1	물	6	산	10	대지	2	강	6	구름	11	바다	3	흙	7	달	12	우주	3	나무
20일	8	색깔	13	빛	2	물	7	산	11	대지	3	강	7	구름	12	바다	4	흙	8	달	13	우주	4	나무
21일	9	색깔	1	우주	3	물	8	산	12	대지	4	강	8	구름	13	바다	5	흙	9	달	1	소리	5	나무
22일	10	색깔	2	우주	4	물	9	산	13	대지	5	강	9	구름	1	하늘	6	흙	10	달	2	소리	6	나무
23일	11	색깔	3	우주	5	물	10	산	1	잎	6	강	10	구름	2	하늘	7	흙	11	달	3	소리	7	나무
24일	12	색깔	4	우주	6	물	11	산	2	잎	7	강	11	구름	3	하늘	8	흙	12	달	4	소리	8	나무
25일	13	색깔	5	우주	7	물	12	산	3	잎	8	강	12	구름	4	하늘	9	흙	13	달	5	소리	9	나무
26일	1	달	6	우주	8	물	13	산	4	잎	9	강	13	구름	5	하늘	10	흙	1	빛	6	소리	10	나무
27일	2	달	7	우주	9	물	1	시간	5	잎	10	강	1	불	6	하늘	11	흙	2	빛	7	소리	11	나무
28일	3	달	8	우주	10	물	2	시간	6	잎	11	강	2	불	7	하늘	12	흙	3	빛	8	소리	12	나무
29일	4	달			11	물	3	시간	7	잎	12	강	3	불	8	하늘	13	흙	4	빛	9	소리	13	나무
30일	5	달			12	물	4	시간	8	잎	13	강	4	불	9	하늘	1	색깔	5	빛	10	소리	1	산
31일	6	달			13	물			9	잎			5	불	10	하늘			6	빛			2	산

1967년

	1월		2월		3월		4월		5월		6월		7월		8월		9월		10월		11월		12월	
1일	3	산	8	대지	10	돌	2	구름	6	바다	11	태양	2	달	7	우주	12	물	3	시간	8	잎	12	강
2일	4	산	9	대지	11	돌	3	구름	7	바다	12	태양	3	달	8	우주	13	물	4	시간	9	잎	13	강
3일	5	산	10	대지	12	돌	4	구름	8	바다	13	태양	4	달	9	우주	1	나무	5	시간	10	잎	1	나비
4일	6	산	11	대지	13	돌	5	구름	9	바다	1	흙	5	달	10	우주	2	나무	6	시간	11	잎	2	나비
5일	7	산	12	대지	1	강	6	구름	10	바다	2	흙	6	달	11	우주	3	나무	7	시간	12	잎	3	나비
6일	8	산	13	대지	2	강	7	구름	11	바다	3	흙	7	달	12	우주	4	나무	8	시간	13	잎	4	나비
7일	9	산	1	잎	3	강	8	구름	12	바다	4	흙	8	달	13	우주	5	나무	9	시간	1	돌	5	나비
8일	10	산	2	잎	4	강	9	구름	13	바다	5	흙	9	달	1	소리	6	나무	10	시간	2	돌	6	나비
9일	11	산	3	잎	5	강	10	구름	1	하늘	6	흙	10	달	2	소리	7	나무	11	시간	3	돌	7	나비
10일	12	산	4	잎	6	강	11	구름	2	하늘	7	흙	11	달	3	소리	8	나무	12	시간	4	돌	8	나비
11일	13	산	5	잎	7	강	12	구름	3	하늘	8	흙	12	달	4	소리	9	나무	13	시간	5	돌	9	나비
12일	1	시간	6	잎	8	강	13	구름	4	하늘	9	흙	13	달	5	소리	10	나무	1	대지	6	돌	10	나비
13일	2	시간	7	잎	9	강	1	불	5	하늘	10	흙	1	빛	6	소리	11	나무	2	대지	7	돌	11	나비
14일	3	시간	8	잎	10	강	2	불	6	하늘	11	흙	2	빛	7	소리	12	나무	3	대지	8	돌	12	나비
15일	4	시간	9	잎	11	강	3	불	7	하늘	12	흙	3	빛	8	소리	13	나무	4	대지	9	돌	13	나비
16일	5	시간	10	잎	12	강	4	불	8	하늘	13	흙	4	빛	9	소리	1	산	5	대지	10	돌	1	구름
17일	6	시간	11	잎	13	강	5	불	9	하늘	1	색깔	5	빛	10	소리	2	산	6	대지	11	돌	2	구름
18일	7	시간	12	잎	1	나비	6	불	10	하늘	2	색깔	6	빛	11	소리	3	산	7	대지	12	돌	3	구름
19일	8	시간	13	잎	2	나비	7	불	11	하늘	3	색깔	7	빛	12	소리	4	산	8	대지	13	돌	4	구름
20일	9	시간	1	돌	3	나비	8	불	12	하늘	4	색깔	8	빛	13	소리	5	산	9	대지	1	강	5	구름
21일	10	시간	2	돌	4	나비	9	불	13	하늘	5	색깔	9	빛	1	물	6	산	10	대지	2	강	6	구름
22일	11	시간	3	돌	5	나비	10	불	1	태양	6	색깔	10	빛	2	물	7	산	11	대지	3	강	7	구름
23일	12	시간	4	돌	6	나비	11	불	2	태양	7	색깔	11	빛	3	물	8	산	12	대지	4	강	8	구름
24일	13	시간	5	돌	7	나비	12	불	3	태양	8	색깔	12	빛	4	물	9	산	13	대지	5	강	9	구름
25일	1	대지	6	돌	8	나비	13	불	4	태양	9	색깔	13	빛	5	물	10	산	1	잎	6	강	10	구름
26일	2	대지	7	돌	9	나비	1	바다	5	태양	10	색깔	1	우주	6	물	11	산	2	잎	7	강	11	구름
27일	3	대지	8	돌	10	나비	2	바다	6	태양	11	색깔	2	우주	7	물	12	산	3	잎	8	강	12	구름
28일	4	대지	9	돌	11	나비	3	바다	7	태양	12	색깔	3	우주	8	물	13	산	4	잎	9	강	13	구름
29일	5	대지			12	나비	4	바다	8	태양	13	색깔	4	우주	9	물	1	시간	5	잎	10	강	1	불
30일	6	대지			13	나비	5	바다	9	태양	1	달	5	우주	10	물	2	시간	6	잎	11	강	2	불
31일	7	대지			1	구름			10	태양			6	우주	11	물			7	잎			3	불

1968년

	1월		2월		3월		4월		5월		6월		7월		8월		9월		10월		11월		12월	
1일	4	불	9	하늘	11	흙	3	빛	7	소리	12	나무	3	대지	8	돌	13	나비	4	바다	9	태양	13	색깔
2일	5	불	10	하늘	12	흙	4	빛	8	소리	13	나무	4	대지	9	돌	1	구름	5	바다	10	태양	1	달
3일	6	불	11	하늘	13	흙	5	빛	9	소리	1	산	5	대지	10	돌	2	구름	6	바다	11	태양	2	달
4일	7	불	12	하늘	1	색깔	6	빛	10	소리	2	산	6	대지	11	돌	3	구름	7	바다	12	태양	3	달
5일	8	불	13	하늘	2	색깔	7	빛	11	소리	3	산	7	대지	12	돌	4	구름	8	바다	13	흙	4	달
6일	9	불	1	태양	3	색깔	8	빛	12	소리	4	산	8	대지	13	돌	5	구름	9	바다	1	흙	5	달
7일	10	불	2	태양	4	색깔	9	빛	13	소리	5	산	9	대지	1	강	6	구름	10	바다	2	흙	6	달
8일	11	불	3	태양	5	색깔	10	빛	1	물	6	산	10	대지	2	강	7	구름	11	바다	3	흙	7	달
9일	12	불	4	태양	6	색깔	11	빛	2	물	7	산	11	대지	3	강	8	구름	12	바다	4	흙	8	달
10일	13	불	5	태양	7	색깔	12	빛	3	물	8	산	12	대지	4	강	9	구름	13	바다	5	흙	9	달
11일	1	바다	6	태양	8	색깔	13	빛	4	물	9	산	13	대지	5	강	10	구름	1	하늘	6	흙	10	달
12일	2	바다	7	태양	9	색깔	1	우주	5	물	10	산	1	잎	6	강	11	구름	2	하늘	7	흙	11	달
13일	3	바다	8	태양	10	색깔	2	우주	6	물	11	산	2	잎	7	강	12	구름	3	하늘	8	흙	12	달
14일	4	바다	9	태양	11	색깔	3	우주	7	물	12	산	3	잎	8	강	13	구름	4	하늘	9	흙	13	달
15일	5	바다	10	태양	12	색깔	4	우주	8	물	13	산	4	잎	9	강	1	불	5	하늘	10	흙	1	빛
16일	6	바다	11	태양	13	색깔	5	우주	9	물	1	시간	5	잎	10	강	2	불	6	하늘	11	흙	2	빛
17일	7	바다	12	태양	1	달	6	우주	10	물	2	시간	6	잎	11	강	3	불	7	하늘	12	흙	3	빛
18일	8	바다	13	태양	2	달	7	우주	11	물	3	시간	7	잎	12	강	4	불	8	하늘	13	흙	4	빛
19일	9	바다	1	흙	3	달	8	우주	12	물	4	시간	8	잎	13	강	5	불	9	하늘	1	색깔	5	빛
20일	10	바다	2	흙	4	달	9	우주	13	물	5	시간	9	잎	1	나비	6	불	10	하늘	2	색깔	6	빛
21일	11	바다	3	흙	5	달	10	우주	1	나무	6	시간	10	잎	2	나비	7	불	11	하늘	3	색깔	7	빛
22일	12	바다	4	흙	6	달	11	우주	2	나무	7	시간	11	잎	3	나비	8	불	12	하늘	4	색깔	8	빛
23일	13	바다	5	흙	7	달	12	우주	3	나무	8	시간	12	잎	4	나비	9	불	13	하늘	5	색깔	9	빛
24일	1	하늘	6	흙	8	달	13	우주	4	나무	9	시간	13	잎	5	나비	10	불	1	태양	6	색깔	10	빛
25일	2	하늘	7	흙	9	달	1	소리	5	나무	10	시간	1	돌	6	나비	11	불	2	태양	7	색깔	11	빛
26일	3	하늘	8	흙	10	달	2	소리	6	나무	11	시간	2	돌	7	나비	12	불	3	태양	8	색깔	12	빛
27일	4	하늘	9	흙	11	달	3	소리	7	나무	12	시간	3	돌	8	나비	13	불	4	태양	9	색깔	13	빛
28일	5	하늘	10	흙	12	달	4	소리	8	나무	13	시간	4	돌	9	나비	1	바다	5	태양	10	색깔	1	우주
29일	6	하늘	11	흙	13	달	5	소리	9	나무	1	대지	5	돌	10	나비	2	바다	6	태양	11	색깔	2	우주
30일	7	하늘			1	빛	6	소리	10	나무	2	대지	6	돌	11	나비	3	바다	7	태양	12	색깔	3	우주
31일	8	하늘			2	빛			11	나무			7	돌	12	나비			8	태양			4	우주

1969년

	1월		2월		3월		4월		5월		6월		7월		8월		9월		10월		11월		12월	
1일	5	우주	10	물	12	산	4	잎	8	강	13	구름	4	하늘	9	흙	1	빛	5	소리	10	나무	1	대지
2일	6	우주	11	물	13	산	5	잎	9	강	1	불	5	하늘	10	흙	2	빛	6	소리	11	나무	2	대지
3일	7	우주	12	물	1	시간	6	잎	10	강	2	불	6	하늘	11	흙	3	빛	7	소리	12	나무	3	대지
4일	8	우주	13	물	2	시간	7	잎	11	강	3	불	7	하늘	12	흙	4	빛	8	소리	13	나무	4	대지
5일	9	우주	1	나무	3	시간	8	잎	12	강	4	불	8	하늘	13	흙	5	빛	9	소리	1	산	5	대지
6일	10	우주	2	나무	4	시간	9	잎	13	강	5	불	9	하늘	1	색깔	6	빛	10	소리	2	산	6	대지
7일	11	우주	3	나무	5	시간	10	잎	1	나비	6	불	10	하늘	2	색깔	7	빛	11	소리	3	산	7	대지
8일	12	우주	4	나무	6	시간	11	잎	2	나비	7	불	11	하늘	3	색깔	8	빛	12	소리	4	산	8	대지
9일	13	우주	5	나무	7	시간	12	잎	3	나비	8	불	12	하늘	4	색깔	9	빛	13	소리	5	산	9	대지
10일	1	소리	6	나무	8	시간	13	잎	4	나비	9	불	13	하늘	5	색깔	10	빛	1	물	6	산	10	대지
11일	2	소리	7	나무	9	시간	1	돌	5	나비	10	불	1	태양	6	색깔	11	빛	2	물	7	산	11	대지
12일	3	소리	8	나무	10	시간	2	돌	6	나비	11	불	2	태양	7	색깔	12	빛	3	물	8	산	12	대지
13일	4	소리	9	나무	11	시간	3	돌	7	나비	12	불	3	태양	8	색깔	13	빛	4	물	9	산	13	대지
14일	5	소리	10	나무	12	시간	4	돌	8	나비	13	불	4	태양	9	색깔	1	우주	5	물	10	산	1	잎
15일	6	소리	11	나무	13	시간	5	돌	9	나비	1	바다	5	태양	10	색깔	2	우주	6	물	11	산	2	잎
16일	7	소리	12	나무	1	대지	6	돌	10	나비	2	바다	6	태양	11	색깔	3	우주	7	물	12	산	3	잎
17일	8	소리	13	나무	2	대지	7	돌	11	나비	3	바다	7	태양	12	색깔	4	우주	8	물	13	산	4	잎
18일	9	소리	1	산	3	대지	8	돌	12	나비	4	바다	8	태양	13	색깔	5	우주	9	물	1	시간	5	잎
19일	10	소리	2	산	4	대지	9	돌	13	나비	5	바다	9	태양	1	달	6	우주	10	물	2	시간	6	잎
20일	11	소리	3	산	5	대지	10	돌	1	구름	6	바다	10	태양	2	달	7	우주	11	물	3	시간	7	잎
21일	12	소리	4	산	6	대지	11	돌	2	구름	7	바다	11	태양	3	달	8	우주	12	물	4	시간	8	잎
22일	13	소리	5	산	7	대지	12	돌	3	구름	8	바다	12	태양	4	달	9	우주	13	물	5	시간	9	잎
23일	1	물	6	산	8	대지	13	돌	4	구름	9	바다	13	태양	5	달	10	우주	1	나무	6	시간	10	잎
24일	2	물	7	산	9	대지	1	강	5	구름	10	바다	1	흙	6	달	11	우주	2	나무	7	시간	11	잎
25일	3	물	8	산	10	대지	2	강	6	구름	11	바다	2	흙	7	달	12	우주	3	나무	8	시간	12	잎
26일	4	물	9	산	11	대지	3	강	7	구름	12	바다	3	흙	8	달	13	우주	4	나무	9	시간	13	잎
27일	5	물	10	산	12	대지	4	강	8	구름	13	바다	4	흙	9	달	1	소리	5	나무	10	시간	1	돌
28일	6	물	11	산	13	대지	5	강	9	구름	1	하늘	5	흙	10	달	2	소리	6	나무	11	시간	2	돌
29일	7	물			1	잎	6	강	10	구름	2	하늘	6	흙	11	달	3	소리	7	나무	12	시간	3	돌
30일	8	물			2	잎	7	강	11	구름	3	하늘	7	흙	12	달	4	소리	8	나무	13	시간	4	돌
31일	9	물			3	잎			12	구름			8	흙	13	달			9	나무			5	돌

1970년

	1월		2월		3월		4월		5월		6월		7월		8월		9월		10월		11월		12월	
1일	6	돌	11	나비	13	불	5	태양	9	색깔	1	우주	5	물	10	산	2	잎	6	강	11	구름	2	하늘
2일	7	돌	12	나비	1	바다	6	태양	10	색깔	2	우주	6	물	11	산	3	잎	7	강	12	구름	3	하늘
3일	8	돌	13	나비	2	바다	7	태양	11	색깔	3	우주	7	물	12	산	4	잎	8	강	13	구름	4	하늘
4일	9	돌	1	구름	3	바다	8	태양	12	색깔	4	우주	8	물	13	산	5	잎	9	강	1	불	5	하늘
5일	10	돌	2	구름	4	바다	9	태양	13	색깔	5	우주	9	물	1	시간	6	잎	10	강	2	불	6	하늘
6일	11	돌	3	구름	5	바다	10	태양	1	달	6	우주	10	물	2	시간	7	잎	11	강	3	불	7	하늘
7일	12	돌	4	구름	6	바다	11	태양	2	달	7	우주	11	물	3	시간	8	잎	12	강	4	불	8	하늘
8일	13	돌	5	구름	7	바다	12	태양	3	달	8	우주	12	물	4	시간	9	잎	13	강	5	불	9	하늘
9일	1	강	6	구름	8	바다	13	태양	4	달	9	우주	13	물	5	시간	10	잎	1	나비	6	불	10	하늘
10일	2	강	7	구름	9	바다	1	흙	5	달	10	우주	1	나무	6	시간	11	잎	2	나비	7	불	11	하늘
11일	3	강	8	구름	10	바다	2	흙	6	달	11	우주	2	나무	7	시간	12	잎	3	나비	8	불	12	하늘
12일	4	강	9	구름	11	바다	3	흙	7	달	12	우주	3	나무	8	시간	13	잎	4	나비	9	불	13	하늘
13일	5	강	10	구름	12	바다	4	흙	8	달	13	우주	4	나무	9	시간	1	돌	5	나비	10	불	1	태양
14일	6	강	11	구름	13	바다	5	흙	9	달	1	소리	5	나무	10	시간	2	돌	6	나비	11	불	2	태양
15일	7	강	12	구름	1	하늘	6	흙	10	달	2	소리	6	나무	11	시간	3	돌	7	나비	12	불	3	태양
16일	8	강	13	구름	2	하늘	7	흙	11	달	3	소리	7	나무	12	시간	4	돌	8	나비	13	불	4	태양
17일	9	강	1	불	3	하늘	8	흙	12	달	4	소리	8	나무	13	시간	5	돌	9	나비	1	바다	5	태양
18일	10	강	2	불	4	하늘	9	흙	13	달	5	소리	9	나무	1	대지	6	돌	10	나비	2	바다	6	태양
19일	11	강	3	불	5	하늘	10	흙	1	빛	6	소리	10	나무	2	대지	7	돌	11	나비	3	바다	7	태양
20일	12	강	4	불	6	하늘	11	흙	2	빛	7	소리	11	나무	3	대지	8	돌	12	나비	4	바다	8	태양
21일	13	강	5	불	7	하늘	12	흙	3	빛	8	소리	12	나무	4	대지	9	돌	13	나비	5	바다	9	태양
22일	1	나비	6	불	8	하늘	13	흙	4	빛	9	소리	13	나무	5	대지	10	돌	1	구름	6	바다	10	태양
23일	2	나비	7	불	9	하늘	1	색깔	5	빛	10	소리	1	산	6	대지	11	돌	2	구름	7	바다	11	태양
24일	3	나비	8	불	10	하늘	2	색깔	6	빛	11	소리	2	산	7	대지	12	돌	3	구름	8	바다	12	태양
25일	4	나비	9	불	11	하늘	3	색깔	7	빛	12	소리	3	산	8	대지	13	돌	4	구름	9	바다	13	태양
26일	5	나비	10	불	12	하늘	4	색깔	8	빛	13	소리	4	산	9	대지	1	강	5	구름	10	바다	1	흙
27일	6	나비	11	불	13	하늘	5	색깔	9	빛	1	물	5	산	10	대지	2	강	6	구름	11	바다	2	흙
28일	7	나비	12	불	1	태양	6	색깔	10	빛	2	물	6	산	11	대지	3	강	7	구름	12	바다	3	흙
29일	8	나비			2	태양	7	색깔	11	빛	3	물	7	산	12	대지	4	강	8	구름	13	바다	4	흙
30일	9	나비			3	태양	8	색깔	12	빛	4	물	8	산	13	대지	5	강	9	구름	1	하늘	5	흙
31일	10	나비			4	태양			13	빛			9	산	1	잎			10	구름			6	흙

1971년

	1월		2월		3월		4월		5월		6월		7월		8월		9월		10월		11월		12월	
1일	7	흙	12	달	1	소리	6	나무	10	시간	2	돌	6	나비	11	불	3	태양	7	색깔	12	빛	3	물
2일	8	흙	13	달	2	소리	7	나무	11	시간	3	돌	7	나비	12	불	4	태양	8	색깔	13	빛	4	물
3일	9	흙	1	빛	3	소리	8	나무	12	시간	4	돌	8	나비	13	불	5	태양	9	색깔	1	우주	5	물
4일	10	흙	2	빛	4	소리	9	나무	13	시간	5	돌	9	나비	1	바다	6	태양	10	색깔	2	우주	6	물
5일	11	흙	3	빛	5	소리	10	나무	1	대지	6	돌	10	나비	2	바다	7	태양	11	색깔	3	우주	7	물
6일	12	흙	4	빛	6	소리	11	나무	2	대지	7	돌	11	나비	3	바다	8	태양	12	색깔	4	우주	8	물
7일	13	흙	5	빛	7	소리	12	나무	3	대지	8	돌	12	나비	4	바다	9	태양	13	색깔	5	우주	9	물
8일	1	색깔	6	빛	8	소리	13	나무	4	대지	9	돌	13	나비	5	바다	10	태양	1	달	6	우주	10	물
9일	2	색깔	7	빛	9	소리	1	산	5	대지	10	돌	1	구름	6	바다	11	태양	2	달	7	우주	11	물
10일	3	색깔	8	빛	10	소리	2	산	6	대지	11	돌	2	구름	7	바다	12	태양	3	달	8	우주	12	물
11일	4	색깔	9	빛	11	소리	3	산	7	대지	12	돌	3	구름	8	바다	13	태양	4	달	9	우주	13	물
12일	5	색깔	10	빛	12	소리	4	산	8	대지	13	돌	4	구름	9	바다	1	흙	5	달	10	우주	1	나무
13일	6	색깔	11	빛	13	소리	5	산	9	대지	1	강	5	구름	10	바다	2	흙	6	달	11	우주	2	나무
14일	7	색깔	12	빛	1	물	6	산	10	대지	2	강	6	구름	11	바다	3	흙	7	달	12	우주	3	나무
15일	8	색깔	13	빛	2	물	7	산	11	대지	3	강	7	구름	12	바다	4	흙	8	달	13	우주	4	나무
16일	9	색깔	1	우주	3	물	8	산	12	대지	4	강	8	구름	13	바다	5	흙	9	달	1	소리	5	나무
17일	10	색깔	2	우주	4	물	9	산	13	대지	5	강	9	구름	1	하늘	6	흙	10	달	2	소리	6	나무
18일	11	색깔	3	우주	5	물	10	산	1	잎	6	강	10	구름	2	하늘	7	흙	11	달	3	소리	7	나무
19일	12	색깔	4	우주	6	물	11	산	2	잎	7	강	11	구름	3	하늘	8	흙	12	달	4	소리	8	나무
20일	13	색깔	5	우주	7	물	12	산	3	잎	8	강	12	구름	4	하늘	9	흙	13	달	5	소리	9	나무
21일	1	달	6	우주	8	물	13	산	4	잎	9	강	13	구름	5	하늘	10	흙	1	빛	6	소리	10	나무
22일	2	달	7	우주	9	물	1	시간	5	잎	10	강	1	불	6	하늘	11	흙	2	빛	7	소리	11	나무
23일	3	달	8	우주	10	물	2	시간	6	잎	11	강	2	불	7	하늘	12	흙	3	빛	8	소리	12	나무
24일	4	달	9	우주	11	물	3	시간	7	잎	12	강	3	불	8	하늘	13	흙	4	빛	9	소리	13	나무
25일	5	달	10	우주	12	물	4	시간	8	잎	13	강	4	불	9	하늘	1	색깔	5	빛	10	소리	1	산
26일	6	달	11	우주	13	물	5	시간	9	잎	1	나비	5	불	10	하늘	2	색깔	6	빛	11	소리	2	산
27일	7	달	12	우주	1	나무	6	시간	10	잎	2	나비	6	불	11	하늘	3	색깔	7	빛	12	소리	3	산
28일	8	달	13	우주	2	나무	7	시간	11	잎	3	나비	7	불	12	하늘	4	색깔	8	빛	13	소리	4	산
29일	9	달			3	나무	8	시간	12	잎	4	나비	8	불	13	하늘	5	색깔	9	빛	1	물	5	산
30일	10	달			4	나무	9	시간	13	잎	5	나비	9	불	1	태양	6	색깔	10	빛	2	물	6	산
31일	11	달			5	나무			1	돌			10	불	2	태양			11	빛			7	산

1972년

	1월		2월		3월		4월		5월		6월		7월		8월		9월		10월		11월		12월	
1일	8	산	13	대지	2	강	7	구름	11	바다	3	흙	7	달	12	우주	4	나무	8	시간	13	잎	4	나비
2일	9	산	1	잎	3	강	8	구름	12	바다	4	흙	8	달	13	우주	5	나무	9	시간	1	돌	5	나비
3일	10	산	2	잎	4	강	9	구름	13	바다	5	흙	9	달	1	소리	6	나무	10	시간	2	돌	6	나비
4일	11	산	3	잎	5	강	10	구름	1	하늘	6	흙	10	달	2	소리	7	나무	11	시간	3	돌	7	나비
5일	12	산	4	잎	6	강	11	구름	2	하늘	7	흙	11	달	3	소리	8	나무	12	시간	4	돌	8	나비
6일	13	산	5	잎	7	강	12	구름	3	하늘	8	흙	12	달	4	소리	9	나무	13	시간	5	돌	9	나비
7일	1	시간	6	잎	8	강	13	구름	4	하늘	9	흙	13	달	5	소리	10	나무	1	대지	6	돌	10	나비
8일	2	시간	7	잎	9	강	1	불	5	하늘	10	흙	1	빛	6	소리	11	나무	2	대지	7	돌	11	나비
9일	3	시간	8	잎	10	강	2	불	6	하늘	11	흙	2	빛	7	소리	12	나무	3	대지	8	돌	12	나비
10일	4	시간	9	잎	11	강	3	불	7	하늘	12	흙	3	빛	8	소리	13	나무	4	대지	9	돌	13	나비
11일	5	시간	10	잎	12	강	4	불	8	하늘	13	흙	4	빛	9	소리	1	산	5	대지	10	돌	1	구름
12일	6	시간	11	잎	13	강	5	불	9	하늘	1	색깔	5	빛	10	소리	2	산	6	대지	11	돌	2	구름
13일	7	시간	12	잎	1	나비	6	불	10	하늘	2	색깔	6	빛	11	소리	3	산	7	대지	12	돌	3	구름
14일	8	시간	13	잎	2	나비	7	불	11	하늘	3	색깔	7	빛	12	소리	4	산	8	대지	13	돌	4	구름
15일	9	시간	1	돌	3	나비	8	불	12	하늘	4	색깔	8	빛	13	소리	5	산	9	대지	1	강	5	구름
16일	10	시간	2	돌	4	나비	9	불	13	하늘	5	색깔	9	빛	1	물	6	산	10	대지	2	강	6	구름
17일	11	시간	3	돌	5	나비	10	불	1	태양	6	색깔	10	빛	2	물	7	산	11	대지	3	강	7	구름
18일	12	시간	4	돌	6	나비	11	불	2	태양	7	색깔	11	빛	3	물	8	산	12	대지	4	강	8	구름
19일	13	시간	5	돌	7	나비	12	불	3	태양	8	색깔	12	빛	4	물	9	산	13	대지	5	강	9	구름
20일	1	대지	6	돌	8	나비	13	불	4	태양	9	색깔	13	빛	5	물	10	산	1	잎	6	강	10	구름
21일	2	대지	7	돌	9	나비	1	바다	5	태양	10	색깔	1	우주	6	물	11	산	2	잎	7	강	11	구름
22일	3	대지	8	돌	10	나비	2	바다	6	태양	11	색깔	2	우주	7	물	12	산	3	잎	8	강	12	구름
23일	4	대지	9	돌	11	나비	3	바다	7	태양	12	색깔	3	우주	8	물	13	산	4	잎	9	강	13	구름
24일	5	대지	10	돌	12	나비	4	바다	8	태양	13	색깔	4	우주	9	물	1	시간	5	잎	10	강	1	불
25일	6	대지	11	돌	13	나비	5	바다	9	태양	1	달	5	우주	10	물	2	시간	6	잎	11	강	2	불
26일	7	대지	12	돌	1	구름	6	바다	10	태양	2	달	6	우주	11	물	3	시간	7	잎	12	강	3	불
27일	8	대지	13	돌	2	구름	7	바다	11	태양	3	달	7	우주	12	물	4	시간	8	잎	13	강	4	불
28일	9	대지	1	강	3	구름	8	바다	12	태양	4	달	8	우주	13	물	5	시간	9	잎	1	나비	5	불
29일	10	대지	2	강	4	구름	9	바다	13	태양	5	달	9	우주	1	나무	6	시간	10	잎	2	나비	6	불
30일	11	대지			5	구름	10	바다	1	흙	6	달	10	우주	2	나무	7	시간	11	잎	3	나비	7	불
31일	12	대지			6	구름			2	흙			11	우주	3	나무			12	잎			8	불

1973년

	1월		2월		3월		4월		5월		6월		7월		8월		9월		10월		11월		12월	
1일	9	불	1	태양	3	색깔	8	빛	12	소리	4	산	8	대지	13	돌	5	구름	9	바다	1	흙	5	달
2일	10	불	2	태양	4	색깔	9	빛	13	소리	5	산	9	대지	1	강	6	구름	10	바다	2	흙	6	달
3일	11	불	3	태양	5	색깔	10	빛	1	물	6	산	10	대지	2	강	7	구름	11	바다	3	흙	7	달
4일	12	불	4	태양	6	색깔	11	빛	2	물	7	산	11	대지	3	강	8	구름	12	바다	4	흙	8	달
5일	13	불	5	태양	7	색깔	12	빛	3	물	8	산	12	대지	4	강	9	구름	13	바다	5	흙	9	달
6일	1	바다	6	태양	8	색깔	13	빛	4	물	9	산	13	대지	5	강	10	구름	1	하늘	6	흙	10	달
7일	2	바다	7	태양	9	색깔	1	우주	5	물	10	산	1	잎	6	강	11	구름	2	하늘	7	흙	11	달
8일	3	바다	8	태양	10	색깔	2	우주	6	물	11	산	2	잎	7	강	12	구름	3	하늘	8	흙	12	달
9일	4	바다	9	태양	11	색깔	3	우주	7	물	12	산	3	잎	8	강	13	구름	4	하늘	9	흙	13	달
10일	5	바다	10	태양	12	색깔	4	우주	8	물	13	산	4	잎	9	강	1	불	5	하늘	10	흙	1	빛
11일	6	바다	11	태양	13	색깔	5	우주	9	물	1	시간	5	잎	10	강	2	불	6	하늘	11	흙	2	빛
12일	7	바다	12	태양	1	달	6	우주	10	물	2	시간	6	잎	11	강	3	불	7	하늘	12	흙	3	빛
13일	8	바다	13	태양	2	달	7	우주	11	물	3	시간	7	잎	12	강	4	불	8	하늘	13	흙	4	빛
14일	9	바다	1	흙	3	달	8	우주	12	물	4	시간	8	잎	13	강	5	불	9	하늘	1	색깔	5	빛
15일	10	바다	2	흙	4	달	9	우주	13	물	5	시간	9	잎	1	나비	6	불	10	하늘	2	색깔	6	빛
16일	11	바다	3	흙	5	달	10	우주	1	나무	6	시간	10	잎	2	나비	7	불	11	하늘	3	색깔	7	빛
17일	12	바다	4	흙	6	달	11	우주	2	나무	7	시간	11	잎	3	나비	8	불	12	하늘	4	색깔	8	빛
18일	13	바다	5	흙	7	달	12	우주	3	나무	8	시간	12	잎	4	나비	9	불	13	하늘	5	색깔	9	빛
19일	1	하늘	6	흙	8	달	13	우주	4	나무	9	시간	13	잎	5	나비	10	불	1	태양	6	색깔	10	빛
20일	2	하늘	7	흙	9	달	1	소리	5	나무	10	시간	1	돌	6	나비	11	불	2	태양	7	색깔	11	빛
21일	3	하늘	8	흙	10	달	2	소리	6	나무	11	시간	2	돌	7	나비	12	불	3	태양	8	색깔	12	빛
22일	4	하늘	9	흙	11	달	3	소리	7	나무	12	시간	3	돌	8	나비	13	불	4	태양	9	색깔	13	빛
23일	5	하늘	10	흙	12	달	4	소리	8	나무	13	시간	4	돌	9	나비	1	바다	5	태양	10	색깔	1	우주
24일	6	하늘	11	흙	13	달	5	소리	9	나무	1	대지	5	돌	10	나비	2	바다	6	태양	11	색깔	2	우주
25일	7	하늘	12	흙	1	빛	6	소리	10	나무	2	대지	6	돌	11	나비	3	바다	7	태양	12	색깔	3	우주
26일	8	하늘	13	흙	2	빛	7	소리	11	나무	3	대지	7	돌	12	나비	4	바다	8	태양	13	색깔	4	우주
27일	9	하늘	1	색깔	3	빛	8	소리	12	나무	4	대지	8	돌	13	나비	5	바다	9	태양	1	달	5	우주
28일	10	하늘	2	색깔	4	빛	9	소리	13	나무	5	대지	9	돌	1	구름	6	바다	10	태양	2	달	6	우주
29일	11	하늘			5	빛	10	소리	1	산	6	대지	10	돌	2	구름	7	바다	11	태양	3	달	7	우주
30일	12	하늘			6	빛	11	소리	2	산	7	대지	11	돌	3	구름	8	바다	12	태양	4	달	8	우주
31일	13	하늘			7	빛			3	산			12	돌	4	구름			13	태양			9	우주

1974년

	1월		2월		3월		4월		5월		6월		7월		8월		9월		10월		11월		12월	
1일	10	우주	2	나무	4	시간	9	잎	13	강	5	불	9	하늘	1	색깔	6	빛	10	소리	2	산	6	대지
2일	11	우주	3	나무	5	시간	10	잎	1	나비	6	불	10	하늘	2	색깔	7	빛	11	소리	3	산	7	대지
3일	12	우주	4	나무	6	시간	11	잎	2	나비	7	불	11	하늘	3	색깔	8	빛	12	소리	4	산	8	대지
4일	13	우주	5	나무	7	시간	12	잎	3	나비	8	불	12	하늘	4	색깔	9	빛	13	소리	5	산	9	대지
5일	1	소리	6	나무	8	시간	13	잎	4	나비	9	불	13	하늘	5	색깔	10	빛	1	물	6	산	10	대지
6일	2	소리	7	나무	9	시간	1	돌	5	나비	10	불	1	태양	6	색깔	11	빛	2	물	7	산	11	대지
7일	3	소리	8	나무	10	시간	2	돌	6	나비	11	불	2	태양	7	색깔	12	빛	3	물	8	산	12	대지
8일	4	소리	9	나무	11	시간	3	돌	7	나비	12	불	3	태양	8	색깔	13	빛	4	물	9	산	13	대지
9일	5	소리	10	나무	12	시간	4	돌	8	나비	13	불	4	태양	9	색깔	1	우주	5	물	10	산	1	잎
10일	6	소리	11	나무	13	시간	5	돌	9	나비	1	바다	5	태양	10	색깔	2	우주	6	물	11	산	2	잎
11일	7	소리	12	나무	1	대지	6	돌	10	나비	2	바다	6	태양	11	색깔	3	우주	7	물	12	산	3	잎
12일	8	소리	13	나무	2	대지	7	돌	11	나비	3	바다	7	태양	12	색깔	4	우주	8	물	13	산	4	잎
13일	9	소리	1	산	3	대지	8	돌	12	나비	4	바다	8	태양	13	색깔	5	우주	9	물	1	시간	5	잎
14일	10	소리	2	산	4	대지	9	돌	13	나비	5	바다	9	태양	1	달	6	우주	10	물	2	시간	6	잎
15일	11	소리	3	산	5	대지	10	돌	1	구름	6	바다	10	태양	2	달	7	우주	11	물	3	시간	7	잎
16일	12	소리	4	산	6	대지	11	돌	2	구름	7	바다	11	태양	3	달	8	우주	12	물	4	시간	8	잎
17일	13	소리	5	산	7	대지	12	돌	3	구름	8	바다	12	태양	4	달	9	우주	13	물	5	시간	9	잎
18일	1	물	6	산	8	대지	13	돌	4	구름	9	바다	13	태양	5	달	10	우주	1	나무	6	시간	10	잎
19일	2	물	7	산	9	대지	1	강	5	구름	10	바다	1	흙	6	달	11	우주	2	나무	7	시간	11	잎
20일	3	물	8	산	10	대지	2	강	6	구름	11	바다	2	흙	7	달	12	우주	3	나무	8	시간	12	잎
21일	4	물	9	산	11	대지	3	강	7	구름	12	바다	3	흙	8	달	13	우주	4	나무	9	시간	13	잎
22일	5	물	10	산	12	대지	4	강	8	구름	13	바다	4	흙	9	달	1	소리	5	나무	10	시간	1	돌
23일	6	물	11	산	13	대지	5	강	9	구름	1	하늘	5	흙	10	달	2	소리	6	나무	11	시간	2	돌
24일	7	물	12	산	1	잎	6	강	10	구름	2	하늘	6	흙	11	달	3	소리	7	나무	12	시간	3	돌
25일	8	물	13	산	2	잎	7	강	11	구름	3	하늘	7	흙	12	달	4	소리	8	나무	13	시간	4	돌
26일	9	물	1	시간	3	잎	8	강	12	구름	4	하늘	8	흙	13	달	5	소리	9	나무	1	대지	5	돌
27일	10	물	2	시간	4	잎	9	강	13	구름	5	하늘	9	흙	1	빛	6	소리	10	나무	2	대지	6	돌
28일	11	물	3	시간	5	잎	10	강	1	불	6	하늘	10	흙	2	빛	7	소리	11	나무	3	대지	7	돌
29일	12	물			6	잎	11	강	2	불	7	하늘	11	흙	3	빛	8	소리	12	나무	4	대지	8	돌
30일	13	물			7	잎	12	강	3	불	8	하늘	12	흙	4	빛	9	소리	13	나무	5	대지	9	돌
31일	1	나무			8	잎			4	불			13	흙	5	빛			1	산			10	돌

1975년

	1월		2월		3월		4월		5월		6월		7월		8월		9월		10월		11월		12월	
1일	11	돌	3	구름	5	바다	10	태양	1	달	6	우주	10	물	2	시간	7	잎	11	강	3	불	7	하늘
2일	12	돌	4	구름	6	바다	11	태양	2	달	7	우주	11	물	3	시간	8	잎	12	강	4	불	8	하늘
3일	13	돌	5	구름	7	바다	12	태양	3	달	8	우주	12	물	4	시간	9	잎	13	강	5	불	9	하늘
4일	1	강	6	구름	8	바다	13	태양	4	달	9	우주	13	나무	5	시간	10	잎	1	나비	6	불	10	하늘
5일	2	강	7	구름	9	바다	1	흙	5	달	10	우주	1	나무	6	시간	11	잎	2	나비	7	불	11	하늘
6일	3	강	8	구름	10	바다	2	흙	6	달	11	우주	2	나무	7	시간	12	잎	3	나비	8	불	12	하늘
7일	4	강	9	구름	11	바다	3	흙	7	달	12	우주	3	나무	8	시간	13	잎	4	나비	9	불	13	하늘
8일	5	강	10	구름	12	바다	4	흙	8	달	13	우주	4	나무	9	시간	1	돌	5	나비	10	불	1	태양
9일	6	강	11	구름	13	바다	5	흙	9	달	1	소리	5	나무	10	시간	2	돌	6	나비	11	불	2	태양
10일	7	강	12	구름	1	하늘	6	흙	10	달	2	소리	6	나무	11	시간	3	돌	7	나비	12	불	3	태양
11일	8	강	13	구름	2	하늘	7	흙	11	달	3	소리	7	나무	12	시간	4	돌	8	나비	13	불	4	태양
12일	9	강	1	불	3	하늘	8	흙	12	달	4	소리	8	나무	13	시간	5	돌	9	나비	1	바다	5	태양
13일	10	강	2	불	4	하늘	9	흙	13	달	5	소리	9	나무	1	대지	6	돌	10	나비	2	바다	6	태양
14일	11	강	3	불	5	하늘	10	흙	1	빛	6	소리	10	나무	2	대지	7	돌	11	나비	3	바다	7	태양
15일	12	강	4	불	6	하늘	11	흙	2	빛	7	소리	11	나무	3	대지	8	돌	12	나비	4	바다	8	태양
16일	13	강	5	불	7	하늘	12	흙	3	빛	8	소리	12	나무	4	대지	9	돌	13	나비	5	바다	9	태양
17일	1	나비	6	불	8	하늘	13	흙	4	빛	9	소리	13	나무	5	대지	10	돌	1	구름	6	바다	10	태양
18일	2	나비	7	불	9	하늘	1	색깔	5	빛	10	소리	1	산	6	대지	11	돌	2	구름	7	바다	11	태양
19일	3	나비	8	불	10	하늘	2	색깔	6	빛	11	소리	2	산	7	대지	12	돌	3	구름	8	바다	12	태양
20일	4	나비	9	불	11	하늘	3	색깔	7	빛	12	소리	3	산	8	대지	13	돌	4	구름	9	바다	13	태양
21일	5	나비	10	불	12	하늘	4	색깔	8	빛	13	소리	4	산	9	대지	1	강	5	구름	10	바다	1	흙
22일	6	나비	11	불	13	하늘	5	색깔	9	빛	1	물	5	산	10	대지	2	강	6	구름	11	바다	2	흙
23일	7	나비	12	불	1	태양	6	색깔	10	빛	2	물	6	산	11	대지	3	강	7	구름	12	바다	3	흙
24일	8	나비	13	불	2	태양	7	색깔	11	빛	3	물	7	산	12	대지	4	강	8	구름	13	바다	4	흙
25일	9	나비	1	바다	3	태양	8	색깔	12	빛	4	물	8	산	13	대지	5	강	9	구름	1	하늘	5	흙
26일	10	나비	2	바다	4	태양	9	색깔	13	빛	5	물	9	산	1	잎	6	강	10	구름	2	하늘	6	흙
27일	11	나비	3	바다	5	태양	10	색깔	1	우주	6	물	10	산	2	잎	7	강	11	구름	3	하늘	7	흙
28일	12	나비	4	바다	6	태양	11	색깔	2	우주	7	물	11	산	3	잎	8	강	12	구름	4	하늘	8	흙
29일	13	나비			7	태양	12	색깔	3	우주	8	물	12	산	4	잎	9	강	13	구름	5	하늘	9	흙
30일	1	구름			8	태양	13	색깔	4	우주	9	물	13	산	5	잎	10	강	1	불	6	하늘	10	흙
31일	2	구름			9	태양			5	우주			1	시간	6	잎			2	불			11	흙

1976년

	1월		2월		3월		4월		5월		6월		7월		8월		9월		10월		11월		12월	
1일	12	흙	4	빛	6	소리	11	나무	2	대지	7	돌	11	나비	3	바다	8	태양	12	색깔	4	우주	8	물
2일	13	흙	5	빛	7	소리	12	나무	3	대지	8	돌	12	나비	4	바다	9	태양	13	색깔	5	우주	9	물
3일	1	색깔	6	빛	8	소리	13	나무	4	대지	9	돌	13	나비	5	바다	10	태양	1	달	6	우주	10	물
4일	2	색깔	7	빛	9	소리	1	산	5	대지	10	돌	1	구름	6	바다	11	태양	2	달	7	우주	11	물
5일	3	색깔	8	빛	10	소리	2	산	6	대지	11	돌	2	구름	7	바다	12	태양	3	달	8	우주	12	물
6일	4	색깔	9	빛	11	소리	3	산	7	대지	12	돌	3	구름	8	바다	13	태양	4	달	9	우주	13	물
7일	5	색깔	10	빛	12	소리	4	산	8	대지	13	돌	4	구름	9	바다	1	흙	5	달	10	우주	1	나무
8일	6	색깔	11	빛	13	소리	5	산	9	대지	1	강	5	구름	10	바다	2	흙	6	달	11	우주	2	나무
9일	7	색깔	12	빛	1	물	6	산	10	대지	2	강	6	구름	11	바다	3	흙	7	달	12	우주	3	나무
10일	8	색깔	13	빛	2	물	7	산	11	대지	3	강	7	구름	12	바다	4	흙	8	달	13	우주	4	나무
11일	9	색깔	1	우주	3	물	8	산	12	대지	4	강	8	구름	13	바다	5	흙	9	달	1	소리	5	나무
12일	10	색깔	2	우주	4	물	9	산	13	대지	5	강	9	구름	1	하늘	6	흙	10	달	2	소리	6	나무
13일	11	색깔	3	우주	5	물	10	산	1	잎	6	강	10	구름	2	하늘	7	흙	11	달	3	소리	7	나무
14일	12	색깔	4	우주	6	물	11	산	2	잎	7	강	11	구름	3	하늘	8	흙	12	달	4	소리	8	나무
15일	13	색깔	5	우주	7	물	12	산	3	잎	8	강	12	구름	4	하늘	9	흙	13	달	5	소리	9	나무
16일	1	달	6	우주	8	물	13	산	4	잎	9	강	13	구름	5	하늘	10	흙	1	빛	6	소리	10	나무
17일	2	달	7	우주	9	물	1	시간	5	잎	10	강	1	불	6	하늘	11	흙	2	빛	7	소리	11	나무
18일	3	달	8	우주	10	물	2	시간	6	잎	11	강	2	불	7	하늘	12	흙	3	빛	8	소리	12	나무
19일	4	달	9	우주	11	물	3	시간	7	잎	12	강	3	불	8	하늘	13	흙	4	빛	9	소리	13	나무
20일	5	달	10	우주	12	물	4	시간	8	잎	13	강	4	불	9	하늘	1	색깔	5	빛	10	소리	1	산
21일	6	달	11	우주	13	물	5	시간	9	잎	1	나비	5	불	10	하늘	2	색깔	6	빛	11	소리	2	산
22일	7	달	12	우주	1	나무	6	시간	10	잎	2	나비	6	불	11	하늘	3	색깔	7	빛	12	소리	3	산
23일	8	달	13	우주	2	나무	7	시간	11	잎	3	나비	7	불	12	하늘	4	색깔	8	빛	13	소리	4	산
24일	9	달	1	소리	3	나무	8	시간	12	잎	4	나비	8	불	13	하늘	5	색깔	9	빛	1	물	5	산
25일	10	달	2	소리	4	나무	9	시간	13	잎	5	나비	9	불	1	태양	6	색깔	10	빛	2	물	6	산
26일	11	달	3	소리	5	나무	10	시간	1	돌	6	나비	10	불	2	태양	7	색깔	11	빛	3	물	7	산
27일	12	달	4	소리	6	나무	11	시간	2	돌	7	나비	11	불	3	태양	8	색깔	12	빛	4	물	8	산
28일	13	달	5	소리	7	나무	12	시간	3	돌	8	나비	12	불	4	태양	9	색깔	13	빛	5	물	9	산
29일	1	빛	6	소리	8	나무	13	시간	4	돌	9	나비	13	불	5	태양	10	색깔	1	우주	6	물	10	산
30일	2	빛			9	나무	1	대지	5	돌	10	나비	1	바다	6	태양	11	색깔	2	우주	7	물	11	산
31일	3	빛			10	나무			6	돌			2	바다	7	태양			3	우주			12	산

1977년

	1월		2월		3월		4월		5월		6월		7월		8월		9월		10월		11월		12월	
1일	13	산	5	잎	7	강	12	구름	3	하늘	8	흙	12	달	4	소리	9	나무	13	시간	5	돌	9	나비
2일	1	시간	6	잎	8	강	13	구름	4	하늘	9	흙	13	달	5	소리	10	나무	1	대지	6	돌	10	나비
3일	2	시간	7	잎	9	강	1	불	5	하늘	10	흙	1	빛	6	소리	11	나무	2	대지	7	돌	11	나비
4일	3	시간	8	잎	10	강	2	불	6	하늘	11	흙	2	빛	7	소리	12	나무	3	대지	8	돌	12	나비
5일	4	시간	9	잎	11	강	3	불	7	하늘	12	흙	3	빛	8	소리	13	나무	4	대지	9	돌	13	나비
6일	5	시간	10	잎	12	강	4	불	8	하늘	13	흙	4	빛	9	소리	1	산	5	대지	10	돌	1	구름
7일	6	시간	11	잎	13	강	5	불	9	하늘	1	색깔	5	빛	10	소리	2	산	6	대지	11	돌	2	구름
8일	7	시간	12	잎	1	나비	6	불	10	하늘	2	색깔	6	빛	11	소리	3	산	7	대지	12	돌	3	구름
9일	8	시간	13	잎	2	나비	7	불	11	하늘	3	색깔	7	빛	12	소리	4	산	8	대지	13	돌	4	구름
10일	9	시간	1	돌	3	나비	8	불	12	하늘	4	색깔	8	빛	13	소리	5	산	9	대지	1	강	5	구름
11일	10	시간	2	돌	4	나비	9	불	13	하늘	5	색깔	9	빛	1	물	6	산	10	대지	2	강	6	구름
12일	11	시간	3	돌	5	나비	10	불	1	태양	6	색깔	10	빛	2	물	7	산	11	대지	3	강	7	구름
13일	12	시간	4	돌	6	나비	11	불	2	태양	7	색깔	11	빛	3	물	8	산	12	대지	4	강	8	구름
14일	13	시간	5	돌	7	나비	12	불	3	태양	8	색깔	12	빛	4	물	9	산	13	대지	5	강	9	구름
15일	1	대지	6	돌	8	나비	13	불	4	태양	9	색깔	13	빛	5	물	10	산	1	잎	6	강	10	구름
16일	2	대지	7	돌	9	나비	1	바다	5	태양	10	색깔	1	우주	6	물	11	산	2	잎	7	강	11	구름
17일	3	대지	8	돌	10	나비	2	바다	6	태양	11	색깔	2	우주	7	물	12	산	3	잎	8	강	12	구름
18일	4	대지	9	돌	11	나비	3	바다	7	태양	12	색깔	3	우주	8	물	13	산	4	잎	9	강	13	구름
19일	5	대지	10	돌	12	나비	4	바다	8	태양	13	색깔	4	우주	9	물	1	시간	5	잎	10	강	1	불
20일	6	대지	11	돌	13	나비	5	바다	9	태양	1	달	5	우주	10	물	2	시간	6	잎	11	강	2	불
21일	7	대지	12	돌	1	구름	6	바다	10	태양	2	달	6	우주	11	물	3	시간	7	잎	12	강	3	불
22일	8	대지	13	돌	2	구름	7	바다	11	태양	3	달	7	우주	12	물	4	시간	8	잎	13	강	4	불
23일	9	대지	1	강	3	구름	8	바다	12	태양	4	달	8	우주	13	물	5	시간	9	잎	1	나비	5	불
24일	10	대지	2	강	4	구름	9	바다	13	태양	5	달	9	우주	1	나무	6	시간	10	잎	2	나비	6	불
25일	11	대지	3	강	5	구름	10	바다	1	흙	6	달	10	우주	2	나무	7	시간	11	잎	3	나비	7	불
26일	12	대지	4	강	6	구름	11	바다	2	흙	7	달	11	우주	3	나무	8	시간	12	잎	4	나비	8	불
27일	13	대지	5	강	7	구름	12	바다	3	흙	8	달	12	우주	4	나무	9	시간	13	잎	5	나비	9	불
28일	1	잎	6	강	8	구름	13	바다	4	흙	9	달	13	우주	5	나무	10	시간	1	돌	6	나비	10	불
29일	2	잎			9	구름	1	하늘	5	흙	10	달	1	소리	6	나무	11	시간	2	돌	7	나비	11	불
30일	3	잎			10	구름	2	하늘	6	흙	11	달	2	소리	7	나무	12	시간	3	돌	8	나비	12	불
31일	4	잎			11	구름			7	흙			3	소리	8	나무			4	돌			13	불

1978년

	1월		2월		3월		4월		5월		6월		7월		8월		9월		10월		11월		12월	
1일	1	바다	6	태양	8	색깔	13	빛	4	물	9	산	13	대지	5	강	10	구름	1	하늘	6	흙	10	달
2일	2	바다	7	태양	9	색깔	1	우주	5	물	10	산	1	잎	6	강	11	구름	2	하늘	7	흙	11	달
3일	3	바다	8	태양	10	색깔	2	우주	6	물	11	산	2	잎	7	강	12	구름	3	하늘	8	흙	12	달
4일	4	바다	9	태양	11	색깔	3	우주	7	물	12	산	3	잎	8	강	13	구름	4	하늘	9	흙	13	달
5일	5	바다	10	태양	12	색깔	4	우주	8	물	13	산	4	잎	9	강	1	불	5	하늘	10	흙	1	빛
6일	6	바다	11	태양	13	색깔	5	우주	9	물	1	시간	5	잎	10	강	2	불	6	하늘	11	흙	2	빛
7일	7	바다	12	태양	1	달	6	우주	10	물	2	시간	6	잎	11	강	3	불	7	하늘	12	흙	3	빛
8일	8	바다	13	태양	2	달	7	우주	11	물	3	시간	7	잎	12	강	4	불	8	하늘	13	흙	4	빛
9일	9	바다	1	흙	3	달	8	우주	12	물	4	시간	8	잎	13	강	5	불	9	하늘	1	색깔	5	빛
10일	10	바다	2	흙	4	달	9	우주	13	물	5	시간	9	잎	1	나비	6	불	10	하늘	2	색깔	6	빛
11일	11	바다	3	흙	5	달	10	우주	1	나무	6	시간	10	잎	2	나비	7	불	11	하늘	3	색깔	7	빛
12일	12	바다	4	흙	6	달	11	우주	2	나무	7	시간	11	잎	3	나비	8	불	12	하늘	4	색깔	8	빛
13일	13	바다	5	흙	7	달	12	우주	3	나무	8	시간	12	잎	4	나비	9	불	13	하늘	5	색깔	9	빛
14일	1	하늘	6	흙	8	달	13	우주	4	나무	9	시간	13	잎	5	나비	10	불	1	태양	6	색깔	10	빛
15일	2	하늘	7	흙	9	달	1	소리	5	나무	10	시간	1	돌	6	나비	11	불	2	태양	7	색깔	11	빛
16일	3	하늘	8	흙	10	달	2	소리	6	나무	11	시간	2	돌	7	나비	12	불	3	태양	8	색깔	12	빛
17일	4	하늘	9	흙	11	달	3	소리	7	나무	12	시간	3	돌	8	나비	13	불	4	태양	9	색깔	13	빛
18일	5	하늘	10	흙	12	달	4	소리	8	나무	13	시간	4	돌	9	나비	1	바다	5	태양	10	색깔	1	우주
19일	6	하늘	11	흙	13	달	5	소리	9	나무	1	대지	5	돌	10	나비	2	바다	6	태양	11	색깔	2	우주
20일	7	하늘	12	흙	1	빛	6	소리	10	나무	2	대지	6	돌	11	나비	3	바다	7	태양	12	색깔	3	우주
21일	8	하늘	13	흙	2	빛	7	소리	11	나무	3	대지	7	돌	12	나비	4	바다	8	태양	13	색깔	4	우주
22일	9	하늘	1	색깔	3	빛	8	소리	12	나무	4	대지	8	돌	13	나비	5	바다	9	태양	1	달	5	우주
23일	10	하늘	2	색깔	4	빛	9	소리	13	나무	5	대지	9	돌	1	구름	6	바다	10	태양	2	달	6	우주
24일	11	하늘	3	색깔	5	빛	10	소리	1	산	6	대지	10	돌	2	구름	7	바다	11	태양	3	달	7	우주
25일	12	하늘	4	색깔	6	빛	11	소리	2	산	7	대지	11	돌	3	구름	8	바다	12	태양	4	달	8	우주
26일	13	하늘	5	색깔	7	빛	12	소리	3	산	8	대지	12	돌	4	구름	9	바다	13	태양	5	달	9	우주
27일	1	태양	6	색깔	8	빛	13	소리	4	산	9	대지	13	돌	5	구름	10	바다	1	흙	6	달	10	우주
28일	2	태양	7	색깔	9	빛	1	물	5	산	10	대지	1	강	6	구름	11	바다	2	흙	7	달	11	우주
29일	3	태양			10	빛	2	물	6	산	11	대지	2	강	7	구름	12	바다	3	흙	8	달	12	우주
30일	4	태양			11	빛	3	물	7	산	12	대지	3	강	8	구름	13	바다	4	흙	9	달	13	우주
31일	5	태양			12	빛			8	산			4	강	9	구름			5	흙			1	소리

1979년

	1월		2월		3월		4월		5월		6월		7월		8월		9월		10월		11월		12월	
1일	2	소리	7	나무	9	시간	1	돌	5	나비	10	불	1	태양	6	색깔	11	빛	2	물	7	산	11	대지
2일	3	소리	8	나무	10	시간	2	돌	6	나비	11	불	2	태양	7	색깔	12	빛	3	물	8	산	12	대지
3일	4	소리	9	나무	11	시간	3	돌	7	나비	12	불	3	태양	8	색깔	13	빛	4	물	9	산	13	대지
4일	5	소리	10	나무	12	시간	4	돌	8	나비	13	불	4	태양	9	색깔	1	우주	5	물	10	산	1	잎
5일	6	소리	11	나무	13	시간	5	돌	9	나비	1	바다	5	태양	10	색깔	2	우주	6	물	11	산	2	잎
6일	7	소리	12	나무	1	대지	6	돌	10	나비	2	바다	6	태양	11	색깔	3	우주	7	물	12	산	3	잎
7일	8	소리	13	나무	2	대지	7	돌	11	나비	3	바다	7	태양	12	색깔	4	우주	8	물	13	산	4	잎
8일	9	소리	1	산	3	대지	8	돌	12	나비	4	바다	8	태양	13	색깔	5	우주	9	물	1	시간	5	잎
9일	10	소리	2	산	4	대지	9	돌	13	나비	5	바다	9	태양	1	달	6	우주	10	물	2	시간	6	잎
10일	11	소리	3	산	5	대지	10	돌	1	구름	6	바다	10	태양	2	달	7	우주	11	물	3	시간	7	잎
11일	12	소리	4	산	6	대지	11	돌	2	구름	7	바다	11	태양	3	달	8	우주	12	물	4	시간	8	잎
12일	13	소리	5	산	7	대지	12	돌	3	구름	8	바다	12	태양	4	달	9	우주	13	물	5	시간	9	잎
13일	1	물	6	산	8	대지	13	돌	4	구름	9	바다	13	태양	5	달	10	우주	1	나무	6	시간	10	잎
14일	2	물	7	산	9	대지	1	강	5	구름	10	바다	1	흙	6	달	11	우주	2	나무	7	시간	11	잎
15일	3	물	8	산	10	대지	2	강	6	구름	11	바다	2	흙	7	달	12	우주	3	나무	8	시간	12	잎
16일	4	물	9	산	11	대지	3	강	7	구름	12	바다	3	흙	8	달	13	우주	4	나무	9	시간	13	잎
17일	5	물	10	산	12	대지	4	강	8	구름	13	바다	4	흙	9	달	1	소리	5	나무	10	시간	1	돌
18일	6	물	11	산	13	대지	5	강	9	구름	1	하늘	5	흙	10	달	2	소리	6	나무	11	시간	2	돌
19일	7	물	12	산	1	잎	6	강	10	구름	2	하늘	6	흙	11	달	3	소리	7	나무	12	시간	3	돌
20일	8	물	13	산	2	잎	7	강	11	구름	3	하늘	7	흙	12	달	4	소리	8	나무	13	시간	4	돌
21일	9	물	1	시간	3	잎	8	강	12	구름	4	하늘	8	흙	13	달	5	소리	9	나무	1	대지	5	돌
22일	10	물	2	시간	4	잎	9	강	13	구름	5	하늘	9	흙	1	빛	6	소리	10	나무	2	대지	6	돌
23일	11	물	3	시간	5	잎	10	강	1	불	6	하늘	10	흙	2	빛	7	소리	11	나무	3	대지	7	돌
24일	12	물	4	시간	6	잎	11	강	2	불	7	하늘	11	흙	3	빛	8	소리	12	나무	4	대지	8	돌
25일	13	물	5	시간	7	잎	12	강	3	불	8	하늘	12	흙	4	빛	9	소리	13	나무	5	대지	9	돌
26일	1	나무	6	시간	8	잎	13	강	4	불	9	하늘	13	흙	5	빛	10	소리	1	산	6	대지	10	돌
27일	2	나무	7	시간	9	잎	1	나비	5	불	10	하늘	1	색깔	6	빛	11	소리	2	산	7	대지	11	돌
28일	3	나무	8	시간	10	잎	2	나비	6	불	11	하늘	2	색깔	7	빛	12	소리	3	산	8	대지	12	돌
29일	4	나무			11	잎	3	나비	7	불	12	하늘	3	색깔	8	빛	13	소리	4	산	9	대지	13	돌
30일	5	나무			12	잎	4	나비	8	불	13	하늘	4	색깔	9	빛	1	물	5	산	10	대지	1	강
31일	6	나무			13	잎			9	불			5	색깔	10	빛			6	산			2	강

1980년

	1월		2월		3월		4월		5월		6월		7월		8월		9월		10월		11월		12월	
1일	3	강	8	구름	10	바다	2	흙	6	달	11	우주	2	나무	7	시간	12	잎	3	나비	8	불	12	하늘
2일	4	강	9	구름	11	바다	3	흙	7	달	12	우주	3	나무	8	시간	13	잎	4	나비	9	불	13	하늘
3일	5	강	10	구름	12	바다	4	흙	8	달	13	우주	4	나무	9	시간	1	돌	5	나비	10	불	1	태양
4일	6	강	11	구름	13	바다	5	흙	9	달	1	소리	5	나무	10	시간	2	돌	6	나비	11	불	2	태양
5일	7	강	12	구름	1	하늘	6	흙	10	달	2	소리	6	나무	11	시간	3	돌	7	나비	12	불	3	태양
6일	8	강	13	구름	2	하늘	7	흙	11	달	3	소리	7	나무	12	시간	4	돌	8	나비	13	불	4	태양
7일	9	강	1	불	3	하늘	8	흙	12	달	4	소리	8	나무	13	시간	5	돌	9	나비	1	바다	5	태양
8일	10	강	2	불	4	하늘	9	흙	13	달	5	소리	9	나무	1	대지	6	돌	10	나비	2	바다	6	태양
9일	11	강	3	불	5	하늘	10	흙	1	빛	6	소리	10	나무	2	대지	7	돌	11	나비	3	바다	7	태양
10일	12	강	4	불	6	하늘	11	흙	2	빛	7	소리	11	나무	3	대지	8	돌	12	나비	4	바다	8	태양
11일	13	강	5	불	7	하늘	12	흙	3	빛	8	소리	12	나무	4	대지	9	돌	13	나비	5	바다	9	태양
12일	1	나비	6	불	8	하늘	13	흙	4	빛	9	소리	13	나무	5	대지	10	돌	1	구름	6	바다	10	태양
13일	2	나비	7	불	9	하늘	1	색깔	5	빛	10	소리	1	산	6	대지	11	돌	2	구름	7	바다	11	태양
14일	3	나비	8	불	10	하늘	2	색깔	6	빛	11	소리	2	산	7	대지	12	돌	3	구름	8	바다	12	태양
15일	4	나비	9	불	11	하늘	3	색깔	7	빛	12	소리	3	산	8	대지	13	돌	4	구름	9	바다	13	태양
16일	5	나비	10	불	12	하늘	4	색깔	8	빛	13	소리	4	산	9	대지	1	강	5	구름	10	바다	1	흙
17일	6	나비	11	불	13	하늘	5	색깔	9	빛	1	물	5	산	10	대지	2	강	6	구름	11	바다	2	흙
18일	7	나비	12	불	1	태양	6	색깔	10	빛	2	물	6	산	11	대지	3	강	7	구름	12	바다	3	흙
19일	8	나비	13	불	2	태양	7	색깔	11	빛	3	물	7	산	12	대지	4	강	8	구름	13	바다	4	흙
20일	9	나비	1	바다	3	태양	8	색깔	12	빛	4	물	8	산	13	대지	5	강	9	구름	1	하늘	5	흙
21일	10	나비	2	바다	4	태양	9	색깔	13	빛	5	물	9	산	1	잎	6	강	10	구름	2	하늘	6	흙
22일	11	나비	3	바다	5	태양	10	색깔	1	우주	6	물	10	산	2	잎	7	강	11	구름	3	하늘	7	흙
23일	12	나비	4	바다	6	태양	11	색깔	2	우주	7	물	11	산	3	잎	8	강	12	구름	4	하늘	8	흙
24일	13	나비	5	바다	7	태양	12	색깔	3	우주	8	물	12	산	4	잎	9	강	13	구름	5	하늘	9	흙
25일	1	구름	6	바다	8	태양	13	색깔	4	우주	9	물	13	산	5	잎	10	강	1	불	6	하늘	10	흙
26일	2	구름	7	바다	9	태양	1	달	5	우주	10	물	1	시간	6	잎	11	강	2	불	7	하늘	11	흙
27일	3	구름	8	바다	10	태양	2	달	6	우주	11	물	2	시간	7	잎	12	강	3	불	8	하늘	12	흙
28일	4	구름	9	바다	11	태양	3	달	7	우주	12	물	3	시간	8	잎	13	강	4	불	9	하늘	13	흙
29일	5	구름	10	바다	12	태양	4	달	8	우주	13	물	4	시간	9	잎	1	나비	5	불	10	하늘	1	색깔
30일	6	구름			13	태양	5	달	9	우주	1	나무	5	시간	10	잎	2	나비	6	불	11	하늘	2	색깔
31일	7	구름			1	흙			10	우주			6	시간	11	잎			7	불			3	색깔

1981년

	1월		2월		3월		4월		5월		6월		7월		8월		9월		10월		11월		12월	
1일	4	색깔	9	빛	11	소리	3	산	7	대지	12	돌	3	구름	8	바다	13	태양	4	달	9	우주	13	물
2일	5	색깔	10	빛	12	소리	4	산	8	대지	13	돌	4	구름	9	바다	1	흙	5	달	10	우주	1	나무
3일	6	색깔	11	빛	13	소리	5	산	9	대지	1	강	5	구름	10	바다	2	흙	6	달	11	우주	2	나무
4일	7	색깔	12	빛	1	물	6	산	10	대지	2	강	6	구름	11	바다	3	흙	7	달	12	우주	3	나무
5일	8	색깔	13	빛	2	물	7	산	11	대지	3	강	7	구름	12	바다	4	흙	8	달	13	우주	4	나무
6일	9	색깔	1	우주	3	물	8	산	12	대지	4	강	8	구름	13	바다	5	흙	9	달	1	소리	5	나무
7일	10	색깔	2	우주	4	물	9	산	13	대지	5	강	9	구름	1	하늘	6	흙	10	달	2	소리	6	나무
8일	11	색깔	3	우주	5	물	10	산	1	잎	6	강	10	구름	2	하늘	7	흙	11	달	3	소리	7	나무
9일	12	색깔	4	우주	6	물	11	산	2	잎	7	강	11	구름	3	하늘	8	흙	12	달	4	소리	8	나무
10일	13	색깔	5	우주	7	물	12	산	3	잎	8	강	12	구름	4	하늘	9	흙	13	달	5	소리	9	나무
11일	1	달	6	우주	8	물	13	산	4	잎	9	강	13	구름	5	하늘	10	흙	1	빛	6	소리	10	나무
12일	2	달	7	우주	9	물	1	시간	5	잎	10	강	1	불	6	하늘	11	흙	2	빛	7	소리	11	나무
13일	3	달	8	우주	10	물	2	시간	6	잎	11	강	2	불	7	하늘	12	흙	3	빛	8	소리	12	나무
14일	4	달	9	우주	11	물	3	시간	7	잎	12	강	3	불	8	하늘	13	흙	4	빛	9	소리	13	나무
15일	5	달	10	우주	12	물	4	시간	8	잎	13	강	4	불	9	하늘	1	색깔	5	빛	10	소리	1	산
16일	6	달	11	우주	13	물	5	시간	9	잎	1	나비	5	불	10	하늘	2	색깔	6	빛	11	소리	2	산
17일	7	달	12	우주	1	나무	6	시간	10	잎	2	나비	6	불	11	하늘	3	색깔	7	빛	12	소리	3	산
18일	8	달	13	우주	2	나무	7	시간	11	잎	3	나비	7	불	12	하늘	4	색깔	8	빛	13	소리	4	산
19일	9	달	1	소리	3	나무	8	시간	12	잎	4	나비	8	불	13	하늘	5	색깔	9	빛	1	물	5	산
20일	10	달	2	소리	4	나무	9	시간	13	잎	5	나비	9	불	1	태양	6	색깔	10	빛	2	물	6	산
21일	11	달	3	소리	5	나무	10	시간	1	돌	6	나비	10	불	2	태양	7	색깔	11	빛	3	물	7	산
22일	12	달	4	소리	6	나무	11	시간	2	돌	7	나비	11	불	3	태양	8	색깔	12	빛	4	물	8	산
23일	13	달	5	소리	7	나무	12	시간	3	돌	8	나비	12	불	4	태양	9	색깔	13	빛	5	물	9	산
24일	1	빛	6	소리	8	나무	13	시간	4	돌	9	나비	13	불	5	태양	10	색깔	1	우주	6	물	10	산
25일	2	빛	7	소리	9	나무	1	대지	5	돌	10	나비	1	바다	6	태양	11	색깔	2	우주	7	물	11	산
26일	3	빛	8	소리	10	나무	2	대지	6	돌	11	나비	2	바다	7	태양	12	색깔	3	우주	8	물	12	산
27일	4	빛	9	소리	11	나무	3	대지	7	돌	12	나비	3	바다	8	태양	13	색깔	4	우주	9	물	13	산
28일	5	빛	10	소리	12	나무	4	대지	8	돌	13	나비	4	바다	9	태양	1	달	5	우주	10	물	1	시간
29일	6	빛			13	나무	5	대지	9	돌	1	구름	5	바다	10	태양	2	달	6	우주	11	물	2	시간
30일	7	빛			1	산	6	대지	10	돌	2	구름	6	바다	11	태양	3	달	7	우주	12	물	3	시간
31일	8	빛			2	산			11	돌			7	바다	12	태양			8	우주			4	시간

1982년

	1월		2월		3월		4월		5월		6월		7월		8월		9월		10월		11월		12월	
1일	5	시간	10	잎	12	강	4	불	8	하늘	13	흙	4	빛	9	소리	1	산	5	대지	10	돌	1	구름
2일	6	시간	11	잎	13	강	5	불	9	하늘	1	색깔	5	빛	10	소리	2	산	6	대지	11	돌	2	구름
3일	7	시간	12	잎	1	나비	6	불	10	하늘	2	색깔	6	빛	11	소리	3	산	7	대지	12	돌	3	구름
4일	8	시간	13	잎	2	나비	7	불	11	하늘	3	색깔	7	빛	12	소리	4	산	8	대지	13	돌	4	구름
5일	9	시간	1	돌	3	나비	8	불	12	하늘	4	색깔	8	빛	13	소리	5	산	9	대지	1	강	5	구름
6일	10	시간	2	돌	4	나비	9	불	13	하늘	5	색깔	9	빛	1	물	6	산	10	대지	2	강	6	구름
7일	11	시간	3	돌	5	나비	10	불	1	태양	6	색깔	10	빛	2	물	7	산	11	대지	3	강	7	구름
8일	12	시간	4	돌	6	나비	11	불	2	태양	7	색깔	11	빛	3	물	8	산	12	대지	4	강	8	구름
9일	13	시간	5	돌	7	나비	12	불	3	태양	8	색깔	12	빛	4	물	9	산	13	대지	5	강	9	구름
10일	1	대지	6	돌	8	나비	13	불	4	태양	9	색깔	13	빛	5	물	10	산	1	잎	6	강	10	구름
11일	2	대지	7	돌	9	나비	1	바다	5	태양	10	색깔	1	우주	6	물	11	산	2	잎	7	강	11	구름
12일	3	대지	8	돌	10	나비	2	바다	6	태양	11	색깔	2	우주	7	물	12	산	3	잎	8	강	12	구름
13일	4	대지	9	돌	11	나비	3	바다	7	태양	12	색깔	3	우주	8	물	13	산	4	잎	9	강	13	구름
14일	5	대지	10	돌	12	나비	4	바다	8	태양	13	색깔	4	우주	9	물	1	시간	5	잎	10	강	1	불
15일	6	대지	11	돌	13	나비	5	바다	9	태양	1	달	5	우주	10	물	2	시간	6	잎	11	강	2	불
16일	7	대지	12	돌	1	구름	6	바다	10	태양	2	달	6	우주	11	물	3	시간	7	잎	12	강	3	불
17일	8	대지	13	돌	2	구름	7	바다	11	태양	3	달	7	우주	12	물	4	시간	8	잎	13	강	4	불
18일	9	대지	1	강	3	구름	8	바다	12	태양	4	달	8	우주	13	물	5	시간	9	잎	1	나비	5	불
19일	10	대지	2	강	4	구름	9	바다	13	태양	5	달	9	우주	1	나무	6	시간	10	잎	2	나비	6	불
20일	11	대지	3	강	5	구름	10	바다	1	흙	6	달	10	우주	2	나무	7	시간	11	잎	3	나비	7	불
21일	12	대지	4	강	6	구름	11	바다	2	흙	7	달	11	우주	3	나무	8	시간	12	잎	4	나비	8	불
22일	13	대지	5	강	7	구름	12	바다	3	흙	8	달	12	우주	4	나무	9	시간	13	잎	5	나비	9	불
23일	1	잎	6	강	8	구름	13	바다	4	흙	9	달	13	우주	5	나무	10	시간	1	돌	6	나비	10	불
24일	2	잎	7	강	9	구름	1	하늘	5	흙	10	달	1	소리	6	나무	11	시간	2	돌	7	나비	11	불
25일	3	잎	8	강	10	구름	2	하늘	6	흙	11	달	2	소리	7	나무	12	시간	3	돌	8	나비	12	불
26일	4	잎	9	강	11	구름	3	하늘	7	흙	12	달	3	소리	8	나무	13	시간	4	돌	9	나비	13	불
27일	5	잎	10	강	12	구름	4	하늘	8	흙	13	달	4	소리	9	나무	1	대지	5	돌	10	나비	1	바다
28일	6	잎	11	강	13	구름	5	하늘	9	흙	1	빛	5	소리	10	나무	2	대지	6	돌	11	나비	2	바다
29일	7	잎			1	불	6	하늘	10	흙	2	빛	6	소리	11	나무	3	대지	7	돌	12	나비	3	바다
30일	8	잎			2	불	7	하늘	11	흙	3	빛	7	소리	12	나무	4	대지	8	돌	13	나비	4	바다
31일	9	잎			3	불			12	흙			8	소리	13	나무			9	돌			5	바다

1983년

	1월		2월		3월		4월		5월		6월		7월		8월		9월		10월		11월		12월	
1일	6	바다	11	태양	13	색깔	5	우주	9	물	1	시간	5	잎	10	강	2	불	6	하늘	11	흙	2	빛
2일	7	바다	12	태양	1	달	6	우주	10	물	2	시간	6	잎	11	강	3	불	7	하늘	12	흙	3	빛
3일	8	바다	13	태양	2	달	7	우주	11	물	3	시간	7	잎	12	강	4	불	8	하늘	13	흙	4	빛
4일	9	바다	1	흙	3	달	8	우주	12	물	4	시간	8	잎	13	강	5	불	9	하늘	1	색깔	5	빛
5일	10	바다	2	흙	4	달	9	우주	13	물	5	시간	9	잎	1	나비	6	불	10	하늘	2	색깔	6	빛
6일	11	바다	3	흙	5	달	10	우주	1	나무	6	시간	10	잎	2	나비	7	불	11	하늘	3	색깔	7	빛
7일	12	바다	4	흙	6	달	11	우주	2	나무	7	시간	11	잎	3	나비	8	불	12	하늘	4	색깔	8	빛
8일	13	바다	5	흙	7	달	12	우주	3	나무	8	시간	12	잎	4	나비	9	불	13	하늘	5	색깔	9	빛
9일	1	하늘	6	흙	8	달	13	우주	4	나무	9	시간	13	잎	5	나비	10	불	1	태양	6	색깔	10	빛
10일	2	하늘	7	흙	9	달	1	소리	5	나무	10	시간	1	돌	6	나비	11	불	2	태양	7	색깔	11	빛
11일	3	하늘	8	흙	10	달	2	소리	6	나무	11	시간	2	돌	7	나비	12	불	3	태양	8	색깔	12	빛
12일	4	하늘	9	흙	11	달	3	소리	7	나무	12	시간	3	돌	8	나비	13	불	4	태양	9	색깔	13	빛
13일	5	하늘	10	흙	12	달	4	소리	8	나무	13	시간	4	돌	9	나비	1	바다	5	태양	10	색깔	1	우주
14일	6	하늘	11	흙	13	달	5	소리	9	나무	1	대지	5	돌	10	나비	2	바다	6	태양	11	색깔	2	우주
15일	7	하늘	12	흙	1	빛	6	소리	10	나무	2	대지	6	돌	11	나비	3	바다	7	태양	12	색깔	3	우주
16일	8	하늘	13	흙	2	빛	7	소리	11	나무	3	대지	7	돌	12	나비	4	바다	8	태양	13	색깔	4	우주
17일	9	하늘	1	색깔	3	빛	8	소리	12	나무	4	대지	8	돌	13	나비	5	바다	9	태양	1	달	5	우주
18일	10	하늘	2	색깔	4	빛	9	소리	13	나무	5	대지	9	돌	1	구름	6	바다	10	태양	2	달	6	우주
19일	11	하늘	3	색깔	5	빛	10	소리	1	산	6	대지	10	돌	2	구름	7	바다	11	태양	3	달	7	우주
20일	12	하늘	4	색깔	6	빛	11	소리	2	산	7	대지	11	돌	3	구름	8	바다	12	태양	4	달	8	우주
21일	13	하늘	5	색깔	7	빛	12	소리	3	산	8	대지	12	돌	4	구름	9	바다	13	태양	5	달	9	우주
22일	1	태양	6	색깔	8	빛	13	소리	4	산	9	대지	13	돌	5	구름	10	바다	1	흙	6	달	10	우주
23일	2	태양	7	색깔	9	빛	1	물	5	산	10	대지	1	강	6	구름	11	바다	2	흙	7	달	11	우주
24일	3	태양	8	색깔	10	빛	2	물	6	산	11	대지	2	강	7	구름	12	바다	3	흙	8	달	12	우주
25일	4	태양	9	색깔	11	빛	3	물	7	산	12	대지	3	강	8	구름	13	바다	4	흙	9	달	13	우주
26일	5	태양	10	색깔	12	빛	4	물	8	산	13	대지	4	강	9	구름	1	하늘	5	흙	10	달	1	소리
27일	6	태양	11	색깔	13	빛	5	물	9	산	1	잎	5	강	10	구름	2	하늘	6	흙	11	달	2	소리
28일	7	태양	12	색깔	1	우주	6	물	10	산	2	잎	6	강	11	구름	3	하늘	7	흙	12	달	3	소리
29일	8	태양			2	우주	7	물	11	산	3	잎	7	강	12	구름	4	하늘	8	흙	13	달	4	소리
30일	9	태양			3	우주	8	물	12	산	4	잎	8	강	13	구름	5	하늘	9	흙	1	빛	5	소리
31일	10	태양			4	우주			13	산			9	강	1	불			10	흙			6	소리

1984년

	1월		2월		3월		4월		5월		6월		7월		8월		9월		10월		11월		12월	
1일	7	소리	12	나무	1	대지	6	돌	10	나비	2	바다	6	태양	11	색깔	3	우주	7	물	12	산	3	잎
2일	8	소리	13	나무	2	대지	7	돌	11	나비	3	바다	7	태양	12	색깔	4	우주	8	물	13	산	4	잎
3일	9	소리	1	산	3	대지	8	돌	12	나비	4	바다	8	태양	13	색깔	5	우주	9	물	1	시간	5	잎
4일	10	소리	2	산	4	대지	9	돌	13	나비	5	바다	9	태양	1	달	6	우주	10	물	2	시간	6	잎
5일	11	소리	3	산	5	대지	10	돌	1	구름	6	바다	10	태양	2	달	7	우주	11	물	3	시간	7	잎
6일	12	소리	4	산	6	대지	11	돌	2	구름	7	바다	11	태양	3	달	8	우주	12	물	4	시간	8	잎
7일	13	소리	5	산	7	대지	12	돌	3	구름	8	바다	12	태양	4	달	9	우주	13	물	5	시간	9	잎
8일	1	물	6	산	8	대지	13	돌	4	구름	9	바다	13	태양	5	달	10	우주	1	나무	6	시간	10	잎
9일	2	물	7	산	9	대지	1	강	5	구름	10	바다	1	흙	6	달	11	우주	2	나무	7	시간	11	잎
10일	3	물	8	산	10	대지	2	강	6	구름	11	바다	2	흙	7	달	12	우주	3	나무	8	시간	12	잎
11일	4	물	9	산	11	대지	3	강	7	구름	12	바다	3	흙	8	달	13	우주	4	나무	9	시간	13	잎
12일	5	물	10	산	12	대지	4	강	8	구름	13	바다	4	흙	9	달	1	소리	5	나무	10	시간	1	돌
13일	6	물	11	산	13	대지	5	강	9	구름	1	하늘	5	흙	10	달	2	소리	6	나무	11	시간	2	돌
14일	7	물	12	산	1	잎	6	강	10	구름	2	하늘	6	흙	11	달	3	소리	7	나무	12	시간	3	돌
15일	8	물	13	산	2	잎	7	강	11	구름	3	하늘	7	흙	12	달	4	소리	8	나무	13	시간	4	돌
16일	9	물	1	시간	3	잎	8	강	12	구름	4	하늘	8	흙	13	달	5	소리	9	나무	1	대지	5	돌
17일	10	물	2	시간	4	잎	9	강	13	구름	5	하늘	9	흙	1	빛	6	소리	10	나무	2	대지	6	돌
18일	11	물	3	시간	5	잎	10	강	1	불	6	하늘	10	흙	2	빛	7	소리	11	나무	3	대지	7	돌
19일	12	물	4	시간	6	잎	11	강	2	불	7	하늘	11	흙	3	빛	8	소리	12	나무	4	대지	8	돌
20일	13	물	5	시간	7	잎	12	강	3	불	8	하늘	12	흙	4	빛	9	소리	13	나무	5	대지	9	돌
21일	1	나무	6	시간	8	잎	13	강	4	불	9	하늘	13	흙	5	빛	10	소리	1	산	6	대지	10	돌
22일	2	나무	7	시간	9	잎	1	나비	5	불	10	하늘	1	색깔	6	빛	11	소리	2	산	7	대지	11	돌
23일	3	나무	8	시간	10	잎	2	나비	6	불	11	하늘	2	색깔	7	빛	12	소리	3	산	8	대지	12	돌
24일	4	나무	9	시간	11	잎	3	나비	7	불	12	하늘	3	색깔	8	빛	13	소리	4	산	9	대지	13	돌
25일	5	나무	10	시간	12	잎	4	나비	8	불	13	하늘	4	색깔	9	빛	1	물	5	산	10	대지	1	강
26일	6	나무	11	시간	13	잎	5	나비	9	불	1	태양	5	색깔	10	빛	2	물	6	산	11	대지	2	강
27일	7	나무	12	시간	1	돌	6	나비	10	불	2	태양	6	색깔	11	빛	3	물	7	산	12	대지	3	강
28일	8	나무	13	시간	2	돌	7	나비	11	불	3	태양	7	색깔	12	빛	4	물	8	산	13	대지	4	강
29일	9	나무	1	대지	3	돌	8	나비	12	불	4	태양	8	색깔	13	빛	5	물	9	산	1	잎	5	강
30일	10	나무			4	돌	9	나비	13	불	5	태양	9	색깔	1	우주	6	물	10	산	2	잎	6	강
31일	11	나무			5	돌			1	바다			10	색깔	2	우주			11	산			7	강

1985년

	1월		2월		3월		4월		5월		6월		7월		8월		9월		10월		11월		12월	
1일	8	강	13	구름	2	하늘	7	흙	11	달	3	소리	7	나무	12	시간	4	돌	8	나비	13	불	4	태양
2일	9	강	1	불	3	하늘	8	흙	12	달	4	소리	8	나무	13	시간	5	돌	9	나비	1	바다	5	태양
3일	10	강	2	불	4	하늘	9	흙	13	달	5	소리	9	나무	1	대지	6	돌	10	나비	2	바다	6	태양
4일	11	강	3	불	5	하늘	10	흙	1	빛	6	소리	10	나무	2	대지	7	돌	11	나비	3	바다	7	태양
5일	12	강	4	불	6	하늘	11	흙	2	빛	7	소리	11	나무	3	대지	8	돌	12	나비	4	바다	8	태양
6일	13	강	5	불	7	하늘	12	흙	3	빛	8	소리	12	나무	4	대지	9	돌	13	나비	5	바다	9	태양
7일	1	나비	6	불	8	하늘	13	흙	4	빛	9	소리	13	나무	5	대지	10	돌	1	구름	6	바다	10	태양
8일	2	나비	7	불	9	하늘	1	색깔	5	빛	10	소리	1	산	6	대지	11	돌	2	구름	7	바다	11	태양
9일	3	나비	8	불	10	하늘	2	색깔	6	빛	11	소리	2	산	7	대지	12	돌	3	구름	8	바다	12	태양
10일	4	나비	9	불	11	하늘	3	색깔	7	빛	12	소리	3	산	8	대지	13	돌	4	구름	9	바다	13	태양
11일	5	나비	10	불	12	하늘	4	색깔	8	빛	13	소리	4	산	9	대지	1	강	5	구름	10	바다	1	흙
12일	6	나비	11	불	13	하늘	5	색깔	9	빛	1	물	5	산	10	대지	2	강	6	구름	11	바다	2	흙
13일	7	나비	12	불	1	태양	6	색깔	10	빛	2	물	6	산	11	대지	3	강	7	구름	12	바다	3	흙
14일	8	나비	13	불	2	태양	7	색깔	11	빛	3	물	7	산	12	대지	4	강	8	구름	13	바다	4	흙
15일	9	나비	1	바다	3	태양	8	색깔	12	빛	4	물	8	산	13	대지	5	강	9	구름	1	하늘	5	흙
16일	10	나비	2	바다	4	태양	9	색깔	13	빛	5	물	9	산	1	잎	6	강	10	구름	2	하늘	6	흙
17일	11	나비	3	바다	5	태양	10	색깔	1	우주	6	물	10	산	2	잎	7	강	11	구름	3	하늘	7	흙
18일	12	나비	4	바다	6	태양	11	색깔	2	우주	7	물	11	산	3	잎	8	강	12	구름	4	하늘	8	흙
19일	13	나비	5	바다	7	태양	12	색깔	3	우주	8	물	12	산	4	잎	9	강	13	구름	5	하늘	9	흙
20일	1	구름	6	바다	8	태양	13	색깔	4	우주	9	물	13	산	5	잎	10	강	1	불	6	하늘	10	흙
21일	2	구름	7	바다	9	태양	1	달	5	우주	10	물	1	시간	6	잎	11	강	2	불	7	하늘	11	흙
22일	3	구름	8	바다	10	태양	2	달	6	우주	11	물	2	시간	7	잎	12	강	3	불	8	하늘	12	흙
23일	4	구름	9	바다	11	태양	3	달	7	우주	12	물	3	시간	8	잎	13	강	4	불	9	하늘	13	흙
24일	5	구름	10	바다	12	태양	4	달	8	우주	13	물	4	시간	9	잎	1	나비	5	불	10	하늘	1	색깔
25일	6	구름	11	바다	13	태양	5	달	9	우주	1	나무	5	시간	10	잎	2	나비	6	불	11	하늘	2	색깔
26일	7	구름	12	바다	1	흙	6	달	10	우주	2	나무	6	시간	11	잎	3	나비	7	불	12	하늘	3	색깔
27일	8	구름	13	바다	2	흙	7	달	11	우주	3	나무	7	시간	12	잎	4	나비	8	불	13	하늘	4	색깔
28일	9	구름	1	하늘	3	흙	8	달	12	우주	4	나무	8	시간	13	잎	5	나비	9	불	1	태양	5	색깔
29일	10	구름			4	흙	9	달	13	우주	5	나무	9	시간	1	돌	6	나비	10	불	2	태양	6	색깔
30일	11	구름			5	흙	10	달	1	소리	6	나무	10	시간	2	돌	7	나비	11	불	3	태양	7	색깔
31일	12	구름			6	흙			2	소리			11	시간	3	돌			12	불			8	색깔

1986년

	1월		2월		3월		4월		5월		6월		7월		8월		9월		10월		11월		12월	
1일	9	색깔	1	우주	3	물	8	산	12	대지	4	강	8	구름	13	바다	5	흙	9	달	1	소리	5	나무
2일	10	색깔	2	우주	4	물	9	산	13	대지	5	강	9	구름	1	하늘	6	흙	10	달	2	소리	6	나무
3일	11	색깔	3	우주	5	물	10	산	1	잎	6	강	10	구름	2	하늘	7	흙	11	달	3	소리	7	나무
4일	12	색깔	4	우주	6	물	11	산	2	잎	7	강	11	구름	3	하늘	8	흙	12	달	4	소리	8	나무
5일	13	색깔	5	우주	7	물	12	산	3	잎	8	강	12	구름	4	하늘	9	흙	13	달	5	소리	9	나무
6일	1	달	6	우주	8	물	13	산	4	잎	9	강	13	구름	5	하늘	10	흙	1	빛	6	소리	10	나무
7일	2	달	7	우주	9	물	1	시간	5	잎	10	강	1	불	6	하늘	11	흙	2	빛	7	소리	11	나무
8일	3	달	8	우주	10	물	2	시간	6	잎	11	강	2	불	7	하늘	12	흙	3	빛	8	소리	12	나무
9일	4	달	9	우주	11	물	3	시간	7	잎	12	강	3	불	8	하늘	13	흙	4	빛	9	소리	13	나무
10일	5	달	10	우주	12	물	4	시간	8	잎	13	강	4	불	9	하늘	1	색깔	5	빛	10	소리	1	산
11일	6	달	11	우주	13	물	5	시간	9	잎	1	나비	5	불	10	하늘	2	색깔	6	빛	11	소리	2	산
12일	7	달	12	우주	1	나무	6	시간	10	잎	2	나비	6	불	11	하늘	3	색깔	7	빛	12	소리	3	산
13일	8	달	13	우주	2	나무	7	시간	11	잎	3	나비	7	불	12	하늘	4	색깔	8	빛	13	소리	4	산
14일	9	달	1	소리	3	나무	8	시간	12	잎	4	나비	8	불	13	하늘	5	색깔	9	빛	1	물	5	산
15일	10	달	2	소리	4	나무	9	시간	13	잎	5	나비	9	불	1	태양	6	색깔	10	빛	2	물	6	산
16일	11	달	3	소리	5	나무	10	시간	1	돌	6	나비	10	불	2	태양	7	색깔	11	빛	3	물	7	산
17일	12	달	4	소리	6	나무	11	시간	2	돌	7	나비	11	불	3	태양	8	색깔	12	빛	4	물	8	산
18일	13	달	5	소리	7	나무	12	시간	3	돌	8	나비	12	불	4	태양	9	색깔	13	빛	5	물	9	산
19일	1	빛	6	소리	8	나무	13	시간	4	돌	9	나비	13	불	5	태양	10	색깔	1	우주	6	물	10	산
20일	2	빛	7	소리	9	나무	1	대지	5	돌	10	나비	1	바다	6	태양	11	색깔	2	우주	7	물	11	산
21일	3	빛	8	소리	10	나무	2	대지	6	돌	11	나비	2	바다	7	태양	12	색깔	3	우주	8	물	12	산
22일	4	빛	9	소리	11	나무	3	대지	7	돌	12	나비	3	바다	8	태양	13	색깔	4	우주	9	물	13	산
23일	5	빛	10	소리	12	나무	4	대지	8	돌	13	나비	4	바다	9	태양	1	달	5	우주	10	물	1	시간
24일	6	빛	11	소리	13	나무	5	대지	9	돌	1	구름	5	바다	10	태양	2	달	6	우주	11	물	2	시간
25일	7	빛	12	소리	1	산	6	대지	10	돌	2	구름	6	바다	11	태양	3	달	7	우주	12	물	3	시간
26일	8	빛	13	소리	2	산	7	대지	11	돌	3	구름	7	바다	12	태양	4	달	8	우주	13	물	4	시간
27일	9	빛	1	물	3	산	8	대지	12	돌	4	구름	8	바다	13	태양	5	달	9	우주	1	나무	5	시간
28일	10	빛	2	물	4	산	9	대지	13	돌	5	구름	9	바다	1	흙	6	달	10	우주	2	나무	6	시간
29일	11	빛			5	산	10	대지	1	강	6	구름	10	바다	2	흙	7	달	11	우주	3	나무	7	시간
30일	12	빛			6	산	11	대지	2	강	7	구름	11	바다	3	흙	8	달	12	우주	4	나무	8	시간
31일	13	빛			7	산			3	강			12	바다	4	흙			13	우주			9	시간

1987년

	1월		2월		3월		4월		5월		6월		7월		8월		9월		10월		11월		12월	
1일	10	시간	2	돌	4	나비	9	불	13	하늘	5	색깔	9	빛	1	물	6	산	10	대지	2	강	6	구름
2일	11	시간	3	돌	5	나비	10	불	1	태양	6	색깔	10	빛	2	물	7	산	11	대지	3	강	7	구름
3일	12	시간	4	돌	6	나비	11	불	2	태양	7	색깔	11	빛	3	물	8	산	12	대지	4	강	8	구름
4일	13	시간	5	돌	7	나비	12	불	3	태양	8	색깔	12	빛	4	물	9	산	13	대지	5	강	9	구름
5일	1	대지	6	돌	8	나비	13	불	4	태양	9	색깔	13	빛	5	물	10	산	1	잎	6	강	10	구름
6일	2	대지	7	돌	9	나비	1	바다	5	태양	10	색깔	1	우주	6	물	11	산	2	잎	7	강	11	구름
7일	3	대지	8	돌	10	나비	2	바다	6	태양	11	색깔	2	우주	7	물	12	산	3	잎	8	강	12	구름
8일	4	대지	9	돌	11	나비	3	바다	7	태양	12	색깔	3	우주	8	물	13	산	4	잎	9	강	13	구름
9일	5	대지	10	돌	12	나비	4	바다	8	태양	13	색깔	4	우주	9	물	1	시간	5	잎	10	강	1	불
10일	6	대지	11	돌	13	나비	5	바다	9	태양	1	달	5	우주	10	물	2	시간	6	잎	11	강	2	불
11일	7	대지	12	돌	1	구름	6	바다	10	태양	2	달	6	우주	11	물	3	시간	7	잎	12	강	3	불
12일	8	대지	13	돌	2	구름	7	바다	11	태양	3	달	7	우주	12	물	4	시간	8	잎	13	강	4	불
13일	9	대지	1	강	3	구름	8	바다	12	태양	4	달	8	우주	13	물	5	시간	9	잎	1	나비	5	불
14일	10	대지	2	강	4	구름	9	바다	13	태양	5	달	9	우주	1	나무	6	시간	10	잎	2	나비	6	불
15일	11	대지	3	강	5	구름	10	바다	1	흙	6	달	10	우주	2	나무	7	시간	11	잎	3	나비	7	불
16일	12	대지	4	강	6	구름	11	바다	2	흙	7	달	11	우주	3	나무	8	시간	12	잎	4	나비	8	불
17일	13	대지	5	강	7	구름	12	바다	3	흙	8	달	12	우주	4	나무	9	시간	13	잎	5	나비	9	불
18일	1	잎	6	강	8	구름	13	바다	4	흙	9	달	13	우주	5	나무	10	시간	1	돌	6	나비	10	불
19일	2	잎	7	강	9	구름	1	하늘	5	흙	10	달	1	소리	6	나무	11	시간	2	돌	7	나비	11	불
20일	3	잎	8	강	10	구름	2	하늘	6	흙	11	달	2	소리	7	나무	12	시간	3	돌	8	나비	12	불
21일	4	잎	9	강	11	구름	3	하늘	7	흙	12	달	3	소리	8	나무	13	시간	4	돌	9	나비	13	불
22일	5	잎	10	강	12	구름	4	하늘	8	흙	13	달	4	소리	9	나무	1	대지	5	돌	10	나비	1	바다
23일	6	잎	11	강	13	구름	5	하늘	9	흙	1	빛	5	소리	10	나무	2	대지	6	돌	11	나비	2	바다
24일	7	잎	12	강	1	불	6	하늘	10	흙	2	빛	6	소리	11	나무	3	대지	7	돌	12	나비	3	바다
25일	8	잎	13	강	2	불	7	하늘	11	흙	3	빛	7	소리	12	나무	4	대지	8	돌	13	나비	4	바다
26일	9	잎	1	나비	3	불	8	하늘	12	흙	4	빛	8	소리	13	나무	5	대지	9	돌	1	구름	5	바다
27일	10	잎	2	나비	4	불	9	하늘	13	흙	5	빛	9	소리	1	산	6	대지	10	돌	2	구름	6	바다
28일	11	잎	3	나비	5	불	10	하늘	1	색깔	6	빛	10	소리	2	산	7	대지	11	돌	3	구름	7	바다
29일	12	잎			6	불	11	하늘	2	색깔	7	빛	11	소리	3	산	8	대지	12	돌	4	구름	8	바다
30일	13	잎			7	불	12	하늘	3	색깔	8	빛	12	소리	4	산	9	대지	13	돌	5	구름	9	바다
31일	1	돌			8	불			4	색깔			13	소리	5	산			1	강			10	바다

1988년

	1월		2월		3월		4월		5월		6월		7월		8월		9월		10월		11월		12월	
1일	11	바다	3	흙	5	달	10	우주	1	나무	6	시간	10	잎	2	나비	7	불	10	하늘	3	색깔	7	빛
2일	12	바다	4	흙	6	달	11	우주	2	나무	7	시간	11	잎	3	나비	8	불	11	하늘	4	색깔	8	빛
3일	13	바다	5	흙	7	달	12	우주	3	나무	8	시간	12	잎	4	나비	9	불	13	하늘	5	색깔	9	빛
4일	1	하늘	6	흙	8	달	13	우주	4	나무	9	시간	13	잎	5	나비	10	불	1	태양	6	색깔	10	빛
5일	2	하늘	7	흙	9	달	1	소리	5	나무	10	시간	1	돌	6	나비	11	불	2	태양	7	색깔	11	빛
6일	3	하늘	8	흙	10	달	2	소리	6	나무	11	시간	2	돌	7	나비	12	불	3	태양	8	색깔	12	빛
7일	4	하늘	9	흙	11	달	3	소리	7	나무	12	시간	3	돌	8	나비	13	불	4	태양	9	색깔	13	빛
8일	5	하늘	10	흙	12	달	4	소리	8	나무	13	시간	4	돌	9	나비	1	바다	5	태양	10	색깔	1	우주
9일	6	하늘	11	흙	13	달	5	소리	9	나무	1	대지	5	돌	10	나비	2	바다	6	태양	11	색깔	2	우주
10일	7	하늘	12	흙	1	빛	6	소리	10	나무	2	대지	6	돌	11	나비	3	바다	7	태양	12	색깔	3	우주
11일	8	하늘	13	흙	2	빛	7	소리	11	나무	3	대지	7	돌	12	나비	4	바다	8	태양	13	색깔	4	우주
12일	9	하늘	1	색깔	3	빛	8	소리	12	나무	4	대지	8	돌	13	나비	5	바다	9	태양	1	달	5	우주
13일	10	하늘	2	색깔	4	빛	9	소리	13	나무	5	대지	9	돌	1	구름	6	바다	10	태양	2	달	6	우주
14일	11	하늘	3	색깔	5	빛	10	소리	1	산	6	대지	10	돌	2	구름	7	바다	11	태양	3	달	7	우주
15일	12	하늘	4	색깔	6	빛	11	소리	2	산	7	대지	11	돌	3	구름	8	바다	12	태양	4	달	8	우주
16일	13	하늘	5	색깔	7	빛	12	소리	3	산	8	대지	12	돌	4	구름	9	바다	13	태양	5	달	9	우주
17일	1	태양	6	색깔	8	빛	13	소리	4	산	9	대지	13	돌	5	구름	10	바다	1	흙	6	달	10	우주
18일	2	태양	7	색깔	9	빛	1	물	5	산	10	대지	1	강	6	구름	11	바다	2	흙	7	달	11	우주
19일	3	태양	8	색깔	10	빛	2	물	6	산	11	대지	2	강	7	구름	12	바다	3	흙	8	달	12	우주
20일	4	태양	9	색깔	11	빛	3	물	7	산	12	대지	3	강	8	구름	13	바다	4	흙	9	달	13	우주
21일	5	태양	10	색깔	12	빛	4	물	8	산	13	대지	4	강	9	구름	1	하늘	5	흙	10	달	1	소리
22일	6	태양	11	색깔	13	빛	5	물	9	산	1	잎	5	강	10	구름	2	하늘	6	흙	11	달	2	소리
23일	7	태양	12	색깔	1	우주	6	물	10	산	2	잎	6	강	11	구름	3	하늘	7	흙	12	달	3	소리
24일	8	태양	13	색깔	2	우주	7	물	11	산	3	잎	7	강	12	구름	4	하늘	8	흙	13	달	4	소리
25일	9	태양	1	달	3	우주	8	물	12	산	4	잎	8	강	13	구름	5	하늘	9	흙	1	빛	5	소리
26일	10	태양	2	달	4	우주	9	물	13	산	5	잎	9	강	1	불	6	하늘	10	흙	2	빛	6	소리
27일	11	태양	3	달	5	우주	10	물	1	시간	6	잎	10	강	2	불	7	하늘	11	흙	3	빛	7	소리
28일	12	태양	4	달	6	우주	11	물	2	시간	7	잎	11	강	3	불	8	하늘	12	흙	4	빛	8	소리
29일	13	태양	5	달	7	우주	12	물	3	시간	8	잎	12	강	4	불	9	하늘	13	흙	5	빛	9	소리
30일	1	흙			8	우주	13	물	4	시간	9	잎	13	강	5	불	10	하늘	1	색깔	6	빛	10	소리
31일	2	흙			9	우주			5	시간			1	나비	6	불			2	색깔			11	소리

1989년

	1월		2월		3월		4월		5월		6월		7월		8월		9월		10월		11월		12월	
1일	12	소리	4	산	6	대지	11	돌	2	구름	7	바다	11	태양	3	달	8	우주	12	물	4	시간	8	잎
2일	13	소리	5	산	7	대지	12	돌	3	구름	8	바다	12	태양	4	달	9	우주	13	물	5	시간	9	잎
3일	1	물	6	산	8	대지	13	돌	4	구름	9	바다	13	태양	5	달	10	우주	1	나무	6	시간	10	잎
4일	2	물	7	산	9	대지	1	강	5	구름	10	바다	1	흙	6	달	11	우주	2	나무	7	시간	11	잎
5일	3	물	8	산	10	대지	2	강	6	구름	11	바다	2	흙	7	달	12	우주	3	나무	8	시간	12	잎
6일	4	물	9	산	11	대지	3	강	7	구름	12	바다	3	흙	8	달	13	우주	4	나무	9	시간	13	잎
7일	5	물	10	산	12	대지	4	강	8	구름	13	바다	4	흙	9	달	1	소리	5	나무	10	시간	1	돌
8일	6	물	11	산	13	대지	5	강	9	구름	1	하늘	5	흙	10	달	2	소리	6	나무	11	시간	2	돌
9일	7	물	12	산	1	잎	6	강	10	구름	2	하늘	6	흙	11	달	3	소리	7	나무	12	시간	3	돌
10일	8	물	13	산	2	잎	7	강	11	구름	3	하늘	7	흙	12	달	4	소리	8	나무	13	시간	4	돌
11일	9	물	1	시간	3	잎	8	강	12	구름	4	하늘	8	흙	13	달	5	소리	9	나무	1	대지	5	돌
12일	10	물	2	시간	4	잎	9	강	13	구름	5	하늘	9	흙	1	빛	6	소리	10	나무	2	대지	6	돌
13일	11	물	3	시간	5	잎	10	강	1	불	6	하늘	10	흙	2	빛	7	소리	11	나무	3	대지	7	돌
14일	12	물	4	시간	6	잎	11	강	2	불	7	하늘	11	흙	3	빛	8	소리	12	나무	4	대지	8	돌
15일	13	물	5	시간	7	잎	12	강	3	불	8	하늘	12	흙	4	빛	9	소리	13	나무	5	대지	9	돌
16일	1	나무	6	시간	8	잎	13	강	4	불	9	하늘	13	흙	5	빛	10	소리	1	산	6	대지	10	돌
17일	2	나무	7	시간	9	잎	1	나비	5	불	10	하늘	1	색깔	6	빛	11	소리	2	산	7	대지	11	돌
18일	3	나무	8	시간	10	잎	2	나비	6	불	11	하늘	2	색깔	7	빛	12	소리	3	산	8	대지	12	돌
19일	4	나무	9	시간	11	잎	3	나비	7	불	12	하늘	3	색깔	8	빛	13	소리	4	산	9	대지	13	돌
20일	5	나무	10	시간	12	잎	4	나비	8	불	13	하늘	4	색깔	9	빛	1	물	5	산	10	대지	1	강
21일	6	나무	11	시간	13	잎	5	나비	9	불	1	태양	5	색깔	10	빛	2	물	6	산	11	대지	2	강
22일	7	나무	12	시간	1	돌	6	나비	10	불	2	태양	6	색깔	11	빛	3	물	7	산	12	대지	3	강
23일	8	나무	13	시간	2	돌	7	나비	11	불	3	태양	7	색깔	12	빛	4	물	8	산	13	대지	4	강
24일	9	나무	1	대지	3	돌	8	나비	12	불	4	태양	8	색깔	13	빛	5	물	9	산	1	잎	5	강
25일	10	나무	2	대지	4	돌	9	나비	13	불	5	태양	9	색깔	1	우주	6	물	10	산	2	잎	6	강
26일	11	나무	3	대지	5	돌	10	나비	1	바다	6	태양	10	색깔	2	우주	7	물	11	산	3	잎	7	강
27일	12	나무	4	대지	6	돌	11	나비	2	바다	7	태양	11	색깔	3	우주	8	물	12	산	4	잎	8	강
28일	13	나무	5	대지	7	돌	12	나비	3	바다	8	태양	12	색깔	4	우주	9	물	13	산	5	잎	9	강
29일	1	산			8	돌	13	나비	4	바다	9	태양	13	색깔	5	우주	10	물	1	시간	6	잎	10	강
30일	2	산			9	돌	1	구름	5	바다	10	태양	1	달	6	우주	11	물	2	시간	7	잎	11	강
31일	3	산			10	돌			6	바다			2	달	7	우주			3	시간			12	강

1990년

	1월		2월		3월		4월		5월		6월		7월		8월		9월		10월		11월		12월	
1일	13	강	5	불	7	하늘	12	흙	3	빛	8	소리	12	나무	4	대지	9	돌	13	나비	5	바다	9	태양
2일	1	나비	6	불	8	하늘	13	흙	4	빛	9	소리	13	나무	5	대지	10	돌	1	구름	6	바다	10	태양
3일	2	나비	7	불	9	하늘	1	색깔	5	빛	10	소리	1	산	6	대지	11	돌	2	구름	7	바다	11	태양
4일	3	나비	8	불	10	하늘	2	색깔	6	빛	11	소리	2	산	7	대지	12	돌	3	구름	8	바다	12	태양
5일	4	나비	9	불	11	하늘	3	색깔	7	빛	12	소리	3	산	8	대지	13	돌	4	구름	9	바다	13	태양
6일	5	나비	10	불	12	하늘	4	색깔	8	빛	13	소리	4	산	9	대지	1	강	5	구름	10	바다	1	흙
7일	6	나비	11	불	13	하늘	5	색깔	9	빛	1	물	5	산	10	대지	2	강	6	구름	11	바다	2	흙
8일	7	나비	12	불	1	태양	6	색깔	10	빛	2	물	6	산	11	대지	3	강	7	구름	12	바다	3	흙
9일	8	나비	13	불	2	태양	7	색깔	11	빛	3	물	7	산	12	대지	4	강	8	구름	13	바다	4	흙
10일	9	나비	1	바다	3	태양	8	색깔	12	빛	4	물	8	산	13	대지	5	강	9	구름	1	하늘	5	흙
11일	10	나비	2	바다	4	태양	9	색깔	13	빛	5	물	9	산	1	잎	6	강	10	구름	2	하늘	6	흙
12일	11	나비	3	바다	5	태양	10	색깔	1	우주	6	물	10	산	2	잎	7	강	11	구름	3	하늘	7	흙
13일	12	나비	4	바다	6	태양	11	색깔	2	우주	7	물	11	산	3	잎	8	강	12	구름	4	하늘	8	흙
14일	13	나비	5	바다	7	태양	12	색깔	3	우주	8	물	12	산	4	잎	9	강	13	구름	5	하늘	9	흙
15일	1	구름	6	바다	8	태양	13	색깔	4	우주	9	물	13	산	5	잎	10	강	1	불	6	하늘	10	흙
16일	2	구름	7	바다	9	태양	1	달	5	우주	10	물	1	시간	6	잎	11	강	2	불	7	하늘	11	흙
17일	3	구름	8	바다	10	태양	2	달	6	우주	11	물	2	시간	7	잎	12	강	3	불	8	하늘	12	흙
18일	4	구름	9	바다	11	태양	3	달	7	우주	12	물	3	시간	8	잎	13	강	4	불	9	하늘	13	흙
19일	5	구름	10	바다	12	태양	4	달	8	우주	13	물	4	시간	9	잎	1	나비	5	불	10	하늘	1	색깔
20일	6	구름	11	바다	13	태양	5	달	9	우주	1	나무	5	시간	10	잎	2	나비	6	불	11	하늘	2	색깔
21일	7	구름	12	바다	1	흙	6	달	10	우주	2	나무	6	시간	11	잎	3	나비	7	불	12	하늘	3	색깔
22일	8	구름	13	바다	2	흙	7	달	11	우주	3	나무	7	시간	12	잎	4	나비	8	불	13	하늘	4	색깔
23일	9	구름	1	하늘	3	흙	8	달	12	우주	4	나무	8	시간	13	잎	5	나비	9	불	1	태양	5	색깔
24일	10	구름	2	하늘	4	흙	9	달	13	우주	5	나무	9	시간	1	돌	6	나비	10	불	2	태양	6	색깔
25일	11	구름	3	하늘	5	흙	10	달	1	소리	6	나무	10	시간	2	돌	7	나비	11	불	3	태양	7	색깔
26일	12	구름	4	하늘	6	흙	11	달	2	소리	7	나무	11	시간	3	돌	8	나비	12	불	4	태양	8	색깔
27일	13	구름	5	하늘	7	흙	12	달	3	소리	8	나무	12	시간	4	돌	9	나비	13	불	5	태양	9	색깔
28일	1	불	6	하늘	8	흙	13	달	4	소리	9	나무	13	시간	5	돌	10	나비	1	바다	6	태양	10	색깔
29일	2	불			9	흙	1	빛	5	소리	10	나무	1	대지	6	돌	11	나비	2	바다	7	태양	11	색깔
30일	3	불			10	흙	2	빛	6	소리	11	나무	2	대지	7	돌	12	나비	3	바다	8	태양	12	색깔
31일	4	불			11	흙			7	소리			3	대지	8	돌			4	바다			13	색깔

1991년

	1월		2월		3월		4월		5월		6월		7월		8월		9월		10월		11월		12월	
1일	1	달	6	우주	8	물	13	산	4	잎	9	강	13	구름	5	하늘	10	흙	1	빛	6	소리	10	나무
2일	2	달	7	우주	9	물	1	시간	5	잎	10	강	1	불	6	하늘	11	흙	2	빛	7	소리	11	나무
3일	3	달	8	우주	10	물	2	시간	6	잎	11	강	2	불	7	하늘	12	흙	3	빛	8	소리	12	나무
4일	4	달	9	우주	11	물	3	시간	7	잎	12	강	3	불	8	하늘	13	흙	4	빛	9	소리	13	나무
5일	5	달	10	우주	12	물	4	시간	8	잎	13	강	4	불	9	하늘	1	색깔	5	빛	10	소리	1	산
6일	6	달	11	우주	13	물	5	시간	9	잎	1	나비	5	불	10	하늘	2	색깔	6	빛	11	소리	2	산
7일	7	달	12	우주	1	나무	6	시간	10	잎	2	나비	6	불	11	하늘	3	색깔	7	빛	12	소리	3	산
8일	8	달	13	우주	2	나무	7	시간	11	잎	3	나비	7	불	12	하늘	4	색깔	8	빛	13	소리	4	산
9일	9	달	1	소리	3	나무	8	시간	12	잎	4	나비	8	불	13	하늘	5	색깔	9	빛	1	물	5	산
10일	10	달	2	소리	4	나무	9	시간	13	잎	5	나비	9	불	1	태양	6	색깔	10	빛	2	물	6	산
11일	11	달	3	소리	5	나무	10	시간	1	돌	6	나비	10	불	2	태양	7	색깔	11	빛	3	물	7	산
12일	12	달	4	소리	6	나무	11	시간	2	돌	7	나비	11	불	3	태양	8	색깔	12	빛	4	물	8	산
13일	13	달	5	소리	7	나무	12	시간	3	돌	8	나비	12	불	4	태양	9	색깔	13	빛	5	물	9	산
14일	1	빛	6	소리	8	나무	13	시간	4	돌	9	나비	13	불	5	태양	10	색깔	1	우주	6	물	10	산
15일	2	빛	7	소리	9	나무	1	대지	5	돌	10	나비	1	바다	6	태양	11	색깔	2	우주	7	물	11	산
16일	3	빛	8	소리	10	나무	2	대지	6	돌	11	나비	2	바다	7	태양	12	색깔	3	우주	8	물	12	산
17일	4	빛	9	소리	11	나무	3	대지	7	돌	12	나비	3	바다	8	태양	13	색깔	4	우주	9	물	13	산
18일	5	빛	10	소리	12	나무	4	대지	8	돌	13	나비	4	바다	9	태양	1	달	5	우주	10	물	1	시간
19일	6	빛	11	소리	13	나무	5	대지	9	돌	1	구름	5	바다	10	태양	2	달	6	우주	11	물	2	시간
20일	7	빛	12	소리	1	산	6	대지	10	돌	2	구름	6	바다	11	태양	3	달	7	우주	12	물	3	시간
21일	8	빛	13	소리	2	산	7	대지	11	돌	3	구름	7	바다	12	태양	4	달	8	우주	13	물	4	시간
22일	9	빛	1	물	3	산	8	대지	12	돌	4	구름	8	바다	13	태양	5	달	9	우주	1	나무	5	시간
23일	10	빛	2	물	4	산	9	대지	13	돌	5	구름	9	바다	1	흙	6	달	10	우주	2	나무	6	시간
24일	11	빛	3	물	5	산	10	대지	1	강	6	구름	10	바다	2	흙	7	달	11	우주	3	나무	7	시간
25일	12	빛	4	물	6	산	11	대지	2	강	7	구름	11	바다	3	흙	8	달	12	우주	4	나무	8	시간
26일	13	빛	5	물	7	산	12	대지	3	강	8	구름	12	바다	4	흙	9	달	13	우주	5	나무	9	시간
27일	1	우주	6	물	8	산	13	대지	4	강	9	구름	13	바다	5	흙	10	달	1	소리	6	나무	10	시간
28일	2	우주	7	물	9	산	1	잎	5	강	10	구름	1	하늘	6	흙	11	달	2	소리	7	나무	11	시간
29일	3	우주			10	산	2	잎	6	강	11	구름	2	하늘	7	흙	12	달	3	소리	8	나무	12	시간
30일	4	우주			11	산	3	잎	7	강	12	구름	3	하늘	8	흙	13	달	4	소리	9	나무	13	시간
31일	5	우주			12	산			8	강			4	하늘	9	흙			5	소리			1	대지

1992년

	1월		2월		3월		4월		5월		6월		7월		8월		9월		10월		11월		12월	
1일	2	대지	7	돌	9	나비	1	바다	5	태양	10	색깔	1	우주	6	물	11	산	2	잎	7	강	11	구름
2일	3	대지	8	돌	10	나비	2	바다	6	태양	11	색깔	2	우주	7	물	12	산	3	잎	8	강	12	구름
3일	4	대지	9	돌	11	나비	3	바다	7	태양	12	색깔	3	우주	8	물	13	산	4	잎	9	강	13	구름
4일	5	대지	10	돌	12	나비	4	바다	8	태양	13	색깔	4	우주	9	물	1	시간	5	잎	10	강	1	불
5일	6	대지	11	돌	13	나비	5	바다	9	태양	1	달	5	우주	10	물	2	시간	6	잎	11	강	2	불
6일	7	대지	12	돌	1	구름	6	바다	10	태양	2	달	6	우주	11	물	3	시간	7	잎	12	강	3	불
7일	8	대지	13	돌	2	구름	7	바다	11	태양	3	달	7	우주	12	물	4	시간	8	잎	13	강	4	불
8일	9	대지	1	강	3	구름	8	바다	12	태양	4	달	8	우주	13	물	5	시간	9	잎	1	나비	5	불
9일	10	대지	2	강	4	구름	9	바다	13	태양	5	달	9	우주	1	나무	6	시간	10	잎	2	나비	6	불
10일	11	대지	3	강	5	구름	10	바다	1	흙	6	달	10	우주	2	나무	7	시간	11	잎	3	나비	7	불
11일	12	대지	4	강	6	구름	11	바다	2	흙	7	달	11	우주	3	나무	8	시간	12	잎	4	나비	8	불
12일	13	대지	5	강	7	구름	12	바다	3	흙	8	달	12	우주	4	나무	9	시간	13	잎	5	나비	9	불
13일	1	잎	6	강	8	구름	13	바다	4	흙	9	달	13	우주	5	나무	10	시간	1	돌	6	나비	10	불
14일	2	잎	7	강	9	구름	1	하늘	5	흙	10	달	1	소리	6	나무	11	시간	2	돌	7	나비	11	불
15일	3	잎	8	강	10	구름	2	하늘	6	흙	11	달	2	소리	7	나무	12	시간	3	돌	8	나비	12	불
16일	4	잎	9	강	11	구름	3	하늘	7	흙	12	달	3	소리	8	나무	13	시간	4	돌	9	나비	13	불
17일	5	잎	10	강	12	구름	4	하늘	8	흙	13	달	4	소리	9	나무	1	대지	5	돌	10	나비	1	바다
18일	6	잎	11	강	13	구름	5	하늘	9	흙	1	빛	5	소리	10	나무	2	대지	6	돌	11	나비	2	바다
19일	7	잎	12	강	1	불	6	하늘	10	흙	2	빛	6	소리	11	나무	3	대지	7	돌	12	나비	3	바다
20일	8	잎	13	강	2	불	7	하늘	11	흙	3	빛	7	소리	12	나무	4	대지	8	돌	13	나비	4	바다
21일	9	잎	1	나비	3	불	8	하늘	12	흙	4	빛	8	소리	13	나무	5	대지	9	돌	1	구름	5	바다
22일	10	잎	2	나비	4	불	9	하늘	13	흙	5	빛	9	소리	1	산	6	대지	10	돌	2	구름	6	바다
23일	11	잎	3	나비	5	불	10	하늘	1	색깔	6	빛	10	소리	2	산	7	대지	11	돌	3	구름	7	바다
24일	12	잎	4	나비	6	불	11	하늘	2	색깔	7	빛	11	소리	3	산	8	대지	12	돌	4	구름	8	바다
25일	13	잎	5	나비	7	불	12	하늘	3	색깔	8	빛	12	소리	4	산	9	대지	13	돌	5	구름	9	바다
26일	1	돌	6	나비	8	불	13	하늘	4	색깔	9	빛	13	소리	5	산	10	대지	1	강	6	구름	10	바다
27일	2	돌	7	나비	9	불	1	태양	5	색깔	10	빛	1	물	6	산	11	대지	2	강	7	구름	11	바다
28일	3	돌	8	나비	10	불	2	태양	6	색깔	11	빛	2	물	7	산	12	대지	3	강	8	구름	12	바다
29일	4	돌	9	나비	11	불	3	태양	7	색깔	12	빛	3	물	8	산	13	대지	4	강	9	구름	13	바다
30일	5	돌			12	불	4	태양	8	색깔	13	빛	4	물	9	산	1	잎	5	강	10	구름	1	하늘
31일	6	돌			13	불			9	색깔			5	물	10	산			6	강			2	하늘

1993년

	1월		2월		3월		4월		5월		6월		7월		8월		9월		10월		11월		12월	
1일	3	하늘	8	흙	10	달	2	소리	6	나무	11	시간	2	돌	7	나비	12	불	3	태양	8	색깔	12	빛
2일	4	하늘	9	흙	11	달	3	소리	7	나무	12	시간	3	돌	8	나비	13	불	4	태양	9	색깔	13	빛
3일	5	하늘	10	흙	12	달	4	소리	8	나무	13	시간	4	돌	9	나비	1	바다	5	태양	10	색깔	1	우주
4일	6	하늘	11	흙	13	달	5	소리	9	나무	1	대지	5	돌	10	나비	2	바다	6	태양	11	색깔	2	우주
5일	7	하늘	12	흙	1	빛	6	소리	10	나무	2	대지	6	돌	11	나비	3	바다	7	태양	12	색깔	3	우주
6일	8	하늘	13	흙	2	빛	7	소리	11	나무	3	대지	7	돌	12	나비	4	바다	8	태양	13	색깔	4	우주
7일	9	하늘	1	색깔	3	빛	8	소리	12	나무	4	대지	8	돌	13	나비	5	바다	9	태양	1	달	5	우주
8일	10	하늘	2	색깔	4	빛	9	소리	13	나무	5	대지	9	돌	1	구름	6	바다	10	태양	2	달	6	우주
9일	11	하늘	3	색깔	5	빛	10	소리	1	산	6	대지	10	돌	2	구름	7	바다	11	태양	3	달	7	우주
10일	12	하늘	4	색깔	6	빛	11	소리	2	산	7	대지	11	돌	3	구름	8	바다	12	태양	4	달	8	우주
11일	13	하늘	5	색깔	7	빛	12	소리	3	산	8	대지	12	돌	4	구름	9	바다	13	태양	5	달	9	우주
12일	1	태양	6	색깔	8	빛	13	소리	4	산	9	대지	13	돌	5	구름	10	바다	1	흙	6	달	10	우주
13일	2	태양	7	색깔	9	빛	1	물	5	산	10	대지	1	강	6	구름	11	바다	2	흙	7	달	11	우주
14일	3	태양	8	색깔	10	빛	2	물	6	산	11	대지	2	강	7	구름	12	바다	3	흙	8	달	12	우주
15일	4	태양	9	색깔	11	빛	3	물	7	산	12	대지	3	강	8	구름	13	바다	4	흙	9	달	13	우주
16일	5	태양	10	색깔	12	빛	4	물	8	산	13	대지	4	강	9	구름	1	하늘	5	흙	10	달	1	소리
17일	6	태양	11	색깔	13	빛	5	물	9	산	1	잎	5	강	10	구름	2	하늘	6	흙	11	달	2	소리
18일	7	태양	12	색깔	1	우주	6	물	10	산	2	잎	6	강	11	구름	3	하늘	7	흙	12	달	3	소리
19일	8	태양	13	색깔	2	우주	7	물	11	산	3	잎	7	강	12	구름	4	하늘	8	흙	13	달	4	소리
20일	9	태양	1	달	3	우주	8	물	12	산	4	잎	8	강	13	구름	5	하늘	9	흙	1	빛	5	소리
21일	10	태양	2	달	4	우주	9	물	13	산	5	잎	9	강	1	불	6	하늘	10	흙	2	빛	6	소리
22일	11	태양	3	달	5	우주	10	물	1	시간	6	잎	10	강	2	불	7	하늘	11	흙	3	빛	7	소리
23일	12	태양	4	달	6	우주	11	물	2	시간	7	잎	11	강	3	불	8	하늘	12	흙	4	빛	8	소리
24일	13	태양	5	달	7	우주	12	물	3	시간	8	잎	12	강	4	불	9	하늘	13	흙	5	빛	9	소리
25일	1	흙	6	달	8	우주	13	물	4	시간	9	잎	13	강	5	불	10	하늘	1	색깔	6	빛	10	소리
26일	2	흙	7	달	9	우주	1	나무	5	시간	10	잎	1	나비	6	불	11	하늘	2	색깔	7	빛	11	소리
27일	3	흙	8	달	10	우주	2	나무	6	시간	11	잎	2	나비	7	불	12	하늘	3	색깔	8	빛	12	소리
28일	4	흙	9	달	11	우주	3	나무	7	시간	12	잎	3	나비	8	불	13	하늘	4	색깔	9	빛	13	소리
29일	5	흙			12	우주	4	나무	8	시간	13	잎	4	나비	9	불	1	태양	5	색깔	10	빛	1	물
30일	6	흙			13	우주	5	나무	9	시간	1	돌	5	나비	10	불	2	태양	6	색깔	11	빛	2	물
31일	7	흙			1	소리			10	시간			6	나비	11	불			7	색깔			3	물

1994년

	1월		2월		3월		4월		5월		6월		7월		8월		9월		10월		11월		12월	
1일	4	물	9	산	11	대지	3	강	7	구름	12	바다	3	흙	8	달	13	우주	4	나무	9	시간	13	잎
2일	5	물	10	산	12	대지	4	강	8	구름	13	바다	4	흙	9	달	1	소리	5	나무	10	시간	1	돌
3일	6	물	11	산	13	대지	5	강	9	구름	1	하늘	5	흙	10	달	2	소리	6	나무	11	시간	2	돌
4일	7	물	12	산	1	잎	6	강	10	구름	2	하늘	6	흙	11	달	3	소리	7	나무	12	시간	3	돌
5일	8	물	13	산	2	잎	7	강	11	구름	3	하늘	7	흙	12	달	4	소리	8	나무	13	시간	4	돌
6일	9	물	1	시간	3	잎	8	강	12	구름	4	하늘	8	흙	13	달	5	소리	9	나무	1	대지	5	돌
7일	10	물	2	시간	4	잎	9	강	13	구름	5	하늘	9	흙	1	빛	6	소리	10	나무	2	대지	6	돌
8일	11	물	3	시간	5	잎	10	강	1	불	6	하늘	10	흙	2	빛	7	소리	11	나무	3	대지	7	돌
9일	12	물	4	시간	6	잎	11	강	2	불	7	하늘	11	흙	3	빛	8	소리	12	나무	4	대지	8	돌
10일	13	물	5	시간	7	잎	12	강	3	불	8	하늘	12	흙	4	빛	9	소리	13	나무	5	대지	9	돌
11일	1	나무	6	시간	8	잎	13	강	4	불	9	하늘	13	흙	5	빛	10	소리	1	산	6	대지	10	돌
12일	2	나무	7	시간	9	잎	1	나비	5	불	10	하늘	1	색깔	6	빛	11	소리	2	산	7	대지	11	돌
13일	3	나무	8	시간	10	잎	2	나비	6	불	11	하늘	2	색깔	7	빛	12	소리	3	산	8	대지	12	돌
14일	4	나무	9	시간	11	잎	3	나비	7	불	12	하늘	3	색깔	8	빛	13	소리	4	산	9	대지	13	돌
15일	5	나무	10	시간	12	잎	4	나비	8	불	13	하늘	4	색깔	9	빛	1	물	5	산	10	대지	1	강
16일	6	나무	11	시간	13	잎	5	나비	9	불	1	태양	5	색깔	10	빛	2	물	6	산	11	대지	2	강
17일	7	나무	12	시간	1	돌	6	나비	10	불	2	태양	6	색깔	11	빛	3	물	7	산	12	대지	3	강
18일	8	나무	13	시간	2	돌	7	나비	11	불	3	태양	7	색깔	12	빛	4	물	8	산	13	대지	4	강
19일	9	나무	1	대지	3	돌	8	나비	12	불	4	태양	8	색깔	13	빛	5	물	9	산	1	잎	5	강
20일	10	나무	2	대지	4	돌	9	나비	13	불	5	태양	9	색깔	1	우주	6	물	10	산	2	잎	6	강
21일	11	나무	3	대지	5	돌	10	나비	1	바다	6	태양	10	색깔	2	우주	7	물	11	산	3	잎	7	강
22일	12	나무	4	대지	6	돌	11	나비	2	바다	7	태양	11	색깔	3	우주	8	물	12	산	4	잎	8	강
23일	13	나무	5	대지	7	돌	12	나비	3	바다	8	태양	12	색깔	4	우주	9	물	13	산	5	잎	9	강
24일	1	산	6	대지	8	돌	13	나비	4	바다	9	태양	13	색깔	5	우주	10	물	1	시간	6	잎	10	강
25일	2	산	7	대지	9	돌	1	구름	5	바다	10	태양	1	달	6	우주	11	물	2	시간	7	잎	11	강
26일	3	산	8	대지	10	돌	2	구름	6	바다	11	태양	2	달	7	우주	12	물	3	시간	8	잎	12	강
27일	4	산	9	대지	11	돌	3	구름	7	바다	12	태양	3	달	8	우주	13	물	4	시간	9	잎	13	강
28일	5	산	10	대지	12	돌	4	구름	8	바다	13	태양	4	달	9	우주	1	나무	5	시간	10	잎	1	나비
29일	6	산			13	돌	5	구름	9	바다	1	흙	5	달	10	우주	2	나무	6	시간	11	잎	2	나비
30일	7	산			1	강	6	구름	10	바다	2	흙	6	달	11	우주	3	나무	7	시간	12	잎	3	나비
31일	8	산			2	강			11	바다			7	달	12	우주			8	시간			4	나비

1995년

	1월		2월		3월		4월		5월		6월		7월		8월		9월		10월		11월		12월	
1일	5	나비	10	불	12	하늘	4	색깔	8	빛	13	소리	4	산	9	대지	1	강	5	구름	10	바다	1	흙
2일	6	나비	11	불	13	하늘	5	색깔	9	빛	1	물	5	산	10	대지	2	강	6	구름	11	바다	2	흙
3일	7	나비	12	불	1	태양	6	색깔	10	빛	2	물	6	산	11	대지	3	강	7	구름	12	바다	3	흙
4일	8	나비	13	불	2	태양	7	색깔	11	빛	3	물	7	산	12	대지	4	강	8	구름	13	바다	4	흙
5일	9	나비	1	바다	3	태양	8	색깔	12	빛	4	물	8	산	13	대지	5	강	9	구름	1	하늘	5	흙
6일	10	나비	2	바다	4	태양	9	색깔	13	빛	5	물	9	산	1	잎	6	강	10	구름	2	하늘	6	흙
7일	11	나비	3	바다	5	태양	10	색깔	1	우주	6	물	10	산	2	잎	7	강	11	구름	3	하늘	7	흙
8일	12	나비	4	바다	6	태양	11	색깔	2	우주	7	물	11	산	3	잎	8	강	12	구름	4	하늘	8	흙
9일	13	나비	5	바다	7	태양	12	색깔	3	우주	8	물	12	산	4	잎	9	강	13	구름	5	하늘	9	흙
10일	1	구름	6	바다	8	태양	13	색깔	4	우주	9	물	13	산	5	잎	10	강	1	불	6	하늘	10	흙
11일	2	구름	7	바다	9	태양	1	달	5	우주	10	물	1	시간	6	잎	11	강	2	불	7	하늘	11	흙
12일	3	구름	8	바다	10	태양	2	달	6	우주	11	물	2	시간	7	잎	12	강	3	불	8	하늘	12	흙
13일	4	구름	9	바다	11	태양	3	달	7	우주	12	물	3	시간	8	잎	13	강	4	불	9	하늘	13	흙
14일	5	구름	10	바다	12	태양	4	달	8	우주	13	물	4	시간	9	잎	1	나비	5	불	10	하늘	1	색깔
15일	6	구름	11	바다	13	태양	5	달	9	우주	1	나무	5	시간	10	잎	2	나비	6	불	11	하늘	2	색깔
16일	7	구름	12	바다	1	흙	6	달	10	우주	2	나무	6	시간	11	잎	3	나비	7	불	12	하늘	3	색깔
17일	8	구름	13	바다	2	흙	7	달	11	우주	3	나무	7	시간	12	잎	4	나비	8	불	13	하늘	4	색깔
18일	9	구름	1	하늘	3	흙	8	달	12	우주	4	나무	8	시간	13	잎	5	나비	9	불	1	태양	5	색깔
19일	10	구름	2	하늘	4	흙	9	달	13	우주	5	나무	9	시간	1	돌	6	나비	10	불	2	태양	6	색깔
20일	11	구름	3	하늘	5	흙	10	달	1	소리	6	나무	10	시간	2	돌	7	나비	11	불	3	태양	7	색깔
21일	12	구름	4	하늘	6	흙	11	달	2	소리	7	나무	11	시간	3	돌	8	나비	12	불	4	태양	8	색깔
22일	13	구름	5	하늘	7	흙	12	달	3	소리	8	나무	12	시간	4	돌	9	나비	13	불	5	태양	9	색깔
23일	1	불	6	하늘	8	흙	13	달	4	소리	9	나무	13	시간	5	돌	10	나비	1	바다	6	태양	10	색깔
24일	2	불	7	하늘	9	흙	1	빛	5	소리	10	나무	1	대지	6	돌	11	나비	2	바다	7	태양	11	색깔
25일	3	불	8	하늘	10	흙	2	빛	6	소리	11	나무	2	대지	7	돌	12	나비	3	바다	8	태양	12	색깔
26일	4	불	9	하늘	11	흙	3	빛	7	소리	12	나무	3	대지	8	돌	13	나비	4	바다	9	태양	13	색깔
27일	5	불	10	하늘	12	흙	4	빛	8	소리	13	나무	4	대지	9	돌	1	구름	5	바다	10	태양	1	달
28일	6	불	11	하늘	13	흙	5	빛	9	소리	1	산	5	대지	10	돌	2	구름	6	바다	11	태양	2	달
29일	7	불			1	색깔	6	빛	10	소리	2	산	6	대지	11	돌	3	구름	7	바다	12	태양	3	달
30일	8	불			2	색깔	7	빛	11	소리	3	산	7	대지	12	돌	4	구름	8	바다	13	태양	4	달
31일	9	불			3	색깔			12	소리			8	대지	13	돌			9	바다			5	달

1996년

	1월		2월		3월		4월		5월		6월		7월		8월		9월		10월		11월		12월	
1일	6	달	11	우주	13	물	5	시간	9	잎	1	나비	5	불	10	하늘	2	색깔	6	빛	11	소리	2	산
2일	7	달	12	우주	1	나무	6	시간	10	잎	2	나비	6	불	11	하늘	3	색깔	7	빛	12	소리	3	산
3일	8	달	13	우주	2	나무	7	시간	11	잎	3	나비	7	불	12	하늘	4	색깔	8	빛	13	소리	4	산
4일	9	달	1	소리	3	나무	8	시간	12	잎	4	나비	8	불	13	하늘	5	색깔	9	빛	1	물	5	산
5일	10	달	2	소리	4	나무	9	시간	13	잎	5	나비	9	불	1	태양	6	색깔	10	빛	2	물	6	산
6일	11	달	3	소리	5	나무	10	시간	1	돌	6	나비	10	불	2	태양	7	색깔	11	빛	3	물	7	산
7일	12	달	4	소리	6	나무	11	시간	2	돌	7	나비	11	불	3	태양	8	색깔	12	빛	4	물	8	산
8일	13	달	5	소리	7	나무	12	시간	3	돌	8	나비	12	불	4	태양	9	색깔	13	빛	5	물	9	산
9일	1	빛	6	소리	8	나무	13	시간	4	돌	9	나비	13	불	5	태양	10	색깔	1	우주	6	물	10	산
10일	2	빛	7	소리	9	나무	1	대지	5	돌	10	나비	1	바다	6	태양	11	색깔	2	우주	7	물	11	산
11일	3	빛	8	소리	10	나무	2	대지	6	돌	11	나비	2	바다	7	태양	12	색깔	3	우주	8	물	12	산
12일	4	빛	9	소리	11	나무	3	대지	7	돌	12	나비	3	바다	8	태양	13	색깔	4	우주	9	물	13	산
13일	5	빛	10	소리	12	나무	4	대지	8	돌	13	나비	4	바다	9	태양	1	달	5	우주	10	물	1	시간
14일	6	빛	11	소리	13	나무	5	대지	9	돌	1	구름	5	바다	10	태양	2	달	6	우주	11	물	2	시간
15일	7	빛	12	소리	1	산	6	대지	10	돌	2	구름	6	바다	11	태양	3	달	7	우주	12	물	3	시간
16일	8	빛	13	소리	2	산	7	대지	11	돌	3	구름	7	바다	12	태양	4	달	8	우주	13	물	4	시간
17일	9	빛	1	물	3	산	8	대지	12	돌	4	구름	8	바다	13	태양	5	달	9	우주	1	나무	5	시간
18일	10	빛	2	물	4	산	9	대지	13	돌	5	구름	9	바다	1	흙	6	달	10	우주	2	나무	6	시간
19일	11	빛	3	물	5	산	10	대지	1	강	6	구름	10	바다	2	흙	7	달	11	우주	3	나무	7	시간
20일	12	빛	4	물	6	산	11	대지	2	강	7	구름	11	바다	3	흙	8	달	12	우주	4	나무	8	시간
21일	13	빛	5	물	7	산	12	대지	3	강	8	구름	12	바다	4	흙	9	달	13	우주	5	나무	9	시간
22일	1	우주	6	물	8	산	13	대지	4	강	9	구름	13	바다	5	흙	10	달	1	소리	6	나무	10	시간
23일	2	우주	7	물	9	산	1	잎	5	강	10	구름	1	하늘	6	흙	11	달	2	소리	7	나무	11	시간
24일	3	우주	8	물	10	산	2	잎	6	강	11	구름	2	하늘	7	흙	12	달	3	소리	8	나무	12	시간
25일	4	우주	9	물	11	산	3	잎	7	강	12	구름	3	하늘	8	흙	13	달	4	소리	9	나무	13	시간
26일	5	우주	10	물	12	산	4	잎	8	강	13	구름	4	하늘	9	흙	1	빛	5	소리	10	나무	1	대지
27일	6	우주	11	물	13	산	5	잎	9	강	1	불	5	하늘	10	흙	2	빛	6	소리	11	나무	2	대지
28일	7	우주	12	물	1	시간	6	잎	10	강	2	불	6	하늘	11	흙	3	빛	7	소리	12	나무	3	대지
29일	8	우주	13	물	2	시간	7	잎	11	강	3	불	7	하늘	12	흙	4	빛	8	소리	13	나무	4	대지
30일	9	우주			3	시간	8	잎	12	강	4	불	8	하늘	13	흙	5	빛	9	소리	1	산	5	대지
31일	10	우주			4	시간			13	강			9	하늘	1	색깔			10	소리			6	대지

1997년

	1월		2월		3월		4월		5월		6월		7월		8월		9월		10월		11월		12월	
1일	7	대지	12	돌	1	구름	6	바다	10	태양	2	달	6	우주	11	물	3	시간	7	잎	12	강	3	불
2일	8	대지	13	돌	2	구름	7	바다	11	태양	3	달	7	우주	12	물	4	시간	8	잎	13	강	4	불
3일	9	대지	1	강	3	구름	8	바다	12	태양	4	달	8	우주	13	물	5	시간	9	잎	1	나비	5	불
4일	10	대지	2	강	4	구름	9	바다	13	태양	5	달	9	우주	1	나무	6	시간	10	잎	2	나비	6	불
5일	11	대지	3	강	5	구름	10	바다	1	흙	6	달	10	우주	2	나무	7	시간	11	잎	3	나비	7	불
6일	12	대지	4	강	6	구름	11	바다	2	흙	7	달	11	우주	3	나무	8	시간	12	잎	4	나비	8	불
7일	13	대지	5	강	7	구름	12	바다	3	흙	8	달	12	우주	4	나무	9	시간	13	잎	5	나비	9	불
8일	1	잎	6	강	8	구름	13	바다	4	흙	9	달	13	우주	5	나무	10	시간	1	돌	6	나비	10	불
9일	2	잎	7	강	9	구름	1	하늘	5	흙	10	달	1	소리	6	나무	11	시간	2	돌	7	나비	11	불
10일	3	잎	8	강	10	구름	2	하늘	6	흙	11	달	2	소리	7	나무	12	시간	3	돌	8	나비	12	불
11일	4	잎	9	강	11	구름	3	하늘	7	흙	12	달	3	소리	8	나무	13	시간	4	돌	9	나비	13	불
12일	5	잎	10	강	12	구름	4	하늘	8	흙	13	달	4	소리	9	나무	1	대지	5	돌	10	나비	1	바다
13일	6	잎	11	강	13	구름	5	하늘	9	흙	1	빛	5	소리	10	나무	2	대지	6	돌	11	나비	2	바다
14일	7	잎	12	강	1	불	6	하늘	10	흙	2	빛	6	소리	11	나무	3	대지	7	돌	12	나비	3	바다
15일	8	잎	13	강	2	불	7	하늘	11	흙	3	빛	7	소리	12	나무	4	대지	8	돌	13	나비	4	바다
16일	9	잎	1	나비	3	불	8	하늘	12	흙	4	빛	8	소리	13	나무	5	대지	9	돌	1	구름	5	바다
17일	10	잎	2	나비	4	불	9	하늘	13	흙	5	빛	9	소리	1	산	6	대지	10	돌	2	구름	6	바다
18일	11	잎	3	나비	5	불	10	하늘	1	색깔	6	빛	10	소리	2	산	7	대지	11	돌	3	구름	7	바다
19일	12	잎	4	나비	6	불	11	하늘	2	색깔	7	빛	11	소리	3	산	8	대지	12	돌	4	구름	8	바다
20일	13	잎	5	나비	7	불	12	하늘	3	색깔	8	빛	12	소리	4	산	9	대지	13	돌	5	구름	9	바다
21일	1	돌	6	나비	8	불	13	하늘	4	색깔	9	빛	13	소리	5	산	10	대지	1	강	6	구름	10	바다
22일	2	돌	7	나비	9	불	1	태양	5	색깔	10	빛	1	물	6	산	11	대지	2	강	7	구름	11	바다
23일	3	돌	8	나비	10	불	2	태양	6	색깔	11	빛	2	물	7	산	12	대지	3	강	8	구름	12	바다
24일	4	돌	9	나비	11	불	3	태양	7	색깔	12	빛	3	물	8	산	13	대지	4	강	9	구름	13	바다
25일	5	돌	10	나비	12	불	4	태양	8	색깔	13	빛	4	물	9	산	1	잎	5	강	10	구름	1	하늘
26일	6	돌	11	나비	13	불	5	태양	9	색깔	1	우주	5	물	10	산	2	잎	6	강	11	구름	2	하늘
27일	7	돌	12	나비	1	바다	6	태양	10	색깔	2	우주	6	물	11	산	3	잎	7	강	12	구름	3	하늘
28일	8	돌	13	나비	2	바다	7	태양	11	색깔	3	우주	7	물	12	산	4	잎	8	강	13	구름	4	하늘
29일	9	돌			3	바다	8	태양	12	색깔	4	우주	8	물	13	산	5	잎	9	강	1	불	5	하늘
30일	10	돌			4	바다	9	태양	13	색깔	5	우주	9	물	1	시간	6	잎	10	강	2	불	6	하늘
31일	11	돌			5	바다			1	달			10	물	2	시간			11	강			7	하늘

1998년

	1월		2월		3월		4월		5월		6월		7월		8월		9월		10월		11월		12월	
1일	8	하늘	13	흙	2	빛	7	소리	11	나무	3	대지	7	돌	12	나비	4	바다	8	태양	13	색깔	4	우주
2일	9	하늘	1	색깔	3	빛	8	소리	12	나무	4	대지	8	돌	13	나비	5	바다	9	태양	1	달	5	우주
3일	10	하늘	2	색깔	4	빛	9	소리	13	나무	5	대지	9	돌	1	구름	6	바다	10	태양	2	달	6	우주
4일	11	하늘	3	색깔	5	빛	10	소리	1	산	6	대지	10	돌	2	구름	7	바다	11	태양	3	달	7	우주
5일	12	하늘	4	색깔	6	빛	11	소리	2	산	7	대지	11	돌	3	구름	8	바다	12	태양	4	달	8	우주
6일	13	하늘	5	색깔	7	빛	12	소리	3	산	8	대지	12	돌	4	구름	9	바다	13	태양	5	달	9	우주
7일	1	태양	6	색깔	8	빛	13	소리	4	산	9	대지	13	돌	5	구름	10	바다	1	흙	6	달	10	우주
8일	2	태양	7	색깔	9	빛	1	물	5	산	10	대지	1	강	6	구름	11	바다	2	흙	7	달	11	우주
9일	3	태양	8	색깔	10	빛	2	물	6	산	11	대지	2	강	7	구름	12	바다	3	흙	8	달	12	우주
10일	4	태양	9	색깔	11	빛	3	물	7	산	12	대지	3	강	8	구름	13	바다	4	흙	9	달	13	우주
11일	5	태양	10	색깔	12	빛	4	물	8	산	13	대지	4	강	9	구름	1	하늘	5	흙	10	달	1	소리
12일	6	태양	11	색깔	13	빛	5	물	9	산	1	잎	5	강	10	구름	2	하늘	6	흙	11	달	2	소리
13일	7	태양	12	색깔	1	우주	6	물	10	산	2	잎	6	강	11	구름	3	하늘	7	흙	12	달	3	소리
14일	8	태양	13	색깔	2	우주	7	물	11	산	3	잎	7	강	12	구름	4	하늘	8	흙	13	달	4	소리
15일	9	태양	1	달	3	우주	8	물	12	산	4	잎	8	강	13	구름	5	하늘	9	흙	1	빛	5	소리
16일	10	태양	2	달	4	우주	9	물	13	산	5	잎	9	강	1	불	6	하늘	10	흙	2	빛	6	소리
17일	11	태양	3	달	5	우주	10	물	1	시간	6	잎	10	강	2	불	7	하늘	11	흙	3	빛	7	소리
18일	12	태양	4	달	6	우주	11	물	2	시간	7	잎	11	강	3	불	8	하늘	12	흙	4	빛	8	소리
19일	13	태양	5	달	7	우주	12	물	3	시간	8	잎	12	강	4	불	9	하늘	13	흙	5	빛	9	소리
20일	1	흙	6	달	8	우주	13	물	4	시간	9	잎	13	강	5	불	10	하늘	1	색깔	6	빛	10	소리
21일	2	흙	7	달	9	우주	1	나무	5	시간	10	잎	1	나비	6	불	11	하늘	2	색깔	7	빛	11	소리
22일	3	흙	8	달	10	우주	2	나무	6	시간	11	잎	2	나비	7	불	12	하늘	3	색깔	8	빛	12	소리
23일	4	흙	9	달	11	우주	3	나무	7	시간	12	잎	3	나비	8	불	13	하늘	4	색깔	9	빛	13	소리
24일	5	흙	10	달	12	우주	4	나무	8	시간	13	잎	4	나비	9	불	1	태양	5	색깔	10	빛	1	물
25일	6	흙	11	달	13	우주	5	나무	9	시간	1	돌	5	나비	10	불	2	태양	6	색깔	11	빛	2	물
26일	7	흙	12	달	1	소리	6	나무	10	시간	2	돌	6	나비	11	불	3	태양	7	색깔	12	빛	3	물
27일	8	흙	13	달	2	소리	7	나무	11	시간	3	돌	7	나비	12	불	4	태양	8	색깔	13	빛	4	물
28일	9	흙	1	빛	3	소리	8	나무	12	시간	4	돌	8	나비	13	불	5	태양	9	색깔	1	우주	5	물
29일	10	흙			4	소리	9	나무	13	시간	5	돌	9	나비	1	바다	6	태양	10	색깔	2	우주	6	물
30일	11	흙			5	소리	10	나무	1	대지	6	돌	10	나비	2	바다	7	태양	11	색깔	3	우주	7	물
31일	12	흙			6	소리			2	대지			11	나비	3	바다			12	색깔			8	물

1999년

	1월		2월		3월		4월		5월		6월		7월		8월		9월		10월		11월		12월	
1일	9	물	1	시간	3	잎	8	강	12	구름	4	하늘	8	흙	13	달	5	소리	9	나무	1	대지	5	돌
2일	10	물	2	시간	4	잎	9	강	13	구름	5	하늘	9	흙	1	빛	6	소리	10	나무	2	대지	6	돌
3일	11	물	3	시간	5	잎	10	강	1	불	6	하늘	10	흙	2	빛	7	소리	11	나무	3	대지	7	돌
4일	12	물	4	시간	6	잎	11	강	2	불	7	하늘	11	흙	3	빛	8	소리	12	나무	4	대지	8	돌
5일	13	물	5	시간	7	잎	12	강	3	불	8	하늘	12	흙	4	빛	9	소리	13	나무	5	대지	9	돌
6일	1	나무	6	시간	8	잎	13	강	4	불	9	하늘	13	흙	5	빛	10	소리	1	산	6	대지	10	돌
7일	2	나무	7	시간	9	잎	1	나비	5	불	10	하늘	1	색깔	6	빛	11	소리	2	산	7	대지	11	돌
8일	3	나무	8	시간	10	잎	2	나비	6	불	11	하늘	2	색깔	7	빛	12	소리	3	산	8	대지	12	돌
9일	4	나무	9	시간	11	잎	3	나비	7	불	12	하늘	3	색깔	8	빛	13	소리	4	산	9	대지	13	강
10일	5	나무	10	시간	12	잎	4	나비	8	불	13	하늘	4	색깔	9	빛	1	물	5	산	10	대지	1	강
11일	6	나무	11	시간	13	잎	5	나비	9	불	1	태양	5	색깔	10	빛	2	물	6	산	11	대지	2	강
12일	7	나무	12	시간	1	돌	6	나비	10	불	2	태양	6	색깔	11	빛	3	물	7	산	12	대지	3	강
13일	8	나무	13	시간	2	돌	7	나비	11	불	3	태양	7	색깔	12	빛	4	물	8	산	13	대지	4	강
14일	9	나무	1	대지	3	돌	8	나비	12	불	4	태양	8	색깔	13	빛	5	물	9	산	1	잎	5	강
15일	10	나무	2	대지	4	돌	9	나비	13	불	5	태양	9	색깔	1	우주	6	물	10	산	2	잎	6	강
16일	11	나무	3	대지	5	돌	10	나비	1	바다	6	태양	10	색깔	2	우주	7	물	11	산	3	잎	7	강
17일	12	나무	4	대지	6	돌	11	나비	2	바다	7	태양	11	색깔	3	우주	8	물	12	산	4	잎	8	강
18일	13	나무	5	대지	7	돌	12	나비	3	바다	8	태양	12	색깔	4	우주	9	물	13	산	5	잎	9	강
19일	1	산	6	대지	8	돌	13	나비	4	바다	9	태양	13	색깔	5	우주	10	물	1	시간	6	잎	10	강
20일	2	산	7	대지	9	돌	1	구름	5	바다	10	태양	1	달	6	우주	11	물	2	시간	7	잎	11	강
21일	3	산	8	대지	10	돌	2	구름	6	바다	11	태양	2	달	7	우주	12	물	3	시간	8	잎	12	강
22일	4	산	9	대지	11	돌	3	구름	7	바다	12	태양	3	달	8	우주	13	물	4	시간	9	잎	13	강
23일	5	산	10	대지	12	돌	4	구름	8	바다	13	태양	4	달	9	우주	1	나무	5	시간	10	잎	1	나비
24일	6	산	11	대지	13	돌	5	구름	9	바다	1	흙	5	달	10	우주	2	나무	6	시간	11	잎	2	나비
25일	7	산	12	대지	1	강	6	구름	10	바다	2	흙	6	달	11	우주	3	나무	7	시간	12	잎	3	나비
26일	8	산	13	대지	2	강	7	구름	11	바다	3	흙	7	달	12	우주	4	나무	8	시간	13	잎	4	나비
27일	9	산	1	잎	3	강	8	구름	12	바다	4	흙	8	달	13	우주	5	나무	9	시간	1	돌	5	나비
28일	10	산	2	잎	4	강	9	구름	13	바다	5	흙	9	달	1	소리	6	나무	10	시간	2	돌	6	나비
29일	11	산			5	강	10	구름	1	하늘	6	흙	10	달	2	소리	7	나무	11	시간	3	돌	7	나비
30일	12	산			6	강	11	구름	2	하늘	7	흙	11	달	3	소리	8	나무	12	시간	4	돌	8	나비
31일	13	산			7	강			3	하늘			12	달	4	소리			13	시간			9	나비

2000년

	1월		2월		3월		4월		5월		6월		7월		8월		9월		10월		11월		12월	
1일	10	나비	2	바다	4	태양	9	색깔	13	빛	5	물	9	산	1	잎	6	강	10	구름	2	하늘	6	흙
2일	11	나비	3	바다	5	태양	10	색깔	1	우주	6	물	10	산	2	잎	7	강	11	구름	3	하늘	7	흙
3일	12	나비	4	바다	6	태양	11	색깔	2	우주	7	물	11	산	3	잎	8	강	12	구름	4	하늘	8	흙
4일	13	나비	5	바다	7	태양	12	색깔	3	우주	8	물	12	산	4	잎	9	강	13	구름	5	하늘	9	흙
5일	1	구름	6	바다	8	태양	13	색깔	4	우주	9	물	13	산	5	잎	10	강	1	불	6	하늘	10	흙
6일	2	구름	7	바다	9	태양	1	달	5	우주	10	물	1	시간	6	잎	11	강	2	불	7	하늘	11	흙
7일	3	구름	8	바다	10	태양	2	달	6	우주	11	물	2	시간	7	잎	12	강	3	불	8	하늘	12	흙
8일	4	구름	9	바다	11	태양	3	달	7	우주	12	물	3	시간	8	잎	13	강	4	불	9	하늘	13	흙
9일	5	구름	10	바다	12	태양	4	달	8	우주	13	물	4	시간	9	잎	1	나비	5	불	10	하늘	1	색깔
10일	6	구름	11	바다	13	태양	5	달	9	우주	1	나무	5	시간	10	잎	2	나비	6	불	11	하늘	2	색깔
11일	7	구름	12	바다	1	흙	6	달	10	우주	2	나무	6	시간	11	잎	3	나비	7	불	12	하늘	3	색깔
12일	8	구름	13	바다	2	흙	7	달	11	우주	3	나무	7	시간	12	잎	4	나비	8	불	13	하늘	4	색깔
13일	9	구름	1	하늘	3	흙	8	달	12	우주	4	나무	8	시간	13	잎	5	나비	9	불	1	태양	5	색깔
14일	10	구름	2	하늘	4	흙	9	달	13	우주	5	나무	9	시간	1	돌	6	나비	10	불	2	태양	6	색깔
15일	11	구름	3	하늘	5	흙	10	달	1	소리	6	나무	10	시간	2	돌	7	나비	11	불	3	태양	7	색깔
16일	12	구름	4	하늘	6	흙	11	달	2	소리	7	나무	11	시간	3	돌	8	나비	12	불	4	태양	8	색깔
17일	13	구름	5	하늘	7	흙	12	달	3	소리	8	나무	12	시간	4	돌	9	나비	13	불	5	태양	9	색깔
18일	1	불	6	하늘	8	흙	13	달	4	소리	9	나무	13	시간	5	돌	10	나비	1	바다	6	태양	10	색깔
19일	2	불	7	하늘	9	흙	1	빛	5	소리	10	나무	1	대지	6	돌	11	나비	2	바다	7	태양	11	색깔
20일	3	불	8	하늘	10	흙	2	빛	6	소리	11	나무	2	대지	7	돌	12	나비	3	바다	8	태양	12	색깔
21일	4	불	9	하늘	11	흙	3	빛	7	소리	12	나무	3	대지	8	돌	13	나비	4	바다	9	태양	13	색깔
22일	5	불	10	하늘	12	흙	4	빛	8	소리	13	나무	4	대지	9	돌	1	구름	5	바다	10	태양	1	달
23일	6	불	11	하늘	13	흙	5	빛	9	소리	1	산	5	대지	10	돌	2	구름	6	바다	11	태양	2	달
24일	7	불	12	하늘	1	색깔	6	빛	10	소리	2	산	6	대지	11	돌	3	구름	7	바다	12	태양	3	달
25일	8	불	13	하늘	2	색깔	7	빛	11	소리	3	산	7	대지	12	돌	4	구름	8	바다	13	태양	4	달
26일	9	불	1	태양	3	색깔	8	빛	12	소리	4	산	8	대지	13	돌	5	구름	9	바다	1	흙	5	달
27일	10	불	2	태양	4	색깔	9	빛	13	소리	5	산	9	대지	1	강	6	구름	10	바다	2	흙	6	달
28일	11	불	3	태양	5	색깔	10	빛	1	물	6	산	10	대지	2	강	7	구름	11	바다	3	흙	7	달
29일	12	불	4	태양	6	색깔	11	빛	2	물	7	산	11	대지	3	강	8	구름	12	바다	4	흙	8	달
30일	13	불			7	색깔	12	빛	3	물	8	산	12	대지	4	강	9	구름	13	바다	5	흙	9	달
31일	1	바다			8	색깔			4	물			13	대지	5	강			1	하늘			10	달

2001년

	1월		2월		3월		4월		5월		6월		7월		8월		9월		10월		11월		12월	
1일	11	달	3	소리	5	나무	10	시간	1	돌	6	나비	10	불	2	태양	7	색깔	11	빛	3	물	7	산
2일	12	달	4	소리	6	나무	11	시간	2	돌	7	나비	11	불	3	태양	8	색깔	12	빛	4	물	8	산
3일	13	달	5	소리	7	나무	12	시간	3	돌	8	나비	12	불	4	태양	9	색깔	13	빛	5	물	9	산
4일	1	빛	6	소리	8	나무	13	시간	4	돌	9	나비	13	불	5	태양	10	색깔	1	우주	6	물	10	산
5일	2	빛	7	소리	9	나무	1	대지	5	돌	10	나비	1	바다	6	태양	11	색깔	2	우주	7	물	11	산
6일	3	빛	8	소리	10	나무	2	대지	6	돌	11	나비	2	바다	7	태양	12	색깔	3	우주	8	물	12	산
7일	4	빛	9	소리	11	나무	3	대지	7	돌	12	나비	3	바다	8	태양	13	색깔	4	우주	9	물	13	산
8일	5	빛	10	소리	12	나무	4	대지	8	돌	13	나비	4	바다	9	태양	1	달	5	우주	10	물	1	시간
9일	6	빛	11	소리	13	나무	5	대지	9	돌	1	구름	5	바다	10	태양	2	달	6	우주	11	물	2	시간
10일	7	빛	12	소리	1	산	6	대지	10	돌	2	구름	6	바다	11	태양	3	달	7	우주	12	물	3	시간
11일	8	빛	13	소리	2	산	7	대지	11	돌	3	구름	7	바다	12	태양	4	달	8	우주	13	물	4	시간
12일	9	빛	1	물	3	산	8	대지	12	돌	4	구름	8	바다	13	태양	5	달	9	우주	1	나무	5	시간
13일	10	빛	2	물	4	산	9	대지	13	돌	5	구름	9	바다	1	흙	6	달	10	우주	2	나무	6	시간
14일	11	빛	3	물	5	산	10	대지	1	강	6	구름	10	바다	2	흙	7	달	11	우주	3	나무	7	시간
15일	12	빛	4	물	6	산	11	대지	2	강	7	구름	11	바다	3	흙	8	달	12	우주	4	나무	8	시간
16일	13	빛	5	물	7	산	12	대지	3	강	8	구름	12	바다	4	흙	9	달	13	우주	5	나무	9	시간
17일	1	우주	6	물	8	산	13	대지	4	강	9	구름	13	바다	5	흙	10	달	1	소리	6	나무	10	시간
18일	2	우주	7	물	9	산	1	잎	5	강	10	구름	1	하늘	6	흙	11	달	2	소리	7	나무	11	시간
19일	3	우주	8	물	10	산	2	잎	6	강	11	구름	2	하늘	7	흙	12	달	3	소리	8	나무	12	시간
20일	4	우주	9	물	11	산	3	잎	7	강	12	구름	3	하늘	8	흙	13	달	4	소리	9	나무	13	시간
21일	5	우주	10	물	12	산	4	잎	8	강	13	구름	4	하늘	9	흙	1	빛	5	소리	10	나무	1	대지
22일	6	우주	11	물	13	산	5	잎	9	강	1	불	5	하늘	10	흙	2	빛	6	소리	11	나무	2	대지
23일	7	우주	12	물	1	시간	6	잎	10	강	2	불	6	하늘	11	흙	3	빛	7	소리	12	나무	3	대지
24일	8	우주	13	물	2	시간	7	잎	11	강	3	불	7	하늘	12	흙	4	빛	8	소리	13	나무	4	대지
25일	9	우주	1	나무	3	시간	8	잎	12	강	4	불	8	하늘	13	흙	5	빛	9	소리	1	산	5	대지
26일	10	우주	2	나무	4	시간	9	잎	13	강	5	불	9	하늘	1	색깔	6	빛	10	소리	2	산	6	대지
27일	11	우주	3	나무	5	시간	10	잎	1	나비	6	불	10	하늘	2	색깔	7	빛	11	소리	3	산	7	대지
28일	12	우주	4	나무	6	시간	11	잎	2	나비	7	불	11	하늘	3	색깔	8	빛	12	소리	4	산	8	대지
29일	13	우주			7	시간	12	잎	3	나비	8	불	12	하늘	4	색깔	9	빛	13	소리	5	산	9	대지
30일	1	소리			8	시간	13	잎	4	나비	9	불	13	하늘	5	색깔	10	빛	1	물	6	산	10	대지
31일	2	소리			9	시간			5	나비			1	태양	6	색깔			2	물			11	대지

2002년

	1월		2월		3월		4월		5월		6월		7월		8월		9월		10월		11월		12월	
1일	12	대지	4	강	6	구름	11	바다	2	흙	7	달	11	우주	3	나무	8	시간	12	잎	4	나비	8	불
2일	13	대지	5	강	7	구름	12	바다	3	흙	8	달	12	우주	4	나무	9	시간	13	잎	5	나비	9	불
3일	1	잎	6	강	8	구름	13	바다	4	흙	9	달	13	우주	5	나무	10	시간	1	돌	6	나비	10	불
4일	2	잎	7	강	9	구름	1	하늘	5	흙	10	달	1	소리	6	나무	11	시간	2	돌	7	나비	11	불
5일	3	잎	8	강	10	구름	2	하늘	6	흙	11	달	2	소리	7	나무	12	시간	3	돌	8	나비	12	불
6일	4	잎	9	강	11	구름	3	하늘	7	흙	12	달	3	소리	8	나무	13	시간	4	돌	9	나비	13	불
7일	5	잎	10	강	12	구름	4	하늘	8	흙	13	달	4	소리	9	나무	1	대지	5	돌	10	나비	1	바다
8일	6	잎	11	강	13	구름	5	하늘	9	흙	1	빛	5	소리	10	나무	2	대지	6	돌	11	나비	2	바다
9일	7	잎	12	강	1	불	6	하늘	10	흙	2	빛	6	소리	11	나무	3	대지	7	돌	12	나비	3	바다
10일	8	잎	13	강	2	불	7	하늘	11	흙	3	빛	7	소리	12	나무	4	대지	8	돌	13	나비	4	바다
11일	9	잎	1	나비	3	불	8	하늘	12	흙	4	빛	8	소리	13	나무	5	대지	9	돌	1	구름	5	바다
12일	10	잎	2	나비	4	불	9	하늘	13	흙	5	빛	9	소리	1	산	6	대지	10	돌	2	구름	6	바다
13일	11	잎	3	나비	5	불	10	하늘	1	색깔	6	빛	10	소리	2	산	7	대지	11	돌	3	구름	7	바다
14일	12	잎	4	나비	6	불	11	하늘	2	색깔	7	빛	11	소리	3	산	8	대지	12	돌	4	구름	8	바다
15일	13	잎	5	나비	7	불	12	하늘	3	색깔	8	빛	12	소리	4	산	9	대지	13	돌	5	구름	9	바다
16일	1	돌	6	나비	8	불	13	하늘	4	색깔	9	빛	13	소리	5	산	10	대지	1	강	6	구름	10	바다
17일	2	돌	7	나비	9	불	1	태양	5	색깔	10	빛	1	물	6	산	11	대지	2	강	7	구름	11	바다
18일	3	돌	8	나비	10	불	2	태양	6	색깔	11	빛	2	물	7	산	12	대지	3	강	8	구름	12	바다
19일	4	돌	9	나비	11	불	3	태양	7	색깔	12	빛	3	물	8	산	13	대지	4	강	9	구름	13	바다
20일	5	돌	10	나비	12	불	4	태양	8	색깔	13	빛	4	물	9	산	1	잎	5	강	10	구름	1	하늘
21일	6	돌	11	나비	13	불	5	태양	9	색깔	1	우주	5	물	10	산	2	잎	6	강	11	구름	2	하늘
22일	7	돌	12	나비	1	바다	6	태양	10	색깔	2	우주	6	물	11	산	3	잎	7	강	12	구름	3	하늘
23일	8	돌	13	나비	2	바다	7	태양	11	색깔	3	우주	7	물	12	산	4	잎	8	강	13	구름	4	하늘
24일	9	돌	1	구름	3	바다	8	태양	12	색깔	4	우주	8	물	13	산	5	잎	9	강	1	불	5	하늘
25일	10	돌	2	구름	4	바다	9	태양	13	색깔	5	우주	9	물	1	시간	6	잎	10	강	2	불	6	하늘
26일	11	돌	3	구름	5	바다	10	태양	1	달	6	우주	10	물	2	시간	7	잎	11	강	3	불	7	하늘
27일	12	돌	4	구름	6	바다	11	태양	2	달	7	우주	11	물	3	시간	8	잎	12	강	4	불	8	하늘
28일	13	돌	5	구름	7	바다	12	태양	3	달	8	우주	12	물	4	시간	9	잎	13	강	5	불	9	하늘
29일	1	강			8	바다	13	태양	4	달	9	우주	13	물	5	시간	10	잎	1	나비	6	불	10	하늘
30일	2	강			9	바다	1	흙	5	달	10	우주	1	나무	6	시간	11	잎	2	나비	7	불	11	하늘
31일	3	강			10	바다			6	달			2	나무	7	시간			3	나비			12	하늘

2003년

	1월		2월		3월		4월		5월		6월		7월		8월		9월		10월		11월		12월	
1일	13	하늘	5	색깔	7	빛	12	소리	3	산	8	대지	12	돌	4	구름	9	바다	13	태양	5	달	9	우주
2일	1	태양	6	색깔	8	빛	13	소리	4	산	9	대지	13	돌	5	구름	10	바다	1	흙	6	달	10	우주
3일	2	태양	7	색깔	9	빛	1	물	5	산	10	대지	1	강	6	구름	11	바다	2	흙	7	달	11	우주
4일	3	태양	8	색깔	10	빛	2	물	6	산	11	대지	2	강	7	구름	12	바다	3	흙	8	달	12	우주
5일	4	태양	9	색깔	11	빛	3	물	7	산	12	대지	3	강	8	구름	13	바다	4	흙	9	달	13	우주
6일	5	태양	10	색깔	12	빛	4	물	8	산	13	대지	4	강	9	구름	1	하늘	5	흙	10	달	1	소리
7일	6	태양	11	색깔	13	빛	5	물	9	산	1	잎	5	강	10	구름	2	하늘	6	흙	11	달	2	소리
8일	7	태양	12	색깔	1	우주	6	물	10	산	2	잎	6	강	11	구름	3	하늘	7	흙	12	달	3	소리
9일	8	태양	13	색깔	2	우주	7	물	11	산	3	잎	7	강	12	구름	4	하늘	8	흙	13	달	4	소리
10일	9	태양	1	달	3	우주	8	물	12	산	4	잎	8	강	13	구름	5	하늘	9	흙	1	빛	5	소리
11일	10	태양	2	달	4	우주	9	물	13	산	5	잎	9	강	1	불	6	하늘	10	흙	2	빛	6	소리
12일	11	태양	3	달	5	우주	10	물	1	시간	6	잎	10	강	2	불	7	하늘	11	흙	3	빛	7	소리
13일	12	태양	4	달	6	우주	11	물	2	시간	7	잎	11	강	3	불	8	하늘	12	흙	4	빛	8	소리
14일	13	태양	5	달	7	우주	12	물	3	시간	8	잎	12	강	4	불	9	하늘	13	흙	5	빛	9	소리
15일	1	흙	6	달	8	우주	13	물	4	시간	9	잎	13	강	5	불	10	하늘	1	색깔	6	빛	10	소리
16일	2	흙	7	달	9	우주	1	나무	5	시간	10	잎	1	나비	6	불	11	하늘	2	색깔	7	빛	11	소리
17일	3	흙	8	달	10	우주	2	나무	6	시간	11	잎	2	나비	7	불	12	하늘	3	색깔	8	빛	12	소리
18일	4	흙	9	달	11	우주	3	나무	7	시간	12	잎	3	나비	8	불	13	하늘	4	색깔	9	빛	13	소리
19일	5	흙	10	달	12	우주	4	나무	8	시간	13	잎	4	나비	9	불	1	태양	5	색깔	10	빛	1	물
20일	6	흙	11	달	13	우주	5	나무	9	시간	1	돌	5	나비	10	불	2	태양	6	색깔	11	빛	2	물
21일	7	흙	12	달	1	소리	6	나무	10	시간	2	돌	6	나비	11	불	3	태양	7	색깔	12	빛	3	물
22일	8	흙	13	달	2	소리	7	나무	11	시간	3	돌	7	나비	12	불	4	태양	8	색깔	13	빛	4	물
23일	9	흙	1	빛	3	소리	8	나무	12	시간	4	돌	8	나비	13	불	5	태양	9	색깔	1	우주	5	물
24일	10	흙	2	빛	4	소리	9	나무	13	시간	5	돌	9	나비	1	바다	6	태양	10	색깔	2	우주	6	물
25일	11	흙	3	빛	5	소리	10	나무	1	대지	6	돌	10	나비	2	바다	7	태양	11	색깔	3	우주	7	물
26일	12	흙	4	빛	6	소리	11	나무	2	대지	7	돌	11	나비	3	바다	8	태양	12	색깔	4	우주	8	물
27일	13	흙	5	빛	7	소리	12	나무	3	대지	8	돌	12	나비	4	바다	9	태양	13	색깔	5	우주	9	물
28일	1	색깔	6	빛	8	소리	13	나무	4	대지	9	돌	13	나비	5	바다	10	태양	1	달	6	우주	10	물
29일	2	색깔			9	소리	1	산	5	대지	10	돌	1	구름	6	바다	11	태양	2	달	7	우주	11	물
30일	3	색깔			10	소리	2	산	6	대지	11	돌	2	구름	7	바다	12	태양	3	달	8	우주	12	물
31일	4	색깔			11	소리			7	대지			3	구름	8	바다			4	달			13	물

2004년

	1월		2월		3월		4월		5월		6월		7월		8월		9월		10월		11월		12월	
1일	1	나무	6	시간	8	잎	13	강	4	불	9	하늘	13	흙	5	빛	10	소리	1	산	6	대지	10	돌
2일	2	나무	7	시간	9	잎	1	나비	5	불	10	하늘	1	색깔	6	빛	11	소리	2	산	7	대지	11	돌
3일	3	나무	8	시간	10	잎	2	나비	6	불	11	하늘	2	색깔	7	빛	12	소리	3	산	8	대지	12	돌
4일	4	나무	9	시간	11	잎	3	나비	7	불	12	하늘	3	색깔	8	빛	13	소리	4	산	9	대지	13	돌
5일	5	나무	10	시간	12	잎	4	나비	8	불	13	하늘	4	색깔	9	빛	1	물	5	산	10	대지	1	강
6일	6	나무	11	시간	13	잎	5	나비	9	불	1	태양	5	색깔	10	빛	2	물	6	산	11	대지	2	강
7일	7	나무	12	시간	1	돌	6	나비	10	불	2	태양	6	색깔	11	빛	3	물	7	산	12	대지	3	강
8일	8	나무	13	시간	2	돌	7	나비	11	불	3	태양	7	색깔	12	빛	4	물	8	산	13	대지	4	강
9일	9	나무	1	대지	3	돌	8	나비	12	불	4	태양	8	색깔	13	빛	5	물	9	산	1	잎	5	강
10일	10	나무	2	대지	4	돌	9	나비	13	불	5	태양	9	색깔	1	우주	6	물	10	산	2	잎	6	강
11일	11	나무	3	대지	5	돌	10	나비	1	바다	6	태양	10	색깔	2	우주	7	물	11	산	3	잎	7	강
12일	12	나무	4	대지	6	돌	11	나비	2	바다	7	태양	11	색깔	3	우주	8	물	12	산	4	잎	8	강
13일	13	나무	5	대지	7	돌	12	나비	3	바다	8	태양	12	색깔	4	우주	9	물	13	산	5	잎	9	강
14일	1	나무	6	대지	8	돌	13	나비	4	바다	9	태양	13	색깔	5	우주	10	물	1	시간	6	잎	10	강
15일	2	산	7	대지	9	돌	1	구름	5	바다	10	태양	1	달	6	우주	11	물	2	시간	7	잎	11	강
16일	3	산	8	대지	10	돌	2	구름	6	바다	11	태양	2	달	7	우주	12	물	3	시간	8	잎	12	강
17일	4	산	9	대지	11	돌	3	구름	7	바다	12	태양	3	달	8	우주	13	물	4	시간	9	잎	13	강
18일	5	산	10	대지	12	돌	4	구름	8	바다	13	태양	4	달	9	우주	1	나무	5	시간	10	잎	1	나비
19일	6	산	11	대지	13	돌	5	구름	9	바다	1	흙	5	달	10	우주	2	나무	6	시간	11	잎	2	나비
20일	7	산	12	대지	1	강	6	구름	10	바다	2	흙	6	달	11	우주	3	나무	7	시간	12	잎	3	나비
21일	8	산	13	대지	2	강	7	구름	11	바다	3	흙	7	달	12	우주	4	나무	8	시간	13	잎	4	나비
22일	9	산	1	잎	3	강	8	구름	12	바다	4	흙	8	달	13	우주	5	나무	9	시간	1	돌	5	나비
23일	10	산	2	잎	4	강	9	구름	13	바다	5	흙	9	달	1	소리	6	나무	10	시간	2	돌	6	나비
24일	11	산	3	잎	5	강	10	구름	1	하늘	6	흙	10	달	2	소리	7	나무	11	시간	3	돌	7	나비
25일	12	산	4	잎	6	강	11	구름	2	하늘	7	흙	11	달	3	소리	8	나무	12	시간	4	돌	8	나비
26일	13	산	5	잎	7	강	12	구름	3	하늘	8	흙	12	달	4	소리	9	나무	13	시간	5	돌	9	나비
27일	1	산	6	잎	8	강	13	구름	4	하늘	9	흙	13	달	5	소리	10	나무	1	대지	6	돌	10	나비
28일	2	시간	7	잎	9	강	1	불	5	하늘	10	흙	1	빛	6	소리	11	나무	2	대지	7	돌	11	나비
29일	3	시간	8	잎	10	강	2	불	6	하늘	11	흙	2	빛	7	소리	12	나무	3	대지	8	돌	12	나비
30일	4	시간			11	강	3	불	7	하늘	12	흙	3	빛	8	소리	13	나무	4	대지	9	돌	13	나비
31일	5	시간			12	강			8	하늘			4	빛	9	소리			5	대지			1	구름

2005년

	1월		2월		3월		4월		5월		6월		7월		8월		9월		10월		11월		12월	
1일	2	구름	7	바다	9	태양	1	달	5	우주	10	물	1	시간	6	잎	11	강	2	불	7	하늘	11	흙
2일	3	구름	8	바다	10	태양	2	달	6	우주	11	물	2	시간	7	잎	12	강	3	불	8	하늘	12	흙
3일	4	구름	9	바다	11	태양	3	달	7	우주	12	물	3	시간	8	잎	13	강	4	불	9	하늘	13	흙
4일	5	구름	10	바다	12	태양	4	달	8	우주	13	물	4	시간	9	잎	1	나비	5	불	10	하늘	1	색깔
5일	6	구름	11	바다	13	태양	5	달	9	우주	1	나무	5	시간	10	잎	2	나비	6	불	11	하늘	2	색깔
6일	7	구름	12	바다	1	흙	6	달	10	우주	2	나무	6	시간	11	잎	3	나비	7	불	12	하늘	3	색깔
7일	8	구름	13	바다	2	흙	7	달	11	우주	3	나무	7	시간	12	잎	4	나비	8	불	13	하늘	4	색깔
8일	9	구름	1	하늘	3	흙	8	달	12	우주	4	나무	8	시간	13	잎	5	나비	9	불	1	태양	5	색깔
9일	10	구름	2	하늘	4	흙	9	달	13	우주	5	나무	9	시간	1	돌	6	나비	10	불	2	태양	6	색깔
10일	11	구름	3	하늘	5	흙	10	달	1	소리	6	나무	10	시간	2	돌	7	나비	11	불	3	태양	7	색깔
11일	12	구름	4	하늘	6	흙	11	달	2	소리	7	나무	11	시간	3	돌	8	나비	12	불	4	태양	8	색깔
12일	13	구름	5	하늘	7	흙	12	달	3	소리	8	나무	12	시간	4	돌	9	나비	13	불	5	태양	9	색깔
13일	1	불	6	하늘	8	흙	13	달	4	소리	9	나무	13	시간	5	돌	10	나비	1	바다	6	태양	10	색깔
14일	2	불	7	하늘	9	흙	1	빛	5	소리	10	나무	1	대지	6	돌	11	나비	2	바다	7	태양	11	색깔
15일	3	불	8	하늘	10	흙	2	빛	6	소리	11	나무	2	대지	7	돌	12	나비	3	바다	8	태양	12	색깔
16일	4	불	9	하늘	11	흙	3	빛	7	소리	12	나무	3	대지	8	돌	13	나비	4	바다	9	태양	13	색깔
17일	5	불	10	하늘	12	흙	4	빛	8	소리	13	나무	4	대지	9	돌	1	구름	5	바다	10	태양	1	달
18일	6	불	11	하늘	13	흙	5	빛	9	소리	1	산	5	대지	10	돌	2	구름	6	바다	11	태양	2	달
19일	7	불	12	하늘	1	색깔	6	빛	10	소리	2	산	6	대지	11	돌	3	구름	7	바다	12	태양	3	달
20일	8	불	13	하늘	2	색깔	7	빛	11	소리	3	산	7	대지	12	돌	4	구름	8	바다	13	태양	4	달
21일	9	불	1	태양	3	색깔	8	빛	12	소리	4	산	8	대지	13	돌	5	구름	9	바다	1	흙	5	달
22일	10	불	2	태양	4	색깔	9	빛	13	소리	5	산	9	대지	1	강	6	구름	10	바다	2	흙	6	달
23일	11	불	3	태양	5	색깔	10	빛	1	물	6	산	10	대지	2	강	7	구름	11	바다	3	흙	7	달
24일	12	불	4	태양	6	색깔	11	빛	2	물	7	산	11	대지	3	강	8	구름	12	바다	4	흙	8	달
25일	13	불	5	태양	7	색깔	12	빛	3	물	8	산	12	대지	4	강	9	구름	13	바다	5	흙	9	달
26일	1	바다	6	태양	8	색깔	13	빛	4	물	9	산	13	대지	5	강	10	구름	1	하늘	6	흙	10	달
27일	2	바다	7	태양	9	색깔	1	우주	5	물	10	산	1	잎	6	강	11	구름	2	하늘	7	흙	11	달
28일	3	바다	8	태양	10	색깔	2	우주	6	물	11	산	2	잎	7	강	12	구름	3	하늘	8	흙	12	달
29일	4	바다			11	색깔	3	우주	7	물	12	산	3	잎	8	강	13	구름	4	하늘	9	흙	13	달
30일	5	바다			12	색깔	4	우주	8	물	13	산	4	잎	9	강	1	불	5	하늘	10	흙	1	빛
31일	6	바다			13	색깔			9	물			5	잎	10	강			6	하늘			2	빛

2006년

	1월		2월		3월		4월		5월		6월		7월		8월		9월		10월		11월		12월	
1일	3	빛	8	소리	10	나무	2	대지	6	돌	11	나비	2	바다	7	태양	12	색깔	3	우주	8	물	12	산
2일	4	빛	9	소리	11	나무	3	대지	7	돌	12	나비	3	바다	8	태양	13	색깔	4	우주	9	물	13	산
3일	5	빛	10	소리	12	나무	4	대지	8	돌	13	나비	4	바다	9	태양	1	달	5	우주	10	물	1	시간
4일	6	빛	11	소리	13	나무	5	대지	9	돌	1	구름	5	바다	10	태양	2	달	6	우주	11	물	2	시간
5일	7	빛	12	소리	1	산	6	대지	10	돌	2	구름	6	바다	11	태양	3	달	7	우주	12	물	3	시간
6일	8	빛	13	소리	2	산	7	대지	11	돌	3	구름	7	바다	12	태양	4	달	8	우주	13	물	4	시간
7일	9	빛	1	물	3	산	8	대지	12	돌	4	구름	8	바다	13	태양	5	달	9	우주	1	나무	5	시간
8일	10	빛	2	물	4	산	9	대지	13	돌	5	구름	9	바다	1	흙	6	달	10	우주	2	나무	6	시간
9일	11	빛	3	물	5	산	10	대지	1	강	6	구름	10	바다	2	흙	7	달	11	우주	3	나무	7	시간
10일	12	빛	4	물	6	산	11	대지	2	강	7	구름	11	바다	3	흙	8	달	12	우주	4	나무	8	시간
11일	13	빛	5	물	7	산	12	대지	3	강	8	구름	12	바다	4	흙	9	달	13	우주	5	나무	9	시간
12일	1	우주	6	물	8	산	13	대지	4	강	9	구름	13	바다	5	흙	10	달	1	소리	6	나무	10	시간
13일	2	우주	7	물	9	산	1	잎	5	강	10	구름	1	하늘	6	흙	11	달	2	소리	7	나무	11	시간
14일	3	우주	8	물	10	산	2	잎	6	강	11	구름	2	하늘	7	흙	12	달	3	소리	8	나무	12	시간
15일	4	우주	9	물	11	산	3	잎	7	강	12	구름	3	하늘	8	흙	13	달	4	소리	9	나무	13	시간
16일	5	우주	10	물	12	산	4	잎	8	강	13	구름	4	하늘	9	흙	1	빛	5	소리	10	나무	1	대지
17일	6	우주	11	물	13	산	5	잎	9	강	1	불	5	하늘	10	흙	2	빛	6	소리	11	나무	2	대지
18일	7	우주	12	물	1	시간	6	잎	10	강	2	불	6	하늘	11	흙	3	빛	7	소리	12	나무	3	대지
19일	8	우주	13	물	2	시간	7	잎	11	강	3	불	7	하늘	12	흙	4	빛	8	소리	13	나무	4	대지
20일	9	우주	1	나무	3	시간	8	잎	12	강	4	불	8	하늘	13	흙	5	빛	9	소리	1	산	5	대지
21일	10	우주	2	나무	4	시간	9	잎	13	강	5	불	9	하늘	1	색깔	6	빛	10	소리	2	산	6	대지
22일	11	우주	3	나무	5	시간	10	잎	1	나비	6	불	10	하늘	2	색깔	7	빛	11	소리	3	산	7	대지
23일	12	우주	4	나무	6	시간	11	잎	2	나비	7	불	11	하늘	3	색깔	8	빛	12	소리	4	산	8	대지
24일	13	우주	5	나무	7	시간	12	잎	3	나비	8	불	12	하늘	4	색깔	9	빛	13	소리	5	산	9	대지
25일	1	소리	6	나무	8	시간	13	잎	4	나비	9	불	13	하늘	5	색깔	10	빛	1	물	6	산	10	대지
26일	2	소리	7	나무	9	시간	1	돌	5	나비	10	불	1	태양	6	색깔	11	빛	2	물	7	산	11	대지
27일	3	소리	8	나무	10	시간	2	돌	6	나비	11	불	2	태양	7	색깔	12	빛	3	물	8	산	12	대지
28일	4	소리	9	나무	11	시간	3	돌	7	나비	12	불	3	태양	8	색깔	13	빛	4	물	9	산	13	대지
29일	5	소리			12	시간	4	돌	8	나비	13	불	4	태양	9	색깔	1	우주	5	물	10	산	1	잎
30일	6	소리			13	시간	5	돌	9	나비	1	바다	5	태양	10	색깔	2	우주	6	물	11	산	2	잎
31일	7	소리			1	대지			10	나비			6	태양	11	색깔			7	물			3	잎

2007년

	1월		2월		3월		4월		5월		6월		7월		8월		9월		10월		11월		12월	
1일	4	잎	9	강	11	구름	3	하늘	7	흙	12	달	3	소리	8	나무	13	시간	4	돌	9	나비	13	불
2일	5	잎	10	강	12	구름	4	하늘	8	흙	13	달	4	소리	9	나무	1	대지	5	돌	10	나비	1	바다
3일	6	잎	11	강	13	구름	5	하늘	9	흙	1	빛	5	소리	10	나무	2	대지	6	돌	11	나비	2	바다
4일	7	잎	12	강	1	불	6	하늘	10	흙	2	빛	6	소리	11	나무	3	대지	7	돌	12	나비	3	바다
5일	8	잎	13	강	2	불	7	하늘	11	흙	3	빛	7	소리	12	나무	4	대지	8	돌	13	나비	4	바다
6일	9	잎	1	나비	3	불	8	하늘	12	흙	4	빛	8	소리	13	나무	5	대지	9	돌	1	구름	5	바다
7일	10	잎	2	나비	4	불	9	하늘	13	흙	5	빛	9	소리	1	산	6	대지	10	돌	2	구름	6	바다
8일	11	잎	3	나비	5	불	10	하늘	1	색깔	6	빛	10	소리	2	산	7	대지	11	돌	3	구름	7	바다
9일	12	잎	4	나비	6	불	11	하늘	2	색깔	7	빛	11	소리	3	산	8	대지	12	돌	4	구름	8	바다
10일	13	잎	5	나비	7	불	12	하늘	3	색깔	8	빛	12	소리	4	산	9	대지	13	돌	5	구름	9	바다
11일	1	돌	6	나비	8	불	13	하늘	4	색깔	9	빛	13	소리	5	산	10	대지	1	강	6	구름	10	바다
12일	2	돌	7	나비	9	불	1	태양	5	색깔	10	빛	1	물	6	산	11	대지	2	강	7	구름	11	바다
13일	3	돌	8	나비	10	불	2	태양	6	색깔	11	빛	2	물	7	산	12	대지	3	강	8	구름	12	바다
14일	4	돌	9	나비	11	불	3	태양	7	색깔	12	빛	3	물	8	산	13	대지	4	강	9	구름	13	바다
15일	5	돌	10	나비	12	불	4	태양	8	색깔	13	빛	4	물	9	산	1	잎	5	강	10	구름	1	하늘
16일	6	돌	11	나비	13	불	5	태양	9	색깔	1	우주	5	물	10	산	2	잎	6	강	11	구름	2	하늘
17일	7	돌	12	나비	1	바다	6	태양	10	색깔	2	우주	6	물	11	산	3	잎	7	강	12	구름	3	하늘
18일	8	돌	13	나비	2	바다	7	태양	11	색깔	3	우주	7	물	12	산	4	잎	8	강	13	구름	4	하늘
19일	9	돌	1	구름	3	바다	8	태양	12	색깔	4	우주	8	물	13	산	5	잎	9	강	1	불	5	하늘
20일	10	돌	2	구름	4	바다	9	태양	13	색깔	5	우주	9	물	1	시간	6	잎	10	강	2	불	6	하늘
21일	11	돌	3	구름	5	바다	10	태양	1	달	6	우주	10	물	2	시간	7	잎	11	강	3	불	7	하늘
22일	12	돌	4	구름	6	바다	11	태양	2	달	7	우주	11	물	3	시간	8	잎	12	강	4	불	8	하늘
23일	13	돌	5	구름	7	바다	12	태양	3	달	8	우주	12	물	4	시간	9	잎	13	강	5	불	9	하늘
24일	1	강	6	구름	8	바다	13	태양	4	달	9	우주	13	물	5	시간	10	잎	1	나비	6	불	10	하늘
25일	2	강	7	구름	9	바다	1	흙	5	달	10	우주	1	나무	6	시간	11	잎	2	나비	7	불	11	하늘
26일	3	강	8	구름	10	바다	2	흙	6	달	11	우주	2	나무	7	시간	12	잎	3	나비	8	불	12	하늘
27일	4	강	9	구름	11	바다	3	흙	7	달	12	우주	3	나무	8	시간	13	잎	4	나비	9	불	13	하늘
28일	5	강	10	구름	12	바다	4	흙	8	달	13	우주	4	나무	9	시간	1	돌	5	나비	10	불	1	태양
29일	6	강			13	바다	5	흙	9	달	1	소리	5	나무	10	시간	2	돌	6	나비	11	불	2	태양
30일	7	강			1	하늘	6	흙	10	달	2	소리	6	나무	11	시간	3	돌	7	나비	12	불	3	태양
31일	8	강			2	하늘			11	달			7	나무	12	시간			8	나비			4	태양

2008년

	1월		2월		3월		4월		5월		6월		7월		8월		9월		10월		11월		12월	
1일	5	태양	10	색깔	12	빛	4	물	8	산	13	대지	4	강	9	구름	1	하늘	5	흙	10	달	1	소리
2일	6	태양	11	색깔	13	빛	5	물	9	산	1	잎	5	강	10	구름	2	하늘	6	흙	11	달	2	소리
3일	7	태양	12	색깔	1	우주	6	물	10	산	2	잎	6	강	11	구름	3	하늘	7	흙	12	달	3	소리
4일	8	태양	13	색깔	2	우주	7	물	11	산	3	잎	7	강	12	구름	4	하늘	8	흙	13	달	4	소리
5일	9	태양	1	달	3	우주	8	물	12	산	4	잎	8	강	13	구름	5	하늘	9	흙	1	빛	5	소리
6일	10	태양	2	달	4	우주	9	물	13	산	5	잎	9	강	1	불	6	하늘	10	흙	2	빛	6	소리
7일	11	태양	3	달	5	우주	10	물	1	시간	6	잎	10	강	2	불	7	하늘	11	흙	3	빛	7	소리
8일	12	태양	4	달	6	우주	11	물	2	시간	7	잎	11	강	3	불	8	하늘	12	흙	4	빛	8	소리
9일	13	태양	5	달	7	우주	12	물	3	시간	8	잎	12	강	4	불	9	하늘	13	흙	5	빛	9	소리
10일	1	흙	6	달	8	우주	13	물	4	시간	9	잎	13	강	5	불	10	하늘	1	색깔	6	빛	10	소리
11일	2	흙	7	달	9	우주	1	나무	5	시간	10	잎	1	나비	6	불	11	하늘	2	색깔	7	빛	11	소리
12일	3	흙	8	달	10	우주	2	나무	6	시간	11	잎	2	나비	7	불	12	하늘	3	색깔	8	빛	12	소리
13일	4	흙	9	달	11	우주	3	나무	7	시간	12	잎	3	나비	8	불	13	하늘	4	색깔	9	빛	13	소리
14일	5	흙	10	달	12	우주	4	나무	8	시간	13	잎	4	나비	9	불	1	태양	5	색깔	10	빛	1	물
15일	6	흙	11	달	13	우주	5	나무	9	시간	1	돌	5	나비	10	불	2	태양	6	색깔	11	빛	2	물
16일	7	흙	12	달	1	소리	6	나무	10	시간	2	돌	6	나비	11	불	3	태양	7	색깔	12	빛	3	물
17일	8	흙	13	달	2	소리	7	나무	11	시간	3	돌	7	나비	12	불	4	태양	8	색깔	13	빛	4	물
18일	9	흙	1	빛	3	소리	8	나무	12	시간	4	돌	8	나비	13	불	5	태양	9	색깔	1	우주	5	물
19일	10	흙	2	빛	4	소리	9	나무	13	시간	5	돌	9	나비	1	바다	6	태양	10	색깔	2	우주	6	물
20일	11	흙	3	빛	5	소리	10	나무	1	대지	6	돌	10	나비	2	바다	7	태양	11	색깔	3	우주	7	물
21일	12	흙	4	빛	6	소리	11	나무	2	대지	7	돌	11	나비	3	바다	8	태양	12	색깔	4	우주	8	물
22일	13	흙	5	빛	7	소리	12	나무	3	대지	8	돌	12	나비	4	바다	9	태양	13	색깔	5	우주	9	물
23일	1	색깔	6	빛	8	소리	13	나무	4	대지	9	돌	13	나비	5	바다	10	태양	1	달	6	우주	10	물
24일	2	색깔	7	빛	9	소리	1	산	5	대지	10	돌	1	구름	6	바다	11	태양	2	달	7	우주	11	물
25일	3	색깔	8	빛	10	소리	2	산	6	대지	11	돌	2	구름	7	바다	12	태양	3	달	8	우주	12	물
26일	4	색깔	9	빛	11	소리	3	산	7	대지	12	돌	3	구름	8	바다	13	태양	4	달	9	우주	13	물
27일	5	색깔	10	빛	12	소리	4	산	8	대지	13	돌	4	구름	9	바다	1	흙	5	달	10	우주	1	나무
28일	6	색깔	11	빛	13	소리	5	산	9	대지	1	강	5	구름	10	바다	2	흙	6	달	11	우주	2	나무
29일	7	색깔	12	빛	1	물	6	산	10	대지	2	강	6	구름	11	바다	3	흙	7	달	12	우주	3	나무
30일	8	색깔			2	물	7	산	11	대지	3	강	7	구름	12	바다	4	흙	8	달	13	우주	4	나무
31일	9	색깔			3	물			12	대지			8	구름	13	바다			9	달			5	나무

2009년

	1월		2월		3월		4월		5월		6월		7월		8월		9월		10월		11월		12월	
1일	6	나무	11	시간	13	잎	5	나비	9	불	1	태양	5	색깔	10	빛	2	물	6	산	11	대지	2	강
2일	7	나무	12	시간	1	돌	6	나비	10	불	2	태양	6	색깔	11	빛	3	물	7	산	12	대지	3	강
3일	8	나무	13	시간	2	돌	7	나비	11	불	3	태양	7	색깔	12	빛	4	물	8	산	13	대지	4	강
4일	9	나무	1	대지	3	돌	8	나비	12	불	4	태양	8	색깔	13	빛	5	물	9	산	1	잎	5	강
5일	10	나무	2	대지	4	돌	9	나비	13	불	5	태양	9	색깔	1	우주	6	물	10	산	2	잎	6	강
6일	11	나무	3	대지	5	돌	10	나비	1	바다	6	태양	10	색깔	2	우주	7	물	11	산	3	잎	7	강
7일	12	나무	4	대지	6	돌	11	나비	2	바다	7	태양	11	색깔	3	우주	8	물	12	산	4	잎	8	강
8일	13	나무	5	대지	7	돌	12	나비	3	바다	8	태양	12	색깔	4	우주	9	물	13	산	5	잎	9	강
9일	1	산	6	대지	8	돌	13	나비	4	바다	9	태양	13	색깔	5	우주	10	물	1	시간	6	잎	10	강
10일	2	산	7	대지	9	돌	1	구름	5	바다	10	태양	1	달	6	우주	11	물	2	시간	7	잎	11	강
11일	3	산	8	대지	10	돌	2	구름	6	바다	11	태양	2	달	7	우주	12	물	3	시간	8	잎	12	강
12일	4	산	9	대지	11	돌	3	구름	7	바다	12	태양	3	달	8	우주	13	물	4	시간	9	잎	13	강
13일	5	산	10	대지	12	돌	4	구름	8	바다	13	태양	4	달	9	우주	1	나무	5	시간	10	잎	1	나비
14일	6	산	11	대지	13	돌	5	구름	9	바다	1	흙	5	달	10	우주	2	나무	6	시간	11	잎	2	나비
15일	7	산	12	대지	1	강	6	구름	10	바다	2	흙	6	달	11	우주	3	나무	7	시간	12	잎	3	나비
16일	8	산	13	대지	2	강	7	구름	11	바다	3	흙	7	달	12	우주	4	나무	8	시간	13	잎	4	나비
17일	9	산	1	잎	3	강	8	구름	12	바다	4	흙	8	달	13	우주	5	나무	9	시간	1	돌	5	나비
18일	10	산	2	잎	4	강	9	구름	13	바다	5	흙	9	달	1	소리	6	나무	10	시간	2	돌	6	나비
19일	11	산	3	잎	5	강	10	구름	1	하늘	6	흙	10	달	2	소리	7	나무	11	시간	3	돌	7	나비
20일	12	산	4	잎	6	강	11	구름	2	하늘	7	흙	11	달	3	소리	8	나무	12	시간	4	돌	8	나비
21일	13	산	5	잎	7	강	12	구름	3	하늘	8	흙	12	달	4	소리	9	나무	13	시간	5	돌	9	나비
22일	1	시간	6	잎	8	강	13	구름	4	하늘	9	흙	13	달	5	소리	10	나무	1	대지	6	돌	10	나비
23일	2	시간	7	잎	9	강	1	불	5	하늘	10	흙	1	빛	6	소리	11	나무	2	대지	7	돌	11	나비
24일	3	시간	8	잎	10	강	2	불	6	하늘	11	흙	2	빛	7	소리	12	나무	3	대지	8	돌	12	나비
25일	4	시간	9	잎	11	강	3	불	7	하늘	12	흙	3	빛	8	소리	13	나무	4	대지	9	돌	13	나비
26일	5	시간	10	잎	12	강	4	불	8	하늘	13	흙	4	빛	9	소리	1	산	5	대지	10	돌	1	구름
27일	6	시간	11	잎	13	강	5	불	9	하늘	1	색깔	5	빛	10	소리	2	산	6	대지	11	돌	2	구름
28일	7	시간	12	잎	1	나비	6	불	10	하늘	2	색깔	6	빛	11	소리	3	산	7	대지	12	돌	3	구름
29일	8	시간			2	나비	7	불	11	하늘	3	색깔	7	빛	12	소리	4	산	8	대지	13	돌	4	구름
30일	9	시간			3	나비	8	불	12	하늘	4	색깔	8	빛	13	소리	5	산	9	대지	1	강	5	구름
31일	10	시간			4	나비			13	하늘			9	빛	1	불			10	대지			6	구름

2010년

	1월		2월		3월		4월		5월		6월		7월		8월		9월		10월		11월		12월	
1일	7	구름	12	바다	1	흙	6	달	10	우주	2	나무	6	시간	11	잎	3	나비	7	불	12	하늘	3	색깔
2일	8	구름	13	바다	2	흙	7	달	11	우주	3	나무	7	시간	12	잎	4	나비	8	불	13	하늘	4	색깔
3일	9	구름	1	하늘	3	흙	8	달	12	우주	4	나무	8	시간	13	잎	5	나비	9	불	1	태양	5	색깔
4일	10	구름	2	하늘	4	흙	9	달	13	우주	5	나무	9	시간	1	돌	6	나비	10	불	2	태양	6	색깔
5일	11	구름	3	하늘	5	흙	10	달	1	소리	6	나무	10	시간	2	돌	7	나비	11	불	3	태양	7	색깔
6일	12	구름	4	하늘	6	흙	11	달	2	소리	7	나무	11	시간	3	돌	8	나비	12	불	4	태양	8	색깔
7일	13	구름	5	하늘	7	흙	12	달	3	소리	8	나무	12	시간	4	돌	9	나비	13	불	5	태양	9	색깔
8일	1	불	6	하늘	8	흙	13	달	4	소리	9	나무	13	시간	5	돌	10	나비	1	바다	6	태양	10	색깔
9일	2	불	7	하늘	9	흙	1	빛	5	소리	10	나무	1	대지	6	돌	11	나비	2	바다	7	태양	11	색깔
10일	3	불	8	하늘	10	흙	2	빛	6	소리	11	나무	2	대지	7	돌	12	나비	3	바다	8	태양	12	색깔
11일	4	불	9	하늘	11	흙	3	빛	7	소리	12	나무	3	대지	8	돌	13	나비	4	바다	9	태양	13	색깔
12일	5	불	10	하늘	12	흙	4	빛	8	소리	13	나무	4	대지	9	돌	1	구름	5	바다	10	태양	1	달
13일	6	불	11	하늘	13	흙	5	빛	9	소리	1	산	5	대지	10	돌	2	구름	6	바다	11	태양	2	달
14일	7	불	12	하늘	1	색깔	6	빛	10	소리	2	산	6	대지	11	돌	3	구름	7	바다	12	태양	3	달
15일	8	불	13	하늘	2	색깔	7	빛	11	소리	3	산	7	대지	12	돌	4	구름	8	바다	13	태양	4	달
16일	9	불	1	태양	3	색깔	8	빛	12	소리	4	산	8	대지	13	돌	5	구름	9	바다	1	흙	5	달
17일	10	불	2	태양	4	색깔	9	빛	13	소리	5	산	9	대지	1	강	6	구름	10	바다	2	흙	6	달
18일	11	불	3	태양	5	색깔	10	빛	1	물	6	산	10	대지	2	강	7	구름	11	바다	3	흙	7	달
19일	12	불	4	태양	6	색깔	11	빛	2	물	7	산	11	대지	3	강	8	구름	12	바다	4	흙	8	달
20일	13	불	5	태양	7	색깔	12	빛	3	물	8	산	12	대지	4	강	9	구름	13	바다	5	흙	9	달
21일	1	바다	6	태양	8	색깔	13	빛	4	물	9	산	13	대지	5	강	10	구름	1	하늘	6	흙	10	달
22일	2	바다	7	태양	9	색깔	1	우주	5	물	10	산	1	잎	6	강	11	구름	2	하늘	7	흙	11	달
23일	3	바다	8	태양	10	색깔	2	우주	6	물	11	산	2	잎	7	강	12	구름	3	하늘	8	흙	12	달
24일	4	바다	9	태양	11	색깔	3	우주	7	물	12	산	3	잎	8	강	13	구름	4	하늘	9	흙	13	달
25일	5	바다	10	태양	12	색깔	4	우주	8	물	13	산	4	잎	9	강	1	불	5	하늘	10	흙	1	빛
26일	6	바다	11	태양	13	색깔	5	우주	9	물	1	시간	5	잎	10	강	2	불	6	하늘	11	흙	2	빛
27일	7	바다	12	태양	1	달	6	우주	10	물	2	시간	6	잎	11	강	3	불	7	하늘	12	흙	3	빛
28일	8	바다	13	태양	2	달	7	우주	11	물	3	시간	7	잎	12	강	4	불	8	하늘	13	흙	4	빛
29일	9	바다			3	달	8	우주	12	물	4	시간	8	잎	13	강	5	불	9	하늘	1	색깔	5	빛
30일	10	바다			4	달	9	우주	13	물	5	시간	9	잎	1	나비	6	불	10	하늘	2	색깔	6	빛
31일	11	바다			5	달			1	나무			10	잎	2	나비			11	하늘			7	빛

2011년

	1월		2월		3월		4월		5월		6월		7월		8월		9월		10월		11월		12월	
1일	8	빛	13	소리	2	산	7	대지	11	돌	3	구름	7	바다	12	태양	4	달	8	우주	13	물	4	시간
2일	9	빛	1	물	3	산	8	대지	12	돌	4	구름	8	바다	13	태양	5	달	9	우주	1	나무	5	시간
3일	10	빛	2	물	4	산	9	대지	13	돌	5	구름	9	바다	1	흙	6	달	10	우주	2	나무	6	시간
4일	11	빛	3	물	5	산	10	대지	1	강	6	구름	10	바다	2	흙	7	달	11	우주	3	나무	7	시간
5일	12	빛	4	물	6	산	11	대지	2	강	7	구름	11	바다	3	흙	8	달	12	우주	4	나무	8	시간
6일	13	빛	5	물	7	산	12	대지	3	강	8	구름	12	바다	4	흙	9	달	13	우주	5	나무	9	시간
7일	1	우주	6	물	8	산	13	대지	4	강	9	구름	13	바다	5	흙	10	달	1	소리	6	나무	10	시간
8일	2	우주	7	물	9	산	1	잎	5	강	10	구름	1	하늘	6	흙	11	달	2	소리	7	나무	11	시간
9일	3	우주	8	물	10	산	2	잎	6	강	11	구름	2	하늘	7	흙	12	달	3	소리	8	나무	12	시간
10일	4	우주	9	물	11	산	3	잎	7	강	12	구름	3	하늘	8	흙	13	달	4	소리	9	나무	13	시간
11일	5	우주	10	물	12	산	4	잎	8	강	13	구름	4	하늘	9	흙	1	빛	5	소리	10	나무	1	대지
12일	6	우주	11	물	13	산	5	잎	9	강	1	불	5	하늘	10	흙	2	빛	6	소리	11	나무	2	대지
13일	7	우주	12	물	1	시간	6	잎	10	강	2	불	6	하늘	11	흙	3	빛	7	소리	12	나무	3	대지
14일	8	우주	13	물	2	시간	7	잎	11	강	3	불	7	하늘	12	흙	4	빛	8	소리	13	나무	4	대지
15일	9	우주	1	나무	3	시간	8	잎	12	강	4	불	8	하늘	13	흙	5	빛	9	소리	1	산	5	대지
16일	10	우주	2	나무	4	시간	9	잎	13	강	5	불	9	하늘	1	색깔	6	빛	10	소리	2	산	6	대지
17일	11	우주	3	나무	5	시간	10	잎	1	나비	6	불	10	하늘	2	색깔	7	빛	11	소리	3	산	7	대지
18일	12	우주	4	나무	6	시간	11	잎	2	나비	7	불	11	하늘	3	색깔	8	빛	12	소리	4	산	8	대지
19일	13	우주	5	나무	7	시간	12	잎	3	나비	8	불	12	하늘	4	색깔	9	빛	13	소리	5	산	9	대지
20일	1	소리	6	나무	8	시간	13	잎	4	나비	9	불	13	하늘	5	색깔	10	빛	1	물	6	산	10	대지
21일	2	소리	7	나무	9	시간	1	돌	5	나비	10	불	1	태양	6	색깔	11	빛	2	물	7	산	11	대지
22일	3	소리	8	나무	10	시간	2	돌	6	나비	11	불	2	태양	7	색깔	12	빛	3	물	8	산	12	대지
23일	4	소리	9	나무	11	시간	3	돌	7	나비	12	불	3	태양	8	색깔	13	빛	4	물	9	산	13	대지
24일	5	소리	10	나무	12	시간	4	돌	8	나비	13	불	4	태양	9	색깔	1	우주	5	물	10	산	1	잎
25일	6	소리	11	나무	13	시간	5	돌	9	나비	1	바다	5	태양	10	색깔	2	우주	6	물	11	산	2	잎
26일	7	소리	12	나무	1	대지	6	돌	10	나비	2	바다	6	태양	11	색깔	3	우주	7	물	12	산	3	잎
27일	8	소리	13	나무	2	대지	7	돌	11	나비	3	바다	7	태양	12	색깔	4	우주	8	물	13	산	4	잎
28일	9	소리	1	산	3	대지	8	돌	12	나비	4	바다	8	태양	13	색깔	5	우주	9	물	1	시간	5	잎
29일	10	소리			4	대지	9	돌	13	나비	5	바다	9	태양	1	달	6	우주	10	물	2	시간	6	잎
30일	11	소리			5	대지	10	돌	1	구름	6	바다	10	태양	2	달	7	우주	11	물	3	시간	7	잎
31일	12	소리			6	대지			2	구름			11	태양	3	달			12	물			8	잎

2012년

	1월		2월		3월		4월		5월		6월		7월		8월		9월		10월		11월		12월	
1일	9	잎	1	나비	3	불	8	하늘	12	흙	4	빛	8	소리	13	나무	5	대지	9	돌	1	구름	5	바다
2일	10	잎	2	나비	4	불	9	하늘	13	흙	5	빛	9	소리	1	산	6	대지	10	돌	2	구름	6	바다
3일	11	잎	3	나비	5	불	10	하늘	1	색깔	6	빛	10	소리	2	산	7	대지	11	돌	3	구름	7	바다
4일	12	잎	4	나비	6	불	11	하늘	2	색깔	7	빛	11	소리	3	산	8	대지	12	돌	4	구름	8	바다
5일	13	잎	5	나비	7	불	12	하늘	3	색깔	8	빛	12	소리	4	산	9	대지	13	돌	5	구름	9	바다
6일	1	돌	6	나비	8	불	13	하늘	4	색깔	9	빛	13	소리	5	산	10	대지	1	강	6	구름	10	바다
7일	2	돌	7	나비	9	불	1	태양	5	색깔	10	빛	1	물	6	산	11	대지	2	강	7	구름	11	바다
8일	3	돌	8	나비	10	불	2	태양	6	색깔	11	빛	2	물	7	산	12	대지	3	강	8	구름	12	바다
9일	4	돌	9	나비	11	불	3	태양	7	색깔	12	빛	3	물	8	산	13	대지	4	강	9	구름	13	바다
10일	5	돌	10	나비	12	불	4	태양	8	색깔	13	빛	4	물	9	산	1	잎	5	강	10	구름	1	하늘
11일	6	돌	11	나비	13	불	5	태양	9	색깔	1	우주	5	물	10	산	2	잎	6	강	11	구름	2	하늘
12일	7	돌	12	나비	1	바다	6	태양	10	색깔	2	우주	6	물	11	산	3	잎	7	강	12	구름	3	하늘
13일	8	돌	13	나비	2	바다	7	태양	11	색깔	3	우주	7	물	12	산	4	잎	8	강	13	구름	4	하늘
14일	9	돌	1	구름	3	바다	8	태양	12	색깔	4	우주	8	물	13	산	5	잎	9	강	1	불	5	하늘
15일	10	돌	2	구름	4	바다	9	태양	13	색깔	5	우주	9	물	1	시간	6	잎	10	강	2	불	6	하늘
16일	11	돌	3	구름	5	바다	10	태양	1	달	6	우주	10	물	2	시간	7	잎	11	강	3	불	7	하늘
17일	12	돌	4	구름	6	바다	11	태양	2	달	7	우주	11	물	3	시간	8	잎	12	강	4	불	8	하늘
18일	13	돌	5	구름	7	바다	12	태양	3	달	8	우주	12	물	4	시간	9	잎	13	강	5	불	9	하늘
19일	1	강	6	구름	8	바다	13	태양	4	달	9	우주	13	물	5	시간	10	잎	1	나비	6	불	10	하늘
20일	2	강	7	구름	9	바다	1	흙	5	달	10	우주	1	나무	6	시간	11	잎	2	나비	7	불	11	하늘
21일	3	강	8	구름	10	바다	2	흙	6	달	11	우주	2	나무	7	시간	12	잎	3	나비	8	불	12	하늘
22일	4	강	9	구름	11	바다	3	흙	7	달	12	우주	3	나무	8	시간	13	잎	4	나비	9	불	13	하늘
23일	5	강	10	구름	12	바다	4	흙	8	달	13	우주	4	나무	9	시간	1	돌	5	나비	10	불	1	태양
24일	6	강	11	구름	13	바다	5	흙	9	달	1	소리	5	나무	10	시간	2	돌	6	나비	11	불	2	태양
25일	7	강	12	구름	1	하늘	6	흙	10	달	2	소리	6	나무	11	시간	3	돌	7	나비	12	불	3	태양
26일	8	강	13	구름	2	하늘	7	흙	11	달	3	소리	7	나무	12	시간	4	돌	8	나비	13	불	4	태양
27일	9	강	1	불	3	하늘	8	흙	12	달	4	소리	8	나무	13	시간	5	돌	9	나비	1	바다	5	태양
28일	10	강	2	불	4	하늘	9	흙	13	달	5	소리	9	나무	1	대지	6	돌	10	나비	2	바다	6	태양
29일	11	강	3	불	5	하늘	10	흙	1	빛	6	소리	10	나무	2	대지	7	돌	11	나비	3	바다	7	태양
30일	12	강			6	하늘	11	흙	2	빛	7	소리	11	나무	3	대지	8	돌	12	나비	4	바다	8	태양
31일	13	강			7	하늘			3	빛			12	나무	4	대지			13	나비			9	태양

2013년

	1월		2월		3월		4월		5월		6월		7월		8월		9월		10월		11월		12월	
1일	10	태양	2	달	4	우주	9	물	13	산	5	잎	9	강	1	불	6	하늘	10	흙	2	빛	6	소리
2일	11	태양	3	달	5	우주	10	물	1	시간	6	잎	10	강	2	불	7	하늘	11	흙	3	빛	7	소리
3일	12	태양	4	달	6	우주	11	물	2	시간	7	잎	11	강	3	불	8	하늘	12	흙	4	빛	8	소리
4일	13	태양	5	달	7	우주	12	물	3	시간	8	잎	12	강	4	불	9	하늘	13	흙	5	빛	9	소리
5일	1	흙	6	달	8	우주	13	물	4	시간	9	잎	13	강	5	불	10	하늘	1	색깔	6	빛	10	소리
6일	2	흙	7	달	9	우주	1	나무	5	시간	10	잎	1	나비	6	불	11	하늘	2	색깔	7	빛	11	소리
7일	3	흙	8	달	10	우주	2	나무	6	시간	11	잎	2	나비	7	불	12	하늘	3	색깔	8	빛	12	소리
8일	4	흙	9	달	11	우주	3	나무	7	시간	12	잎	3	나비	8	불	13	하늘	4	색깔	9	빛	13	소리
9일	5	흙	10	달	12	우주	4	나무	8	시간	13	잎	4	나비	9	불	1	태양	5	색깔	10	빛	1	물
10일	6	흙	11	달	13	우주	5	나무	9	시간	1	돌	5	나비	10	불	2	태양	6	색깔	11	빛	2	물
11일	7	흙	12	달	1	소리	6	나무	10	시간	2	돌	6	나비	11	불	3	태양	7	색깔	12	빛	3	물
12일	8	흙	13	달	2	소리	7	나무	11	시간	3	돌	7	나비	12	불	4	태양	8	색깔	13	빛	4	물
13일	9	흙	1	빛	3	소리	8	나무	12	시간	4	돌	8	나비	13	불	5	태양	9	색깔	1	우주	5	물
14일	10	흙	2	빛	4	소리	9	나무	13	시간	5	돌	9	나비	1	바다	6	태양	10	색깔	2	우주	6	물
15일	11	흙	3	빛	5	소리	10	나무	1	대지	6	돌	10	나비	2	바다	7	태양	11	색깔	3	우주	7	물
16일	12	흙	4	빛	6	소리	11	나무	2	대지	7	돌	11	나비	3	바다	8	태양	12	색깔	4	우주	8	물
17일	13	흙	5	빛	7	소리	12	나무	3	대지	8	돌	12	나비	4	바다	9	태양	13	색깔	5	우주	9	물
18일	1	색깔	6	빛	8	소리	13	나무	4	대지	9	돌	13	나비	5	바다	10	태양	1	달	6	우주	10	물
19일	2	색깔	7	빛	9	소리	1	산	5	대지	10	돌	1	구름	6	바다	11	태양	2	달	7	우주	11	물
20일	3	색깔	8	빛	10	소리	2	산	6	대지	11	돌	2	구름	7	바다	12	태양	3	달	8	우주	12	물
21일	4	색깔	9	빛	11	소리	3	산	7	대지	12	돌	3	구름	8	바다	13	태양	4	달	9	우주	13	물
22일	5	색깔	10	빛	12	소리	4	산	8	대지	13	돌	4	구름	9	바다	1	흙	5	달	10	우주	1	나무
23일	6	색깔	11	빛	13	소리	5	산	9	대지	1	강	5	구름	10	바다	2	흙	6	달	11	우주	2	나무
24일	7	색깔	12	빛	1	물	6	산	10	대지	2	강	6	구름	11	바다	3	흙	7	달	12	우주	3	나무
25일	8	색깔	13	빛	2	물	7	산	11	대지	3	강	7	구름	12	바다	4	흙	8	달	13	우주	4	나무
26일	9	색깔	1	우주	3	물	8	산	12	대지	4	강	8	구름	13	바다	5	흙	9	달	1	소리	5	나무
27일	10	색깔	2	우주	4	물	9	산	13	대지	5	강	9	구름	1	하늘	6	흙	10	달	2	소리	6	나무
28일	11	색깔	3	우주	5	물	10	산	1	잎	6	강	10	구름	2	하늘	7	흙	11	달	3	소리	7	나무
29일	12	색깔			6	물	11	산	2	잎	7	강	11	구름	3	하늘	8	흙	12	달	4	소리	8	나무
30일	13	색깔			7	물	12	산	3	잎	8	강	12	구름	4	하늘	9	흙	13	달	5	소리	9	나무
31일	1	달			8	물			4	잎			13	구름	5	하늘			1	빛			10	나무

2014년

	1월		2월		3월		4월		5월		6월		7월		8월		9월		10월		11월		12월	
1일	11	나무	3	대지	5	돌	10	나비	1	바다	6	태양	10	색깔	2	우주	7	물	11	산	3	잎	7	강
2일	12	나무	4	대지	6	돌	11	나비	2	바다	7	태양	11	색깔	3	우주	8	물	12	산	4	잎	8	강
3일	13	나무	5	대지	7	돌	12	나비	3	바다	8	태양	12	색깔	4	우주	9	물	13	산	5	잎	9	강
4일	1	산	6	대지	8	돌	13	나비	4	바다	9	태양	13	색깔	5	우주	10	물	1	시간	6	잎	10	강
5일	2	산	7	대지	9	돌	1	구름	5	바다	10	태양	1	달	6	우주	11	물	2	시간	7	잎	11	강
6일	3	산	8	대지	10	돌	2	구름	6	바다	11	태양	2	달	7	우주	12	물	3	시간	8	잎	12	강
7일	4	산	9	대지	11	돌	3	구름	7	바다	12	태양	3	달	8	우주	13	물	4	시간	9	잎	13	강
8일	5	산	10	대지	12	돌	4	구름	8	바다	13	태양	4	달	9	우주	1	나무	5	시간	10	잎	1	나비
9일	6	산	11	대지	13	돌	5	구름	9	바다	1	흙	5	달	10	우주	2	나무	6	시간	11	잎	2	나비
10일	7	산	12	대지	1	강	6	구름	10	바다	2	흙	6	달	11	우주	3	나무	7	시간	12	잎	3	나비
11일	8	산	13	대지	2	강	7	구름	11	바다	3	흙	7	달	12	우주	4	나무	8	시간	13	잎	4	나비
12일	9	산	1	잎	3	강	8	구름	12	바다	4	흙	8	달	13	우주	5	나무	9	시간	1	돌	5	나비
13일	10	산	2	잎	4	강	9	구름	13	바다	5	흙	9	달	1	소리	6	나무	10	시간	2	돌	6	나비
14일	11	산	3	잎	5	강	10	구름	1	하늘	6	흙	10	달	2	소리	7	나무	11	시간	3	돌	7	나비
15일	12	산	4	잎	6	강	11	구름	2	하늘	7	흙	11	달	3	소리	8	나무	12	시간	4	돌	8	나비
16일	13	산	5	잎	7	강	12	구름	3	하늘	8	흙	12	달	4	소리	9	나무	13	시간	5	돌	9	나비
17일	1	시간	6	잎	8	강	13	구름	4	하늘	9	흙	13	달	5	소리	10	나무	1	대지	6	돌	10	나비
18일	2	시간	7	잎	9	강	1	불	5	하늘	10	흙	1	빛	6	소리	11	나무	2	대지	7	돌	11	나비
19일	3	시간	8	잎	10	강	2	불	6	하늘	11	흙	2	빛	7	소리	12	나무	3	대지	8	돌	12	나비
20일	4	시간	9	잎	11	강	3	불	7	하늘	12	흙	3	빛	8	소리	13	나무	4	대지	9	돌	13	나비
21일	5	시간	10	잎	12	강	4	불	8	하늘	13	흙	4	빛	9	소리	1	산	5	대지	10	돌	1	구름
22일	6	시간	11	잎	13	강	5	불	9	하늘	1	색깔	5	빛	10	소리	2	산	6	대지	11	돌	2	구름
23일	7	시간	12	잎	1	나비	6	불	10	하늘	2	색깔	6	빛	11	소리	3	산	7	대지	12	돌	3	구름
24일	8	시간	13	잎	2	나비	7	불	11	하늘	3	색깔	7	빛	12	소리	4	산	8	대지	13	돌	4	구름
25일	9	시간	1	돌	3	나비	8	불	12	하늘	4	색깔	8	빛	13	소리	5	산	9	대지	1	강	5	구름
26일	10	시간	2	돌	4	나비	9	불	13	하늘	5	색깔	9	빛	1	물	6	산	10	대지	2	강	6	구름
27일	11	시간	3	돌	5	나비	10	불	1	태양	6	색깔	10	빛	2	물	7	산	11	대지	3	강	7	구름
28일	12	시간	4	돌	6	나비	11	불	2	태양	7	색깔	11	빛	3	물	8	산	12	대지	4	강	8	구름
29일	13	시간			7	나비	12	불	3	태양	8	색깔	12	빛	4	물	9	산	13	대지	5	강	9	구름
30일	1	대지			8	나비	13	불	4	태양	9	색깔	13	빛	5	물	10	산	1	잎	6	강	10	구름
31일	2	대지			9	나비			5	태양			1	우주	6	물			2	잎			11	구름

2015년

	1월		2월		3월		4월		5월		6월		7월		8월		9월		10월		11월		12월	
1일	12	구름	4	하늘	6	흙	11	달	2	소리	7	나무	11	시간	3	돌	8	나비	12	불	4	태양	8	색깔
2일	13	구름	5	하늘	7	흙	12	달	3	소리	8	나무	12	시간	4	돌	9	나비	13	불	5	태양	9	색깔
3일	1	불	6	하늘	8	흙	13	달	4	소리	9	나무	13	시간	5	돌	10	나비	1	바다	6	태양	10	색깔
4일	2	불	7	하늘	9	흙	1	빛	5	소리	10	나무	1	대지	6	돌	11	나비	2	바다	7	태양	11	색깔
5일	3	불	8	하늘	10	흙	2	빛	6	소리	11	나무	2	대지	7	돌	12	나비	3	바다	8	태양	12	색깔
6일	4	불	9	하늘	11	흙	3	빛	7	소리	12	나무	3	대지	8	돌	13	나비	4	바다	9	태양	13	색깔
7일	5	불	10	하늘	12	흙	4	빛	8	소리	13	나무	4	대지	9	돌	1	구름	5	바다	10	태양	1	달
8일	6	불	11	하늘	13	흙	5	빛	9	소리	1	산	5	대지	10	돌	2	구름	6	바다	11	태양	2	달
9일	7	불	12	하늘	1	색깔	6	빛	10	소리	2	산	6	대지	11	돌	3	구름	7	바다	12	태양	3	달
10일	8	불	13	하늘	2	색깔	7	빛	11	소리	3	산	7	대지	12	돌	4	구름	8	바다	13	태양	4	달
11일	9	불	1	태양	3	색깔	8	빛	12	소리	4	산	8	대지	13	돌	5	구름	9	바다	1	흙	5	달
12일	10	불	2	태양	4	색깔	9	빛	13	소리	5	산	9	대지	1	강	6	구름	10	바다	2	흙	6	달
13일	11	불	3	태양	5	색깔	10	빛	1	물	6	산	10	대지	2	강	7	구름	11	바다	3	흙	7	달
14일	12	불	4	태양	6	색깔	11	빛	2	물	7	산	11	대지	3	강	8	구름	12	바다	4	흙	8	달
15일	13	불	5	태양	7	색깔	12	빛	3	물	8	산	12	대지	4	강	9	구름	13	바다	5	흙	9	달
16일	1	바다	6	태양	8	색깔	13	빛	4	물	9	산	13	대지	5	강	10	구름	1	하늘	6	흙	10	달
17일	2	바다	7	태양	9	색깔	1	우주	5	물	10	산	1	잎	6	강	11	구름	2	하늘	7	흙	11	달
18일	3	바다	8	태양	10	색깔	2	우주	6	물	11	산	2	잎	7	강	12	구름	3	하늘	8	흙	12	달
19일	4	바다	9	태양	11	색깔	3	우주	7	물	12	산	3	잎	8	강	13	구름	4	하늘	9	흙	13	달
20일	5	바다	10	태양	12	색깔	4	우주	8	물	13	산	4	잎	9	강	1	불	5	하늘	10	흙	1	빛
21일	6	바다	11	태양	13	색깔	5	우주	9	물	1	시간	5	잎	10	강	2	불	6	하늘	11	흙	2	빛
22일	7	바다	12	태양	1	달	6	우주	10	물	2	시간	6	잎	11	강	3	불	7	하늘	12	흙	3	빛
23일	8	바다	13	태양	2	달	7	우주	11	물	3	시간	7	잎	12	강	4	불	8	하늘	13	흙	4	빛
24일	9	바다	1	흙	3	달	8	우주	12	물	4	시간	8	잎	13	강	5	불	9	하늘	1	색깔	5	빛
25일	10	바다	2	흙	4	달	9	우주	13	물	5	시간	9	잎	1	나비	6	불	10	하늘	2	색깔	6	빛
26일	11	바다	3	흙	5	달	10	우주	1	나무	6	시간	10	잎	2	나비	7	불	11	하늘	3	색깔	7	빛
27일	12	바다	4	흙	6	달	11	우주	2	나무	7	시간	11	잎	3	나비	8	불	12	하늘	4	색깔	8	빛
28일	13	바다	5	흙	7	달	12	우주	3	나무	8	시간	12	잎	4	나비	9	불	13	하늘	5	색깔	9	빛
29일	1	하늘			8	달	13	우주	4	나무	9	시간	13	잎	5	나비	10	불	1	태양	6	색깔	10	빛
30일	2	하늘			9	달	1	소리	5	나무	10	시간	1	돌	6	나비	11	불	2	태양	7	색깔	11	빛
31일	3	하늘			10	달			6	나무			2	돌	7	나비			3	태양			12	빛

내 성격 사용설명서

1판 1쇄 발행 2016년 4월 30일

지은이 미야자키 미와
옮긴이 홍성민
펴낸이 이재두
펴낸곳 사람과나무사이
등록번호 2014년 9월 23일(제2014-000177호)
주소 경기도 고양시 일산서구 강선로 141, 1602동 1504호
전화 (031)815-7176 팩스 (031)601-6181
이메일 jaedoori@hanmail.net

ISBN 979-11-955759-4-7 03180

이 도서의 국립중앙도서관 출판예정도서목록(CIP)은 서지정보유통지원시스템 홈페이지(http://seoji.nl.go.kr)와 국가자료공동목록시스템(http://www.nl.go.kr/kolisnet)에서 이용하실 수 있습니다.(CIP제어번호 : CIP2016008773)